教育，因思考而美丽

王营 著

天津出版传媒集团

天津人民出版社

图书在版编目（CIP）数据

教育，因思考而美丽 / 王营著 . — 天津 : 天津人
民出版社，2019.10
ISBN 978-7-201-15440-4

Ⅰ . ①教… Ⅱ . ①王… Ⅲ . ①教育—随笔—中国—文
集 Ⅳ . ① G52-53

中国版本图书馆 CIP 数据核字（2019）第 225134 号

教育，因思考而美丽

JIAOYU YIN SIKAO ER MEILI

王 营 著

出　　版　天津人民出版社
出 版 人　刘　庆
地　　址　天津市和平区西康路 35 号康岳大厦
邮政编码　300051
邮购电话　（022）23332469
网　　址　http://www.tjrmcbs.com
电子信箱　reader@tjrmcbs.com

责任编辑　谢仁林
装帧设计　人文在线

制版印刷　天津雅泽印刷有限公司
经　　销　新华书店
开　　本　710 毫米 ×1000 毫米　1/16
印　　张　20.25
字　　数　311 千字
版　　次　2019 年 10 月第 1 版　2019 年 10 月第 1 次印刷
定　　价：68.00 元

自序

自1988年参加工作以来，三十多年的风风雨雨，我养成了对教育思考和反思的习惯。从最初的一名普通语文教师，到成长为一名校长，再到教育研究人员，读书、思考、写作几乎伴随了我的大半生。在这条充满荆棘的道路上，虽然有过失败的痛苦，但更多的是收获的慰藉。教育需要行动，但更需要思考，思考让教育闪烁理性的光辉，教育因思考而美丽。

担任语文教师期间，我一直思考如何通过每节课提高学生的语文素养。我读遍了当时学校阅读室所有语文教学期刊和图书室有关语文教学的论著，并自费参加各种形式的中学语文教学研讨会。从那时开始，我把自己的思考写成文章，参加研讨会上组织的论文评选，多篇文章获得一等奖并公开发表。在语文教学中，我主张情感教学，努力践行单元目标教学，以培养学生听说读写的能力，教学成绩在全县出类拔萃。参加工作仅两年，就获得全县初中语文优质课评选一等奖，随后被评为县初中语文学科带头人，1995年被评为泰安市初中语文教学能手。

从1997年开始，我走上学校管理岗位，先是担任宁阳二十中、宁阳实验中学业务副校长，2003年担任宁阳县实验小学校长。这一岗位打开了我的视野，让我有机会站在学校发展的高度思考教育。管理中，我注重思想引领、目标引领，坚持以教育科研立校，关注教师专业发展，优化教学的每一个细节，办学成绩突出。在这段时间里，我先后主持了"目标教学""和谐教学"等省级教改实验课题的研究，所主持的和谐教学子课题于1999年5月顺利通过省级专家鉴定。

担任县实验小学校长期间，我提出了"为学生的终身幸福和发展奠基"的办学宗旨和"以人为本，依法治校，以德兴校，科研强校"的办学思想；确立了"在合作中发展，在成功中超越"的校训；在全校上下倡树"自律自省，自信自强"的校风、"求真求新，诲人不倦"的教风、"乐学乐思，学而不厌"的学风。同时，放眼世界，与英国萨默塞特郡芳草谷社区小学建立了友好合作关系，双方互派教师交流学习，大大提高了教师的业务素质。

2006年，在经过近十年的学校管理实践后，我又回归业务，担任县教育局教育科学研究中心副主任。多年的一线教育教学实践经历，促使我思考站在全局的高度，探索提高区域教学质量的途径和方法。自2012年以来，我与同人们一起在全县推行了以"预习—课堂—作业"为内容的"三环节"教学改革，实施了一系列深化课程改革、提高教研实效、提升教师素质的举措，促进了全县中小学教学质量的大幅提升。

从2015年开始，为促进区域教育内涵发展，我把视野进一步扩大，思考发生在社会上的每一个具体教育事件蕴含的教育价值，从此迷上了教育评论、教育随笔写作。其间，经同事介绍，开始在中国教育报刊社"蒲公英评论"网站上发表文章，随后被聘请为中国教育报刊社"特约评论员"。几年来，先后发表教育评论600余篇，其中300多篇入选"蒲公英评论"网站"锐评"栏目，100多篇评论文章被全国各地纸质媒体转载。

本书收录2015年6月至2016年10月在中国教育报刊社"蒲公英评论"网站、中国教育报、中国教师报、中国民族教育、山东教育等媒体和报刊上发表的教育评论、教育随笔文章200余篇，包括教育时评、教育管理、德育纵横、家庭教育、教学教研、教育随笔六个部分。书中既有对教育现实问题的思考，也有对教育未来发展的前瞻性探讨，所采用的案例均来自教育媒体报道和日常发生的教育事件，真实生动，观点新颖，论述严密，语言形象，既可开启一线教师的教育智慧，又可为教育管理者提供决策参考。

我写教育评论，不是就事论事，而是深入思考教育现象背后所包含的深刻哲理，由表及里，由现象到本质，以期为一线教育工作者提供理性反思和实践借鉴。因此，在具体论述时，我除了明确我的观点"是什么"之外，还要论述"为什么"，更加关注"怎么做"，力求为解决教育实践问题开一张"药方"。当然，由于自己视野还不够开阔，认识水平有限，书中有些文章的观点难免顾此失彼、以偏概全，希望读者多多批评指正。

我不是名人，也算不上名师，只是教育百花园中一名普通的探索者、思考者。当我每天打开电脑，面对各种发生在社会上的教育事件时，难以停下思考的步伐，随之享受写作带来的乐趣。教育生活丰富多彩，每个人都有自己对教育的看法，都能从不同的角度解读每一个教育现象，其中也许并无正确与错误之分，但有境界高下之别。丰富的教育生活因思考而异彩纷呈，思考为教育工作者提供了"仰望星空"的机会，看到了努力的目标，教育因思考而美丽。

作者：王营

二〇一九年三月五日

目　录

第一部分　教育时评

第四部分　家庭教育

第五部分 教学教研

第六部分　教育随笔

第一部分

教育时评

世态百相。无论是在大、中小学校园里，还是走在大街上，我们都会碰到一些奇奇怪怪的事情，这些事情表面上看好像与教育无关，但细细探寻都能找到教育留下的影子⋯⋯

"拜神"不如求诸己

距2015年高考不足10天时间，辽宁各地文庙29日迎来诸多考生祭拜，以求在考试中金榜题名。记者当日在中国东北最古老城市辽阳的文庙看到，不少考生手持写着祝词的香烛，走过状元桥，进入庙中焚香，面对孔子雕像顶礼膜拜。

读了这则新闻，真让人哭笑不得！孔子是人不是神，作为一个现代人，怎么能把孔子当作神来膜拜呢？退一步说，假如孔子真的是神的话，面对拜倒在他脚下的这些莘莘学子，他会保佑哪一个？保佑成绩好的？还是保佑成绩差的？或者是全部保佑？如果全都保佑的话，依我看孔子这位神仙也太不公正了！不分是非好坏，拜一拜就能取得好成绩，今后谁还愿意耗费时间和精力刻苦学习呢？

孔子作为我国古代伟大的思想家、教育家，对中华文化的总结和传承做出了卓越贡献，我们可以崇拜他、学习他，甚至可以通过"祭孔"之类的活动缅怀他、纪念他，但是绝对不可以把他当作一位有求必应的神来供奉，因为他是一个曾经存在的、活生生的人，更因为世界上根本就没有神。况且，孔子本人也并不相信神鬼之说，《论语》中有一句话说得很明确："子不语怪、力、乱、神"，对于祭神、拜神之类的活动，孔子也参加，但那是带着对先人的崇敬之情来参加这类活动，并不企求从神那里得到什么。

几年前，网上报道说，在大学生宿舍里，有学生将"超女"李宇春的照片放大后供奉起来，每日烧香磕头，并许愿说："拜春哥，考试不挂科"，把活人当作神来祭拜，保佑自己不挂科，真是荒唐至极！与上面这则报道联系起来看，我们不禁要问，中国的年青一代这是怎么了？是不是神经有毛病？不去通过自己的努力实现理想，却幻想天上掉馅饼，有这等好事吗？古语云："书山有路勤为径，学海无涯苦作舟"，学习科学文化知识是这样，无论干什么事情都是这样，妄想不通过自己的一番努力就能获得成功，无异于痴人说梦。这诸多现象说明，当今社会，许多人的信仰、价值观出了问题。

这使我想起一则寓言：某人在屋檐下躲雨，看见观音正撑伞走过。这人说："观音菩萨，普度一下众生吧，带我一段如何？"观音说："我在雨里，你在檐下，而檐下无雨，你不需要我度。"这人立刻跳出檐下，站在雨中："现在我也在雨中了，该度我了吧？"观音说："你在雨中，我也在雨中，我不被淋，因为有伞；你被雨淋，因为无伞。所以不是我度自己，而是伞度我。你要想度，不必找我，请自找伞去！"说完便走了。第二天，这人遇到了难事，便去寺庙里求观音。走进庙里，才发现观音的像前也有一个人在拜，那个人长得和观音一模一样，丝毫不差。这人问："你是观音吗？"那人答道："我正是观音。"这人又问："那你为何还拜自己？"观音笑道："我也遇到了难事，但我知道，求人不如求己。"

是的，求人不如求己。事实证明，真正的神属于自己，《国际歌》中唱得好："从来就没有什么救世主，也不靠神仙皇帝，要创造人类的幸福，全靠我们自己"，自己就是自己的"救世主"，一个人要实现自己的理想，非得靠自己付出艰辛的努力不可，其中还要经过许多失败的考验，意志坚强者勇往直前，最终取得成功；意志薄弱者怨天尤人，最终被淘汰出局。如果世上真有神的话，我相信，神也一定会保佑奋斗者，而不会保佑投机者。

免费师范生留在农村也可以大有作为

2007年，国务院决定在教育部直属6所师范大学(后又增加了江西师范大学)实行师范生免费教育。不过，虽然各地市普遍都欢迎免费师范生能回家乡来帮助提升地方中小学的教育质量，但是却没有明确的鼓励政策。并且，由于很多中小学对于非主课的免费师范毕业生往往不够重视，更加削减了这些毕业生扎根基层的信心和决心。不少免费师范生在毕业时或走上工作岗位后，开始算一笔账：省了4年上大学的费用，换取10年宝贵的青春。

国家招收免费师范生，目的在于吸引一批有理想、有抱负的青年从事教师这一职业，将自己的聪明才智奉献于教书育人的崇高事业。按理说，青年学子一旦选择了免费师范生教育，毕业后就应当按照国家的相关政策，无怨无悔地走向教师工作岗位，而不应该挑肥拣瘦，抱怨农村学校条件差、待遇低，千方百计往城市学校里挤。

农村学校条件差、待遇低，这是事实。就拿我们这个地区来说，农村中小教师平均工资不到3000元，住房、办公、医疗等方面的条件远不及城市学校，再加上一些偏远农村地区不通车、不通网，消息闭塞，造成许多农村学校留不住人，师资严重匮乏。有的学校教师年龄偏大，平均在50岁以上，难以胜任繁重的教学工作；有的学校师资结构不合理，音体美教师成为稀有资源；有的学校教师带病工作，到了退休年龄仍坚持上课。相反，城市学校却人满为患，人浮于事，让本科毕业的学生去管理图书室、送报纸或看大门，造成教师资源的巨大浪费。

正是在这种背景下，国家实行了免费师范生教育，并且明文规定，免费师范生毕业后要到农村基层学校工作两年。古语云："宁可雪中送炭，不可锦上添花"，目前城乡教育已经拉开了距离，如果这些免费师范生再争破头皮往城市学校里挤，无异于锦上添花，而真正需要雪中送炭的是农村教育。

其实，农村教育也可以大有作为，当年陶行知先生创办的乡村学校，不也在中国教育史上写了光辉的一页吗？况且，农村孩子的智力并不比城市里的孩子差，他们所缺少就是优秀教师的教育和引导，一个有教育情怀的人，是不会选择城市而放弃农村的，因为同样是为国育才，怎么能有农村和城市之分呢？同样实现了自己的人生价值，怎么能说在农村工作就浪费了自己的青春呢？

是的，我不否认，教师也是人，也有追求美好生活的强烈愿望，作为免费师范生，他们向往城市高品位的生活，追求较高一点儿的待遇，这本无可厚非。但是请不要忘记自己最初的承诺，同时也不可过分专注生活和待遇，因为教师职业本身就是清苦的，如果想通过当教师发大财、撞大运，最好还是不要报考这一专业。

谁来保护教师的权利？

日前，蚌埠市怀远县教育局发布了一份处罚决定，决定显示，因当地包集中学的梁老师在上课时，发现有学生在其背后贴了张"我是乌龟，我怕谁"的字条，还在上面配有乌龟形象，梁老师觉得受到侮辱，与这名学生扭打起来。6月4日，教育部门因梁老师体罚学生将其开除。开除决定做出后，很多教师认为学校做出的处罚有处理过重的嫌疑。

读了这则新闻，我想起了几年前《齐鲁晚报》的一则报道：早上7时左右，无锡市一所小学门口发生一幕惨剧：一名年轻女教师身上被捅数刀后又遭割喉，惨死在学校门口，行凶者当场被缉拿归案。据警方透露，行凶者是一名53岁的老人，他的孙子在该小学读书，由于孩子较为顽皮，经常受到校方"惩戒"，于是老者对老师心怀不满，制造了这桩令人发指的血案。

读了这两则触目惊心的报道，我的后脊梁骨冷汗淋漓，我仿佛听到这位女教师令人绝望的求救声，仿佛看到她倒在血泊中的一幕幕惨状，也仿佛看到梁老师被学生侮辱时气愤的神情。

时下当老师实在太难了，教学质量不高，学校要追究老师的责任；学生行为不端，社会各界要拿老师是问；学校突发安全事故，老师也难辞其咎。教师不仅要面对来自社会和学校等各方面的心理压力，同时还要时时防范来自学生和家长的威胁，在处理某些事情时稍不留心，轻者受到人格侮辱，重者被殴打乃至危及生命。而事情一旦发生，媒体和社会各界又大加炒作，往往以"不能体罚学生""学校管理不善"等一大堆冠冕堂皇的托词为由，将责任多数归咎于学校和教师。几千年来流传下来的所谓"师道尊严""太阳底下最光辉的职业"等对教师的一切赞誉，在残酷的现实面前被击打得粉碎，教师几乎成了社会上人人可以指责的弱势群体。也正因为如此，愿意当老师的人越来越少，优秀教师"跳槽"的越来越多，教师队伍的整体素质呈下降趋势。

　　一位53岁老人，竟然因为自己的孙子在学校受到"惩戒"，对一位手无寸铁的弱女子下此毒手；一名学生，竟敢在老师背上粘贴侮辱性的字条，这些事实的背后折射出的是部分家长和学生对法律的漠视和对教师感情的冷酷。是的，《义务教育法》明文规定"严禁体罚和变相体罚学生"，这一规定是国家从保护青少年身体和心理健康的角度出发制定的，对于规范教师的教育行为完全有必要。但是，教育是促进学生全面发展和健康成长的崇高事业，让每一名学生成为道德高尚、人格健全的合格公民是每一位教师义不容辞的责任，当学生的某些行为出现偏差或者有些行为严重危害他们自身的健康成长时，当老师的能坐视不管吗？我相信，任何一位老师对学生的批评教育乃至对学生的善意处罚都不是因为个人恩怨。相反，对学生不管不问、任其发展，倒是对教育工作的不负责任。

　　可惜的是，许多家长不理解教师的这一番苦心，极端溺爱自己的孩子，不能使他们遭受一点儿委屈，于是在某些场合揪住老师所谓的"小辫子"不放，以至于酿成了一个个不该发生的悲剧。他们不知道，当他们侮辱教师人格乃至危及教师的生命时，自己也走向了违法犯罪的道路。

　　谁来保护教师的权利不受侵犯？简言之，法律、社会和学校。要向全社会进一步宣传《义务教育法》和《中华人民共和国教师法》，保障教师的合法权益，依法从严惩处那些对教师造成人身心灵伤害的违法犯罪人员，让所有人都知道教师的权益神圣不可侵犯。要进一步营造全社会"尊师重教"的良好氛围，提高教师的政治地位和经济待遇，让教师的腰杆硬起来，底气足起来，从而吸引一大批优秀人才终身从事教育工作。同时，教育部门和学校也要树立"教育学生首先要教育家长"的信念，通过举办家长学校、定期举办家长会、家访等方式，宣传有关教育法规和学校相关政策，加强家庭教育和学校教育之间的联系沟通，争取家长对学校和教师工作的理解和支持。对于教师和家长之间产生的一些矛盾和纠纷，学校要及时把握事情发展的动态，耐心细致地做好家长工作，尽快化解矛盾，从而形成家校联合育人的整体合力。

"挂科"岂能成为"前科"？

河北科技大学两位姓张的大四男生，同时应聘石家庄一家制药企业，结果一个欢欢喜喜地与这家企业签订了就业合同，另一个则被拒之门外。原因是，这家企业很看重应届毕业生平时的学习成绩，如果在求职简历中发现学生综合学习成绩排名靠后，或挂过科，就不会让他们进入面试环节。

客观地讲，企业把大学生的学习成绩作为招聘的首选条件，这本身释放了一种正能量：大学不是养老院，升入大学并非为自己的人生加了保险，若不努力学习，毕业后照样找不到理想的工作。但是，静下心来一想，仅仅把是否"挂过科"作为一道门槛，用以甄别大学生在校期间是否"好好学习"，似乎有点儿武断。

诚然，由于高考的巨大压力，许多学生在中学时期学得很苦、很累，进入大学后，他们自然有一种放松的心态，再加上中国大学严进宽出，各专业考试制度不完善，无论学得好与坏，即使有个别科目挂科，最后也能通关，拿到一张象征能力的毕业证。同样是大学毕业，然而学生能力却千差万别，这就使得企业不得不做出上述无奈的选择。

然而，用人单位是否做过这样一番考察："挂一科"和"挂多科"能一律对待吗？多门功课挂科，最后虽然都补考通过，足以证明该生学习态度有问题，但"挂一科"或"挂两科"的呢？如果因为偶然，正赶上学生考试期间生病而挂科，是否应该区别对待?

学生在校学习成绩固然能代表学生某一方面的能力，但不能代表他的全部能力，门门功课优秀并不意味着走向工作岗位后就能继续优秀，而那些挂过科的学生也不一定不会成为企业的精英。

所以，我认为，企业在考察大学生的学业成绩时，最好不要那么严苛，对于那些仅挂过一科或两科的学生，最好通过校方了解一下挂科的原因，像上述材料中就有一位姓张的同学，挂了一科后，幡然悔悟，从此发愤学习，再也没有挂科，而且成绩优异，能够这样对待挫折的人，我想应该更值得企业录用。

适合学生的教育才是最好的教育

上海嘉定中光高级中学高一学生于晓(化名)偷偷加入创业大军，和朋友一起开起微店，专做韩国日用化妆品。别看他年纪小，经营却有一套，每月竟能赚上万元。为了创业赚钱，他屡屡旷课，他的行为自然引起多名任课老师的"投诉"，有的老师甚至提出学校应该让其退学。经过学校讨论，中光高级中学做出一个颇有争议的"创举"：按照于晓的兴趣与意愿，定制一张个性化课表，但同时也要求其争取能通过高中学业水平考试。

本来，作为一名中学生，主要任务是学习科学文化知识，三年后考上一所理想的大学，将来找一份理想的工作，以实现老师和父母的心愿，然而这位于晓同学却有点儿"异类"，放着好好的书不读，居然和朋友一起偷偷开起了微店，并且每月还有一笔不菲的收入。于晓同学这种不务正业的"异类"选择，自然引起多名任课老师的不满和"投诉"，有的老师甚至要求学校让其退学。任课老师的心情我们完全可以理解，谁能容忍这样一个屡屡旷课、不交作业、成绩下游的学生在自己班里"混"下去呢?

但是换一个角度来看这一现象，也许会得出完全不同的结论。假如通过学校、家长耐心细致地做思想工作，让于晓同学放弃他现在所经营的微店，按部就班地回到学校课堂上，他就能把所有的心思投入学习中去吗？三年后就能考上理想的大学吗？

通常情况下，一个人如果对一件事情特别感兴趣，往往就不再关注其他与之关系不大的事情，于晓同学既然迷上了开微店，自然就不再特别关注文化课的学习，他能把微店经营得如此红火，说明他有经商才能，这是他的优势智力，教育的首要任务就是发现学生的优势智力，并创造条件发展这种智力。况且，创业不分年龄段，一个人在有生之年能为家庭和社会创造财富，不管他处在少年时期还是青年时期，只要最终实现了自己的人生价值，就应该得到人们的充分肯定。

令人欣慰的是学校做出的决定，对于这样一个"异类"学生，学校非但没有开除他，而是按照他的兴趣和意愿，为他量身定制了一张个性化课表，争取让他通过高中学业考试，顺利拿到高中毕业证，这充分体现了以人为本、尊重个体、因材施教的教育理念。因为高中毕竟属于基础教育阶段，是为人的终生发展打基础的教育，即使一个人今后立志从商，也要具备高中阶段的知识储备，学校正是看到了这一点，本着对学生一生发展高度负责的精神，做出了这样的选择。

我们的许多高中学校是否也应该具备一点上海嘉定中光高级中学那样的气魄，善待那些有点儿"异类"，而又有一技之长的学生呢？事实并非如此，学生一旦进入高中，文化课学习成绩就成了区分"好学生""差学生"的唯一标准，有的学生在体育、艺术方面有特长，有的学生喜欢动手搞一点儿小发明，但文化课成绩稍差，则往往被任课教师斥之为不务正业，动辄被任课教师歧视或劝退。

世界上没有完全相同的两片树叶儿，也不可能有完全相同的两个人，根据加德纳的多元智能理论，每个人身上都有一种优势智力，如果能及早发现它，并创造条件发展它，几乎每个人都可以在某一领域成为出类拔萃的人才。由此看来，学校只有创造适合每位学生的教育，才是最好的教育，也才是真正意义上的素质教育。

南京大学破格录取高宽又何妨？

　　近日，安徽宣城名校郎溪中学的应届毕业生高宽，用全繁体字文言文撰写了一封自荐书。高宽说："很多前辈和老师在看过我的文章和论文后都说，我有当年钱钟书的才能。"可尴尬的是，他在高考中只考了493分，未达到安徽省高考二本录取分数线。他希望借着这封书信，让南京大学的莫教授为他"指条路"。

　　在读这则报道的同时，也读了高宽写给南京大学莫砺锋教授的那封"自荐书"，确如莫教授所言："该生读过不少书，文言文也写得中规中矩，是个读书种子。"

　　我真为高宽的遭遇惋惜！论学识，高宽已达到南京大学文学院研究生的水平；论志向，高宽从小学就痴迷于古典文学，并立志献身于古典文学学术研究。唯一令人不满意的是，他在高考中只考了493分，未达安徽省高考二本录取分数线。这一结果，让人再次不得不拷问现行的高考制度：分数能反映一个人真实的学识水平吗？

　　据高宽的语文老师薛爱美老师介绍："小学和初中，高宽的成绩一直非常好。但到了高中后，他对文学的热爱似乎和理科班的氛围不太符合。"高宽的成绩在班里排到了下游，但高宽自己却说："有所舍才能有所得。"

　　是的，有所舍才能有所得，假如高宽进入高中后放弃对古典文学的兴趣，他也许能全面发展，一直保持较好的成绩，高考也许能发挥正常，考一个高分，进入梦寐以求的南京大学，这说明高宽与其他优秀学生一样，有竞争重点大学的能力。但他并没有走"全科发展"的路子，而是如痴如醉地发展自己对古典文学兴趣，结果舍弃了最后进入重点大学的机会，却锻炼了自己古典文学方面的卓越才能。既然大学是以选拔和培养人才为己任，对于这样一个有特殊才能学生，破格录取他又何妨？

　　高校作为科学和文明的首善之地，理应"不拘一格降人才"，古今中外的许多大学都不乏这方面的成功尝试。1929年，钱钟书考入清华大学外文系。报考时，数学成绩只考了15分，因才华出众、中英文成绩特别优秀，被学校破格录取，受到罗家伦、吴宓、叶公超等人的欣赏，被当作特殊学生看待。臧克家当年考山东国立青岛大学时，数学成绩很不理想，也是被破格录取为特别生，在学年考试后才改为正式本科生。1931年，吴晗报考北京大学，中英文两科均获100分，数学考试是零分。北大当年不予录取，但清华大学却破格录取了他，后来成为研究明史大师。试想，这些人如果当时不上大学，现代中国也许就缺少了一批一流的大师和学者。

举这些例子并非要求学生片面发展，也不提倡让学生过早偏科，提前做出不成熟的"人生规划"。事实上，在基础教育阶段，学生还是应该掌握终生发展所需要的基础知识，为其一生的可持续发展打下坚实的文化根基。但是，全面发展并不等于均衡发展，学生也不可能门门功课全优，成为样样精通的"全才"。基础教育尤其是高中教育要在注重学生全面发展的同时，特别注意培养那些在某些领域有特殊天分、特殊才能的学生，以充分挖掘他们的潜力，鼓励他们在自己喜欢的领域上冒尖。高校似乎也应该有一点儿气魄，不要过多地去关注这些学生的高考分数，在充分认证的基础上，能破格的则破格，让他们在自己喜欢的领域里展示自己的才华。

让学生毕业时才"吐槽"，平时干什么去了？

中科院院士、上海交通大学校长张杰最近带着学校各个职能部门的负责人连开四场不同院系毕业生的座谈会，让大家尽情"吐槽"对大学期间学习和生活的不满。对于一些可以立即解决的问题，当场就由职能部门负责人拟订解决方案。在张杰校长看来："学生是最有资格和权利评价学校的群体之一，他们的意见，有助于学校做到这一届毕业生的遗憾不在下一届学生身上重演。"

读了这则新闻，让人精神为之一振：学校能让学生尽情发泄心中的不满，从学生的角度来思考和解决管理中存在的问题，这充分体现了"以人为本"的教育理念，如果全国各大学校长都能像张杰校长这样，相信大学的教育教学和管理水平一定会迈上一个新的台阶，大学不仅会办得让学生满意，也会让社会满意。

但是，静下心来一想，似乎又觉得有什么地方不对劲：让学生毕业时才"吐槽"对大学期间学习和生活的不满，难道不是太晚了吗？平时干什么去了？许多问题当场解决了，的确对下一届学生有好处，但这些即将毕业的大学生还能享受到这一"红利"吗？

管理不仅是"堵漏洞"，更为重要的是"防患于未然"。管理者要在日常工作中见微知著，善于发现事情的苗头，将其消灭在萌芽状态，才能不断提高管理水平。这就好像考场上的监考员，不能看着考生作弊成功才去抓他，而是当发现其有作弊的念头时，就要去制止他，这样才能保持考场良好的秩序。学校管理也是这样，要把工作做到平时，不要等问题发生了，或者问题积累了一大堆，才去想办法解决。

建议全国各地大学学习上海交大的做法，将这一做法常态化，每学期甚至每周都要召开这样的学生座谈会，通过在校学生的"吐槽"，及时发现学校教学和管理中存在的问题，并真正解决这些问题，从而不断提高管理水平，将大学办成学生满意、家长放心、成果丰硕的高水平大学。

"试吃"怎能变"视吃"，能保障学生就餐安全吗？

6月初，一条丽水市莲都区区围山小学的学生午餐饭菜味道差、饭盒有异味的消息在当地市民的微信朋友圈中频频被转发。随后又有家长在本地网络论坛发帖，反映学生午餐质量问题，并调侃地发出了请教育局局长到学校吃午餐的邀请。

近日，丽水市莲都区教育局局长表示，为了进一步加强对学生午餐的监管，教育部门领导将常到学校与学生共进午餐，同时将邀请人大代表、政协委员、各学校家委会代表和媒体记者成立配送餐食品安全和质量问题监督团，只要有人提出疑问，他们会及时安排监督团成员前往企业监督、检查和到学校试吃。

学校饭菜质量关乎学生的生命安全和身体健康，是教育主管部门应当特别关注的一项重点工作。对于学生家长反映的学生"午餐饭菜味道差、饭盒有异味"的问题，丽水市莲都区教育局能迅速反应，并明确表态，这说明当地教育主管部门领导具备这方面的敏感性。如果能将这些措施落到实处，也许学校的饭菜质量能有较大的改善。

但是，在落实上述这些措施时，教育主管部门要警惕：切莫让"试吃"，变成了常规性视察工作的"视吃"。

一般情况下，教育主管部门对学校饭菜质量的检查，都会采取定时间、定人员的常规性方式，并事先通知学校，做好各方面的准备。由于事先准备充分，检查人员或监督团成员到达学校后，自然可以吃到可口的饭菜，任何问题也查不出来，你好我好大家都好。

可监督团一走，问题依然存在，什么问题也没有解决，这就失去了"试吃"的意义。"试吃"最有效的方式是监督团事先不打招呼，也不需要向谁提出疑问，不定时随机到某一所学校"试吃"，这样才能真正发现并解决问题。

其实，不管是"领导与学生共进午餐"也好，还是"监督团成员及时检查试吃"也好，都治"表"不治"里"。

要想从根本上解决学校饭菜质量问题，必须建立和完善从饭菜配送到加工、制作、卫生等方面的一系列监管机制，并明确相应责任，哪一个环节出了问题，就追究相关责任人的法律责任。这样一来，即使教育局局长不经常"到学校与学生共进午餐"，监督员成员不"及时前往企业监督、检查和到学校试吃"，饭菜质量也不会出现太大的问题。

"高考移民"是教育不公平的产物

6月25日，陕西高考成绩出炉，榆林文科头名花落榆林华栋中学，令人意外的是，华栋中学却表现得异常低调，学校老师谈及榆林文科第一名邢程远也都讳莫如深。据该校高考毕业生透露，三年读书期间从未见过邢程远，突然间她就成了榆林文科头名，让人十分不解。而网上出现的帖子更是直指这名"高考状元"是"高考移民"。

我认为，"高考移民"的产生是教育不公平的产物。一方面表现在不同地区之间教育资源配置、教育发展水平的不公平。东部和西部地区、发达地区和落后地区以及城乡之间教育发展水平的不平衡，导致不同地区学生所享受的教育资源不公平，学生的学业水平也就自然拉开了距离。比如，当城里的孩子已经使用微机进行网上学习的时候，很多贫困地区的孩子穷得几乎买不起钢笔和练习本，学校里别说配备微机，连一台像样的录音机也没有。在这样的教育环境下，能培养出与城里孩子相抗衡的学业成绩吗？

　　另一方面表现在不同地区之间师资水平和教育过程的不公平。由于贫困地区和广大的农村地区居住条件差，工资水平低，因而使得部分优秀教师流向教育发达地区，这就造成了不同地区之间教育过程和教育质量的不公平。"名师出高徒"，师资水平高学生的学业成绩自然就高，因此教育发达地区的录取分数线就会普遍高于教育落后地区的分数线。

　　正是因为这两个方面的不公平，催生了"高考移民"现象，一些教育发达地区有门路的家长看到自己的孩子在本地成绩不好，参加高考难以考到一所理想学校，便不惜一切代价，托关系、找门子，想方设法将孩子的户口迁移到贫困地区，却让孩子在本地接受高中教育。于是在本地区三流的学生到了贫困地区却能考上一所重点大学，这对于教育发达地区相同学业水平的学生来讲，是不公平的；对于不发达地区的优秀学生来讲，也是不公平的。

　　除了上述两方面的原因以外，高校指标分配的地方保护主义也是形成"高考移民"现象产生的主要原因。据悉，像北大、清华这样的国内名校，每年分配给北京市的招生计划，远远多于其他省份，结果造成北京市的高考录取分数线大大低于其他省份。前段时间听到一个消息，仅去年北京四中一所学校被北大、清华录取的学生人数就相当于山东全省的录取人数。相同的成绩和位次，在北京市能上一个"211"工程重点院校，而在我们山东仅能走一个"二本"，这能算是公平吗？

　　"高考移民"的产生打破了人才平衡分布的规律，剥夺了部分优秀学生进入重点名校学习深造的机会，从而降低了高等教育的质量。据有关专家分析，不论是教育发达地区还是贫困地区的学生，大约其中1%的学生将来可能成为顶级人才，10%的学生将来可能成为优秀人才。试想，大量"高考移民"进入贫困地区参加高考，就必然使本地区10%优秀人才无缘进入全国著名高等院校学习，这不仅是教育不公平的问题，也是人才的极大浪费。

"手写录取通知书"彰显的不仅仅是学校特色

"如果收到陕师大的录取通知书，请珍藏，因为它是全国高校中唯一用毛笔手写通知书的"。据@陕西师范大学介绍，学校七位老教授从11日起，连续一周完成通知书书写工作。

陕西师大的这一做法自发布以来，赢得了社会各界的广泛赞誉。许多人认为，作为一所师范大学，手写录取通知书是其他高校所没有的，这就好像是一张大学的名片，彰显了学校的办学特色，值得点"赞"！我认为，"手写录取通知书"彰显的不仅仅是学校特色，更是一种对严谨工作态度的褒奖，一种对传统文化的认同。

一张录取通知书，从发布信息的角度讲，打印和书写本没有本质上的区别，都是告知学生录取、报到的相关信息。何况打印速度快、效率高，字迹清晰，本来七天的活一天就能完成，何劳这些老教授们费时、费心字字书写呢？原来学校是想向这些即将跨入大学校门的学子们表明：学校对待每件工作都是严肃认真的，教授们的治学态度是严谨的。

4500多份录取通知书，七位老教授要工工整整地书写一周，而且要保证不出现任何一点儿错误，这是多么庞大的工作量，这需要多大的耐心，这样态度还不够严肃认真吗？当学子们收到属于自己的那份录取通知书，看着那飘着墨香的工笔小楷，尤其当他们知道自己的通知书出自哪位教授之手时，这种感觉与看到打印的录取通知书能相提并论吗？

当今社会，由于计算机和网络技术的飞速发展，能写好汉字的人越来越少，用毛笔写好汉字的人更是少之又少。在我国，书法不仅是一门古老的艺术，更是中华优秀传统文化的有机组成部分和有效载体，是中华文明的密码。七位老教授用七种不同的风格书写录取通知书，不仅表明他们对祖国传统文化的认同，同时也反映了他们不同的艺术追求。透过这些飘香的字迹，学子们能够领略到七种不同的书法艺术风格，从而激发他们对艺术的美好想象力。

况且，写一手漂亮的汉字，也是师范类大学生的一门必修课，每张书写精美的录取通知书，就是一张张精心制作的字帖，也是一份份宣言书，对于这些学子来讲，的确有收藏和学习的价值。自2012年以来，教育部相继出台了《关于中小学开展书法教育的意见》和《中小学书法教育指导纲要》，明确了中小学书法教育的目标内容和课程安排，书法已走进中小学课堂。教师是学生写字的榜样，教师板书水平高，书写认真，会直接影响学生。作为一名将来从事中小学教育的师范类大学生，理应写好汉字，并不断提高自己的书写水平，将书法这一优秀的传统文化发扬光大。

别让"蒙眼识字""蒙"住了所有人的眼睛

近日，成都市民陈萍交了9.8万元，给侄女豆豆（化名）报了一个儿童智力培训课程。课程宣称，只要上他们的第一节课，就可以达到"开发天眼"的效果："用眼罩蒙住眼睛，可以摸出卡片的数字、颜色。升级效果则是，书一翻就能背下来。"一年之后，家人想看看孩子学习的效果，便让豆豆现场演示，这才发现，所谓的"蒙眼识字"其实是要孩子偷看。

对于"天眼"一说，笔者只在神话里听说过。我国古代神话小说《封神演义》和《西游记》里都描写了一位名叫"杨二郎（杨戬）"的天神，据说他有三只眼睛，眉头上的第三只眼号称"天眼"，能察看"三界"中其他神灵看不到的任何事物。没想到现代社会居然也有人能"开发天眼"，难道是杨二郎下凡？

纯属无稽之谈！成都大学附属医院神经内科赵洪鉴、北京大学心理学系资深脑神经研究的教授周晓林，以及中科院心理研究所认知与发展心理学研究室的研究员蒋毅，都是脑功能、脑神经上的资深专家。对于"开天眼""蒙眼识字"的说法，他们一致认为：荒谬。赵洪鉴说："人脑成像是物体先在视网膜上成像，然后通过视神经传入大脑中枢。以现在的科学水平，还没有发达到通过'第三只眼'就能看东西的程度。"然而对于这样的无稽之谈，居然还有人相信？并且还有人堂而皇之地拿来作为赚钱的资本？中国人的到底怎么啦？难道连这一点起码的科学常识都没有？

"蒙眼识字""蒙"住了家长的眼睛，倒也情有可原。因为这些培训机构抓住了家长望子成龙、望女成凤的心理，特别是那个"升级效果"："书一翻就能背下来"，更是对家长充满了吸引力。虽然将信将疑，但是为了把孩子培养成"神童"，为了孩子将来有一个美好的前程，索性就豁出去了，反正钱是人挣的。

最不应该是"蒙眼识字"还"蒙"住了整个社会的眼睛！偌大的一个培训机构，在阳光下公开"抢钱"，公开设计骗局蒙骗这些可怜的家长和无知少年，并且按部就班地授课，将骗局搬上了课堂。难道相关监管部门一点儿也不知情？是不敢管，还是双方有利益往来不想管？

再也不能让这些骗子们再骗下去了！家长们要擦亮自己的眼睛，认清这些骗子的嘴脸，调动一点儿自己的智慧，千万不要白白花了冤枉钱，让孩子上当受骗，到头来人财两空。政府和相关部门也要把眼睛睁得大大的，对于这些骗子的伎俩，发现一起，查处一起，决不能搞"灯下黑"，姑息养奸，让他们光天化日之下公然行骗。唯其如此，才能让这些骗子无处藏身，还百姓一个诚实守信的良好社会环境。

教师都去当警察了，学生谁来教？

据《中国青年报》报道：不久前，会宁县人力资源与社会保障局会同会宁县财政局、编办、公安局下发文件显示，经过考试、考核及体能测试，此次会宁全县共招录警察189名，其中，有171名教师入选。对于为什么有如此多的教师选择离开讲台，转而投身公安工作，有教师反映，按目前状况，警察工资普遍比其他机关事业单位要高；还有教师表示，想体验校园之外的生活。

据报道称，这171名教师大多数30多岁，都是年富力强的骨干教师，有的还担任班主任或学校领导。要知道，学校培养一名骨干教师多么不容易，把他们都抽走了，学校怎么办？学生谁来教？虽然教育局承诺说今年将近有250名新教师补充进来，但这些新教师需要多少年才能培养成骨干教师？为什么警察不从这新教师中招录，而专门去招录这些骨干教师？

对于一名教师来说，因某种原因转行当了警察，这也许是个人职业选择的自由。而对于一个县来讲，竟然有171名教师，自愿放弃教师职业选择当警察，而且还都是骨干教师，这就有点儿不正常。难道当警察真比当教师更有吸引力？或者如报道中所说的那样，警察工资比教师工资高，有些教师想体验一下校外生活？

透过这一事件，我们再一次看到了权力的"任性"，看到了教育在与其他行业博弈中的极端弱势。对于地方执政者来说，他们口头上重视教育，但在制定政策时，却在不遗余力地挖教育的墙角，他们可以不顾教育的死活，不顾孩子们的需求，随意出台一些近乎"脑残"的决定。公安部门缺警察，难道教育部门不缺优秀教师吗？他们担心警察招录的质量，是否也关心过教育的质量？

我们没有理由谴责这些骨干教师甘愿放弃教师去当警察的真正动机，也许真如他们所说那样："热爱警察，从小梦想当警察""警察地位比教师高""校园里太封闭""教师工作辛苦、平淡"……却有一个事实不容回避："在我们这里，干教育的其实也是弱势群体。"人各有志，教师也是人，也希望得到别人的尊重，当警察可能比当教师更有前途，地位也比教师更高，当了警察可能变成强势群体中的一员。但是让人不得不疑惑的是：既然你从小就梦想当警察，为什么当初不报考警察学校，而报考了师范学校？学校辛辛苦苦把你培养成骨干教师，难道你就忍心舍弃你的学生吗？

教育有自身发展的规律，办好教育除了硬件、管理等因素以外，高水平的师资队伍也是一个不可或缺的条件。地方政府作为教育部门的靠山，要想方设法提高教师的经济待遇和政治地位，使其成为人人羡慕的职业。

同时，在制定各项政策时，也不可太"任性"，要多听一听教育主管部门的意见，在尊重教育规律的前提下，力争将教育的损失降低到最低水平。教育主管部门也要加大教师教育力度，减轻教师工作压力，培养教师的教育情怀，使其树立崇高的教育理想，充分感受到职业的幸福，从而完成教书育人的崇高使命。

"见义智为"并非"见义不为"

"不顾个人安危，挺身而出"的行为，在武汉将不再被鼓励。据悉，将于2016年1月1日起正式实施的新版《武汉市见义勇为人员奖励和保护条例》（以下简称《条例》）倡导"见义智为"，呼唤有勇，更赞赏有谋。新《条例》还专门对见义勇为人员的基本生活保障、医疗救治、抚恤补助、就业、教育、法律援助等作了细致的规定，避免见义勇为者"流血又流泪"。

见义勇为是中华民族的传统美德，在《论语》中，孔子曾说过这样的话："见义不为，无勇也"，意思是一个人见到符合正义的事情不去做，这就是没有勇气。武汉市颁布《条例》，对见义勇为人员实施保护和奖励，并倡导"见义智为"，凸显了对见义勇为者的尊重。

但是，倡导"见义智为"，并非倡导"见义不为"。2009年10月24日，为救两名落水少年，武汉长江大学的10多名大学生手拉手扑进水流湍急的长江中，两名少年获救，而陈及时、何东旭、方招3名大学生不幸被江水吞没，英勇献身。事发后，一度引发社会上"该不该救""值不值得"的追问，央视著名主持人白岩松说："我觉得生命不是做算术题，也不是写论文，无法用几个换几个来做值不值的讨论，也不能像写论文一样，我们要提前打草稿，然后列出一、二、三、四，然后再开始，我觉得那一瞬间的那种直觉和采取的行为就是对生命最大的尊重，这3个年轻人是英雄！"

民众为什么会有这样的追问？因为前几年发生的"南京彭宇案"，让人们对见义勇为的行为心有余悸。2006年11月20日早晨，一位老太太在南京市水西门广场一公交站台等83路车。人来人往中，老太太被撞倒摔成了骨折，刚下车的彭宇，看到一位老太太跌倒在地，赶忙去扶她，不一会儿，另一位中年男子也看到了，也主动过来扶老太太。老太太不停地说谢谢，后来大家一起将她送到医院。经医院鉴定，老太太构成8级伤残，医药费花了不少钱。老太太指认撞人者是刚下车的小伙子彭宇，将彭宇告到法院并索赔13万多元。彭宇表示无辜，后经法院判决，彭宇支付受害人损失的40%，共45876.6元。

由此可见，见义勇为有时候不仅要付出生命的代价，而且要付出巨额的经济代价，好人不得好报，谁还愿意见义勇为？我们不得不承认，在市场经济大潮的冲击下，见义勇为的美好品德已渐行渐远，见义勇为者往往遭遇难以预料的尴尬，因此很多人明哲保身，见义不为。看见老人在大街上摔倒，许多人围观，竟无人敢去帮扶；年轻妇女在公交车上被歹徒凌辱，众人无动于衷；地震到来时，不顾学生死活，老师自己先逃命……难道仅仅因为见义勇为要付出代价，就应该见义不为？

这看起来好像是一个两难的命题，其实社会应当肩负起用正确舆论引导的责任，对于彭宇案之类的纠纷，为什么不弄个水落石出？为什么让好人蒙冤？对于见义勇为者，社会完全可以大张旗鼓地进行表彰奖励，为什么要求他们做好事不留名？只有全社会充分保障见义勇为者的权益，让见义勇为者得到社会各界的关心和帮助，才能够涌现出更多的见义勇为者，从而达到扶正祛邪、保障社会平安的目的。

中小学要不要对学生进行见义勇为教育？近年来，对这一问题一直有争议。据悉，新出台的《北京市中小学生日常行为规范》中，"见义勇为"被取消。对此，不少人高度赞扬，认为这一规定尊重未成年人的生命价值，保护了他们的合法权益，但也有不少人持相反意见，认为这一规定不利于学生身心健康成长。我认为，删除并非意味着不进行这方面的教育，从法律上讲，中小学生处于未成年期，的确不具备同坏人坏事做斗争、见义勇为的条件，像我们小学时学过的刘文学、赖宁的事迹，确实不宜在中小学大肆宣传。但是，要倡导"见义智为"，当学生遇到坏人坏事时，不能置若罔闻，虽然不提倡他们同歹徒进行殊死搏斗，但至少要具有自我保护意识，能够"有所为"，比如记下犯罪分子的特征，主动为警方提供线索等。对于力所能及的好人好事，更应该在青少年中大力提倡，要让他们明白，在人生的不同阶段，每个人都肩负着不同的责任和义务，一个人要在捍卫自己生命权利的同时，也要竭尽全力多为他人着想，从而体现出自己人生的价值。

家长自愿为教室购置空气净化器，不妥在哪里？

　　雾霾来袭，上海市黄浦区某小学的部分家长想自掏腰包，为孩子所在的教室安装空气净化器。然而，家长的这一提议却遭到校方拒绝。校方的理由是，类似做法没有先例，而且如允许个别班级家长自费为教室安装空气净化器，会引起其他班级的攀比心理。

　　家长为孩子身体健康着想的心情可以理解，但校方的拒绝也并非没有道理，允许个别班级安装，的确会引起其他班级的攀比心理。不过，我们需要聚焦的问题是，如果学校安装空气净化器，是否该由家长埋单？

　　按照教育部门有关规定，公办学校添置必要的硬件设备，需在层层审批的基础上，由政府按照招投标的方式，统一购买。空气净化器和学校其他设备一样，属于学校固定资产，如果确实需要安装，理应由政府埋单，而不是由家长"掏腰包"。况且报道还称，家长们的意见并不统一，有的赞成，有的反对，如果校方顺应了部分家长的要求，由家长购买并安装这一设备，则会引发一系列问题。

　　雾霾来袭，不管是孩子还是成人，生活和工作环境都遭到严重污染，健康受到威胁。无论是学校放假，还是家长自愿为教室安装空气净化器，都是治标不治本的举措。要想从根本上解决问题，还需要政府加大环境治理力度，还人们一个健康安全的生活环境。

花钱找"枪手"的留学生是"败家子"

> 父母辛苦赚钱送孩子出国深造，孩子在国外花费上千元甚至上万元，找"枪手"完成学业。"枪手"明码标价，代写论文、代上课等一条龙服务。中国爸妈，再一次被深深地伤到了。《天府早报》记者调查发现，"枪手"背后是团队运作，服务对象明确，大部分是"学渣"，小部分是有钱但又想偷懒的留学生……

读了这则报道，谁还能再说中国人贫穷？动辄花费上万元找"枪手"完成学业，自己不动手、不动脑就能轻易拿到国外大学的文凭，这样的学习效率难道还不令人骄傲、自豪，甚至扬眉吐气？但是，我却一点儿也骄傲不起来，自豪不起来，因为我看到这一现象的背后，包含更多的是这些中国富家子弟对父母美好期望和财富的亵渎，是不折不扣的"败家子"。

改革开放以来，有一部分人依靠宽松的政策和艰苦创业走上了富裕之路，手里有钱了，腰包鼓起来了，生活也在追求高质量。他们送子女到国外深造，学习西方国家先进的科学技术，接受西方文化的熏陶，让子女学得一技之长，回国后既可以为国效力，也可以为家庭创造可观的财富，这本无可厚非，相反我倒认为这是家长明智的选择，是爱国、爱家、爱孩子的具体表现。但是，家长们万万没有想到，这一美好的愿望却让子女亵渎得一干二净，孩子不学习、混日子倒也罢了，没想到却偷天换日，拿父母的血汗钱任意挥霍。不难想象，如此下去无论多么大的家业，多么富有的家庭，最终也难逃败家的厄运，变得一无所有。

换一个角度来思考这个问题，中国人难道真的富有了？答案是否定的。据有关人士称，中国目前的社会结构是"金字塔"形的，即有钱的人少，贫穷的人多，理想的社会结构应该像美国那样，呈"橄榄"形，有钱的人和贫穷的人少，中产阶级占据社会主流。不可否认的是，我们国家目前贫富悬殊还非常大，当有钱人家的孩子对"麦当劳""肯德基"等高档洋食品吃得烦腻时，还有一大批贫困地区的孩子上不起学，看不起病，解决不了温饱问题。而且令人疑惑的是，这些所谓的"富人"，他们的发家史难道都能经得起世人的诘问？据有关资料显示，有机会出国留学的大多是富人家的子弟和官员子女。官员作为国家的公务员，难道仅仅依靠他们的工资收入，能自费供子女到国外留学，并且让孩子在国外肆意挥霍吗？

中国留学生之所以花钱如此阔绰，在我看来，不在于他们花了多少钱，最根本是他们精神的贫穷和价值观的缺失。勤劳俭朴自古以来就是中华民族的传统美德，俭以养德也是祖先留给我们的古训，但在物欲横流、金钱至上的当今社会，还有多少人能够坚守这一传统？许多人认为这些说法过时了，他们从小教育子女"一切向钱看"，并以自己追求享乐的行为影响孩子，于是子女就认为花钱摆阔绰是天经地义的事情，根本不去思考这些钱从哪里来，一旦花完怎么办？这种教育培养出来只能是"败家子"，不但贻害了子女本人，对整个家庭也会构成巨大威胁。因此，从这个意义上讲，家庭和学校必须从小对孩子进行节俭教育，即使富裕家庭，父母也要身体力行，让孩子知道"一粥一饭来之不易"的道理，从小牢固树立节俭意识，珍惜劳动果实，这是对孩子的未来负责，也是对家庭和社会负责。

"变相重点班"是对教育公平的公然挑战

近日，湖南省长沙市教育局发布通报，对"明德华兴、湘府中学"等9所学校变相办重点班在全市通报批评。长沙市教育局相关负责人介绍，《中华人民共和国义务教育法》第22条规定：义务教育学校"不得分设重点班和非重点班"。

说实在的，像这样的报道，以前媒体中并不少见，大多数被曝光的学校都被当地教育行政部门进行了严肃处理，明明知道这是违法行为，为什么还有学校敢于顶风而上呢？我想其中的原因可能很复杂，但有一点是肯定的，那就是利益的驱使。据调查，这些学校所办的"重点班"，大多是打着寄宿班、课改班、信息班的旗号，有了这样的称号，学校就可以名正言顺地收取费用，至于这些费用用没用在重点班上，倒是没有多少人去追究。交不起费用的学生怎么办？学校只能把他们编排在普通班里，让他们接受低人一等的教育，这哪里还谈得上什么"均衡"，这是对教育公平的公然挑战！

　　教育公平是社会公平的基石，教育均衡化是实现教育公平的重要标志。也许有人要说，教育不可能实现真正的公平，东部和西部能公平吗？城市和农村能公平吗？这是事实，从大的方面讲，教育公平的确受不同地区经济发展水平的制约，因此区域之间教育不均衡发展也是客观存在的。但是，在一定区域内，乃至一所学校内落实教育公平的理念还是能办到的。

　　就目前情况看，作为一所学校，平等分班，均衡搭配师资，让所有学生接受平等的教育，这并不是很困难的事情，也是推进教育均衡发展的重要体现。不仅如此，这样做还能为师生创造一个公平竞争的环境，激发教师教和学生学的积极性，大面积提高教育质量。人为地把学生分成"课改班""信息班"，为这些班级的学生装备现代化教学设施、选派优秀教师，必然导致教育资源分配不均，"普通班"学生的心理不平衡，学习积极性也会下降，教育质量就必然和"重点班"拉开较大的距离。

　　众所周知，目前社会上的富人毕竟是少数，况且这少数的富人子弟接受了高质量的教育，也不见得人人都能成才，"钱多"并不代表"才高"。为了满足"重点班"少数学生的需求而牺牲"普通班"大多数学生的利益，这不仅仅是教育不公平的问题，实际上阻碍了教育的内涵发展，是大面积提高教育质量的"绊脚石"。

　　教育的根本目的是育人，促进人的全面发展，为未来社会培养合格的公民。每一个学生都有平等接受教育的权利，教育公平除了教育机会平等外，教育过程的平等也应该是题中应有之义。人为地划分"重点班"和"普通班"，因"财"施教，必然在孩子幼小的心灵上埋下了等级观念的种子，导致教育过程的不平等。同一片蓝天下，接受的是不同水平的教育，还谈什么全面发展，还有什么社会公平可言？

组织学生看电影，请不要"绑架"家长

　　近日，西安不少家长为带孩子看一场电影，在寒风中排了两个多小时长队。"学校发的优惠券上还写着要写观后感，可看这

电影一个大人加一个小孩要60元，感觉上当了！"不少家长抱怨说："这还得写作业，再冷也得排队让孩子看啊，要不然咋完成作业呢？！"有家长反映，故事虽然是讲"孝道"，但学校也不能给学生发电影票让家长带娃去看呀，呼吁有关部门进行调查。

学校组织学生看一部讲"孝道"的电影，对学生进行相关的教育，本来是件好事，也是学校综合实践活动课程的一部分。但是，学校以让学生写"读后感"为由，"绑架"家长也花钱去看电影，事情的性质就发生了改变，好事也就变成坏事了。

按照有关规定，组织学生观看爱国主义题材的有关影片，可以收取必要的电影费，但属于代办性质收费，应根据实际情况，按照一事一收、事毕结清、多还少补、不得盈利的原则进行处理。学校代收电影费不得采取学期初统一预收，学期末进行结算的方式，收费时必须严格执行公示制度。同时还要求，组织学生观看爱国主义题材的影视节目，可根据实际，采取看电影、看影碟和校园网点播等多种多样的形式。需要组织学生观看爱国主义电影的，也应以服务为宗旨，以不营利为原则，不得附加任何其他费用。

教育部门"绑架"家长陪孩子看电影，写"读后感"是假，真正目的是帮助电影公司揽钱，显然违反了"以不营利为原则，不得附加任何其他费用"的规定，是赤裸裸的商业行为，必须予以查处，以儆效尤。

如此见钱眼开，实在得不偿失

近日，湖北省孝感市大悟县宣化店镇村民李先生称，他的孩子亮亮（化名）在该镇金山中学读初三，是一名寄宿生。15日下午，在学校老师的安排下，包括亮亮在内的一百多名学生，"配合"老师进行了一次贫困生补贴发放"仪式"。让家长感到气愤的是，孩子配合拍完照后就得走人，钱没能拿到一分。李先生表示，此前他们也配合学校填了贫困生信息表，但都是石沉大海。此前几年，孩子们的住宿贫困生补助金去了哪儿，他们也一无所知。

对于家庭经济困难的在校寄宿生，湖北省教育厅和财政厅曾联合出台过相关办法，对他们发放一定数额的补贴，并规定该项资金必须以现金或银行存折（卡）分学期一次性足额发放给受助学生本人或其监护人，不得以食堂卡或餐票、校园卡以及实物抵预等形式发放。实行现金发放的，应由学生本人或监护人签字确认后领取，其他任何人不得代领代签。

这所学校填了贫困生信息表，也举行了发放仪式，并且还让他们"微笑"着拍了照片，但是孩子和家长却一分钱也没有拿到，这笔钱到底去了哪儿？

是被学校挪作他用了吗？好像也不是。据学校一位老师介绍说，这笔钱冲抵了学生的伙食费，也就是说这些贫困生到学校食堂吃饭不用再交伙食费。这样的理由听起来似乎符合情理，毕竟专款专用，没有流入个人腰包。但学校这样做家长知情吗？为什么有些家长反映说学生每学期还要再交伙食费？看来这笔钱并没有专款专用，可能已被挪作他用，这样做显然违反了湖北省关于贫困生补贴发放的有关规定，是一种违规违纪行为。

客观地讲，义务教育阶段学校确实面临着办学经费紧张的困难。特别是贫困地区，由于政府划拨的公用经费不能及时到位，很多学校捉襟见肘，几乎不能保证学校教育教学工作正常运转。就拿这所学校来说，记者看到是"校内没有运动跑道，路面也没有硬化，各种设施显得十分老旧，校门上甚至没有悬挂牌子"。无论是硬化路面，还是更新各种设施，都需要花钱。政府的钱又不到位，这些工作还必须要做，于是校长们就不得不另辟蹊径，这里挤一点儿，那里省一点，或者"拆了东墙补西墙"，没办法啊，因为学校毕竟还得正常运转呀！

应当说，这样想和做的校长还是有责任心的校长，毕竟没有挖空心思为自己捞钱。但是无论校长怎样开源节流，也不应该在国家给予贫困生的补贴上动脑筋。因为这是国家给学生吃饭的钱，吃不好饭，学生的身体发育就会受到影响。况且，这样做也是一种严重的违纪行为，校长都自身难保了，还谈什么学校建设和发展。因此，应该给学生的钱，校长不可犯糊涂，应当立马给兑现，实在不能兑现的，要向学生和家长解释清楚，校长切不可以身试法，触碰"纪律"这根红线。

新华书店到底是不是看书的地方？

近日，有网友爆料：呼伦贝尔一家新华书店，10岁的孩子因看书未买被撵出！店员说："这是新华书店，不是你看书的地方，不买书就出去！"由此引发了社会上的讨论：新华书店到底是不是看书的地方？

笔者认为，"看书"一词有歧义，可作两方面的理解：一是粗略地翻一下书，看一看序言、目录等，大体了解一下书的内容，以此决定是否购买这本书，这是大多数读者来新华书店的主要目的。当然这也需要时间，少则一两分钟，多则十几分钟。二是把书店当成图书馆，认真读完一本书，这种情况大多发生在没有图书馆的城镇或边远地区，有些人手头紧，但又急需了解某本书的内容，只好到新华书店里"蹭读"。我小时候就没少干这样的"勾当"，当然也难逃被书店工作人员撵出的厄运。现在经济发达了，花几十元钱就能买到一本心仪的图书，很少有人再去书店"蹭读"。

据后续报道称，10岁的孩子去这家新华书店并非去"蹭读"，而是按照家长的要求去选书，可能是在某本书上停留的时间长了一些，书店工作人员也许是害怕孩子弄坏书，或者是害怕孩子看完后不买，才下了逐客令，说了这样一番粗暴的话。

无论是"粗略地读"还是"蹭读"，新华书店总该是个读书的地方，说新华书店"不是你看书的地方"，不仅犯了一种经营策略上的错误，也是一种逻辑上的失误。不错，新华书店作为一个经营性机构，赚钱才是最大的目的，书卖得越多，钱也赚得越多。但无论如何，只有当顾客"看"了商品后，才能决定是否购买，如果不让看，谁知道商品质量如何？是否符合自己的品位？这就好像在商场购物，"先看后买"才能"知道好歹"，如果连看都不让看，谁来买你的东西？还赚什么钱？

更武断的是"不买书就出去"这句话，难道不买书就不能去书店随便逛逛、翻翻？说不定相中了哪一本，下次来买。我相信，商场营业员绝不敢说"不买东西就出去"这句话，如果他们这样说了，商场也许不出三天就会关门停业。

"蹭读"当然不对，因为图书馆才是真正读书的地方，但也不至于如此粗暴地对待一个热爱学习的孩子。换句话说，有的地方根本没有图书馆或者是图书馆不开放，难道新华书店就要把这些孩子拒之门外？

有一种观点认为，新华书店作为一个经营性文化机构，理应肩负起经营文化和引导公众消费文化的双重职责。一些地方的新华书店现在已经改变经营理念，专门为顾客留出阅读的空间，或者划定专门区域，备好茶水，为那些"蹭读"的顾客提供阅读方便，但要交纳一定的费用。这样一来，不仅新华书店的服务水平提高了，而且还会招来源源不断的客源，双方互利互赢，何乐而不为？

洗碗有多难？还要收"洗碗费"

近日，有河南安阳家长发帖称，安阳县第二高级中学强迫向学生收取每学年80元的"洗碗费"。安阳县二中对媒体回应称，"洗碗费"每学年75元，但非学校收取，而系受学校委托清洗餐厅碗筷的个人收取，而且是自愿的，学生可自带餐具。而在河南省教育厅2012年5月发布的《河南省教育收费项目和标准一览表》中，高中教育阶段的收费项目并无"洗碗费"。

既然《河南省教育收费项目和标准一览表》并没有规定高中教育阶段向学生收取"洗碗费"，那么学校收取这项费用就是违规的。

学校辩解说此项收费"非学校收取，而系受学校委托清洗餐厅碗筷的个人收取"，那么为什么还要由班主任统一收齐后交学校？还说"是自愿的，学生可自带餐具"，据"安阳县二中多名学生证实，学校确实收取'洗碗费'，每学年75元；部分班级中，不在学校餐厅吃饭的走读生也要交'洗碗费'"。就连不在学校餐厅吃饭的走读生也要交纳这项费用，这是自愿的吗？况且不在学校就餐何来"洗碗"之说？

另据学校有关负责人称，收费项目和价格已向县教育局报备，教育局回复在学生自愿的基础上可以收取。县教育局难道不了解省规定的"收费项目和标准"？不知道教育局这样批复的依据是什么？

学校到底能不能收取"洗碗费"？肯定不能。道理很简单，因为"洗碗"是伙房工作人员应尽的工作职责，如果"洗碗费"可以收取的话，那么伙房工作人员是不是也可以收取"揉馒头费""烧锅炉费"或者"打扫餐厅费"？

退一步说，如果伙房工作人员真的不愿意为学生洗碗，学校可以出台这样一项规定："餐毕碗筷由学生个人洗刷干净后，放到指定位置"，这样做既培养了学生讲究卫生的良好品质，又培养了学生的劳动习惯，何必再劳驾伙房工人收取"洗碗费"？

长期以来教育为社会所指责，其中一个很重要的方面就是教育乱收费，为此国家和省市县教育主管部门多次下发文件通知，明确规定了各级各类学校的收费项目和标准，但有的学校利用自身的声誉，为了眼前的利益，巧立名目，向学生收取数额不等的费用，加重了他们家庭的经济负担，严重损害了教育的形象，给教育脸上抹了黑，有的校长还因此走上违法犯罪的道路。请谨记：乱收费无论对个人还是学校，都是一根"高压线"，千万触碰不得！

私立学校罚款也不可太任性

近日，网上有爆料称，河南新乡延津县城北学校对班级成绩后十名学生收取200～500元的费用，用以奖励成绩好的学生。有学生家长晒出了学校的通知短信和收据，在校方出具的收据里，收款事由一项仅为"加费"两个字。事后有不少家长前往学校抗议。对于收费的标准，校方负责人回应由于该校是私立学校，收费标准由学校的董事会研究确定。

私立学校怎么了？国家法律有对学生罚款的规定吗？私立学校难道就可以不按照教育部的规定办教育，在收费上任性？罚钱是要经过物价局审批的，现在连交警都不可以随便罚钱，这样做是不是违法？哪个国家的精英是靠罚钱成为精英的？每个人的智商都不同，你就是罚了天价的钱他也不可能成为精英，学校这样做是不是有悖于教育的宗旨？

相对于社会各行各业，学生是一个纯消费群体。无论是学费，还是日常生活的各项费用，都是家长辛辛苦苦挣来的血汗钱。学生成绩不好，可以督促他们继续努力，如果以罚款的方式进行处罚，这些钱学生既不能去偷，也不能去抢，只好向家长开口要，对学生的经济处罚，实际上就转嫁到家长身上。家长虽然对孩子负有教育责任，但不能代替孩子的学习，为什么要承担这笔罚款？

从另一个角度说，这种用罚款的方式督促学生学习的办法，难道真的能发挥作用？对学生的激励难道就只有这一种办法？200～500元罚款，数量其实并不大，家长也能负担得起，但在学生心灵上却笼罩上了一层阴影，他们会片面地认为，原来成绩可以用金钱来弥补，今后还有必要再努力学习吗？况且，罚款所得用来奖励那些成绩好的学生，他们花着这样的钱，心里又会怎么想？

有位教育专家说过，教育的本质是"改变"。我的理解是：通过学校教育，让有潜力的好学生变得更好，让成绩差的学生发奋努力，在学业上一天天进步，罚款能实现这样的教育目的吗？学生是未成年人，谁能预料这些被罚的学生将来取得怎样的成就？正因为学生成绩不好，才为教师探索教育艺术提供了广阔的空间，才能使教师认识到自身工作的价值。

其实，教育学生的方式方法很多，教师能把好学生教好并不难，难得的是如何转变这些后进学生。只有深入他们的内心世界，找准问题的症结，对症下药，持之以恒地关爱他们，才是最终使这些学生发生根本性的改变。这样的转变，恐怕用罚款的办法难以实现。

学校"统发磁带"的背后是简政放权不到位

> 全国政协委员、中国科学院院士葛均波走访了上海多家中小学，虽然磁带作为教学辅助手段在实际中已几乎被抛弃，取而代之的是多媒体设备，但让人吃惊的是，学校依然在给学生发磁带。"上海学生从小学到中学至少要领24盒磁带，可实际使用率很低。"葛均波说。

10年前，为了让孩子学好英语，几乎家家都为孩子配备了一个"随身听"，那时是磁带的黄金时代，出版社将其作为英语配套教材发给学生。大约从2003年起，CD、MP3等新科技产品日渐普及，磁带销售空间越来越小。因为CD还可以刻录，照片、文件都可以保存在里面，MP3也可以保存资料，与之相比，磁带就逊色多了。如今，随着网络和多媒体技术的快速发展，别说磁带，似乎CD、MP3也落伍了，教师只需把视听材料放到网上，学生回家下载即可使用。

应当说，计算机和网络在城市地区已经普及，对大多数家庭来说，学校再给学生购买听力磁带，的确是一件出力不讨好的事情，也是一种严重的学习资源浪费。特别是像上海这样的大城市，磁带更显得多余。但是，从全国来看，有些地方还没有达到上海那样的水平，特别是一些偏远农村地区，没有通网络，很多家庭也没有配备计算机，在这些地方，磁带仍然是孩子不可或缺的学习资源。

鉴于此，笔者认为，是否为学生购买磁带，不宜搞"一刀切"，要因地制宜。已经开通网络，且家庭已普及计算机的广大城市地区，学校就不要再给学生购买磁带了。对于一些偏远农村地区，学校可根据学生的需求，让学生自愿购买。

但这样做的前提是政府把简政放权落到实处。很多学校反映，他们也知道现今时代给学生订购磁带是一种浪费，但是义务教育阶段的教材包括磁带都是由政府采购的，订单征订什么，购买哪家出版社的教材，学生说了不算，学校说了也不算，因此，解决这一问题，需要政府将教材购买的权力下放到学校。由此可见，一个小小的磁带问题折射出的是政府和学校之间的微妙关系，学校在这样的事情上都没有一点自主权，何谈特色发展？

"女研究生求职因单身被拒"是何道理？

临近毕业季，各大高校开始掀起求职热潮。都说高学历是找工作的"敲门砖"，不少人认为学历越高，工作越好找。然而，26岁的女研究生魏晶(化名)，竟在一次面试中，因还是单身而遭到招聘单位的拒绝。

本来，作为单身女性，学历又高，找一份像样的工作应该不成问题。可是这位26岁的女研究生却在招聘中被用人单位拒绝，理由是"单身"。

"单身"有什么不好？用人单位给出的解释是"你稳定不下来"，也许用人单位考虑到魏晶工作后要找对象，而对象的工作单位或许不在本地，魏晶要随丈夫远走高飞，这样一来会给单位造成损失；或者是害怕魏晶结婚后要请产假，会耽误很长一段时间的工作……

这样的理由符合常理吗？只要是女人，不管学历高低，也不管在什么单位工作，都要找对象、结婚、生子，除非她立志一生不嫁，难道用人单位仅仅因为这个理由就把女性求职者拒之门外？如果是这样，国家何不出台一项规定，索性不让女性求学、找工作就可以了，何必要花费巨额费用把她们培养成大学生，甚至研究生？难道那些在各行各业出类拔萃的巾帼英雄都是单身汉？

"男女地位平等"是新中国成立以来国家提出的奋斗目标，但时至今日，这一目标也许仍停留在口号上，并没有落实到实际行动中。无论是在家庭中，还是在各用人单位，"男尊女卑"的观念还深入人心。也许女性结婚生子的确会耽误一些时间，也可能给单位带来一点儿小小的损失，但这是法律赋予她们的权利，任何人都无法剥夺。就干体力活而言，女性也确实不如男性，但二者的大脑结构并没有什么区别，在某些工作领域，女性甚至优于男性。我不相信，一名高校培养出来的女研究生，会比一个在办公室端茶倒水的男科员为单位创造的财富少。

为何"问题儿童用品"到儿童节才曝光？

儿童牙刷易使口腔受伤害，儿童被子pH不达标。5月30日，北京市工商局公布了儿童用品抽查检验情况的消费提示，工商部门对北京市53家销售儿童用品的经销单位进行了抽检，发现不合格商品32种，涉及儿童服装、儿童玩具等。

儿童用品的质量事关儿童身心健康，不合格产品流入市场，无疑是对儿童健康成长的戕害。北京市工商局在儿童节到来之际曝光儿童用品质量问题，无论是对儿童用品生产单位还是销售单位都敲响了"警钟"。但令人疑惑的是，这些"问题儿童用品"其实早已在市场上存在，为何等到"儿童节"才监督调查、提请曝光呢？平时干什么去了？难道孩子和家长只有"儿童节"这天才有对不合格儿童用品的知情权？

不合格儿童用品伤害儿童身体、造成儿童慢性中毒、甚至危及儿童生命的报道时常见诸报端，前几年闹得沸沸扬扬的"毒奶粉"事件，至今想来仍让人心有余悸。据有关研究证实，某些甲醛含量过高的儿童服装，儿童在穿着过程中会逐渐释放出游离甲醛，儿童皮肤细嫩，甲醛通过皮肤长期慢性吸收会对皮肤、神经系统、呼吸道造成刺激，情况严重的甚至会引发儿童白血病。

利用"儿童节"曝光问题儿童产品，一是暴露出一些监管部门的作秀和应景心态，在他们的意识中，这样的曝光是送给孩子的一份生日礼物。二是说明监管部门根本没把孩子的健康和安全真正放在心上。儿童是祖国的花朵、未来的希望，其身心健康直接关乎儿童个人的成长和家庭幸福。加强儿童用品日常监管，对儿童用品执行强制认证制度，形成高密度的长效监督检查机制，才是监管部门日常应当做好的工作，而不是仅仅在"儿童节"期间向社会露脸、表功。

在国外，只要是儿童用品，标准设置都非常严格，日常监管的力度，也远远高于其他商品。许多国家以法律法规的形式，规范儿童用品市场，如欧盟修订的《玩具安全指令》，美国华盛顿州修订的《儿童产品安全法》，加利福尼亚州的65法案等。其中，65法案指出，凡儿童用品中含有所罗列的12类致癌或具有生殖毒性的物质，都须添加警告标签，否则以违法论处。

事实上，完善儿童用品质量标准，加强市场日常监管，为儿童用品质量严格把关，并不是一项十分困难的工作。我国早在2007年就已经执行"儿童玩具强制认证标准"，只是有关部门没有把这一标准当回事儿。面对儿童用品市场的长期混乱，监管漏洞亟须补上，有关部门需尽快将市场上大量中小企业、中低档综合市场纳入监管视线。一是要加强生产过程质量安全控制，建立从产品设计、原材料采购、生产至检验环节的全过程质量控制体系，提高产品质量。二是要加大抽样检测力度，按照质量认证标准定期对新产品进行安全抽检，发现问题产品，严惩有关责任人，将工作做到平时，严禁将不合格产品流入市场。

学生玩手机被劝退，处罚是否有点重？

据央广网报道：今年3月初，沧州一中12名高中生因在校携带或使用手机陆续被劝退，多名被劝退学生的家长已多次找学校协商未果。

如果仅仅是"劝退"，学生家长还有和学校商量的余地，等条件成熟，学生还有复学的机会。但据后续报道称，校方已将情况向市教育局做了详细说明。沧州一中表示，将维持对12名违纪学生的处理决定。学校认为，"严肃执行校规，体现了学校为大多数学生负责的担当。教育不是万能的，惩戒本身也是一种教育。"看来，这12名学生没有复学的机会了，可见这已不是简单的"劝退"，而是"开除"，谁给了这所学校开除学生的权利？

根据《中华人民共和国宪法》规定，每一个公民都享有平等受教育的权利。《中华人民共和国未成年人保护法》也明确规定："学校应当关心、爱护学生；对品行有缺点、学习有困难的学生，应当耐心教育、帮助，不得歧视。""学校应当尊重未成年学生受教育的权利，不得违反法律和国家规定开除未成年学生。"这所学校以"惩戒"为名，违反法律和国家规定开除学生，显然已触犯了法律。

我们常说"没有规矩不成方圆"，学校为了保证正常的教育教学秩序，必然要制定严格的规章制度，对于违反制度的学生进行适当的"惩戒"，于情于理都说得过去，但不能以"惩戒"为名剥夺学生受教育的权利。学校一直强调"严肃执行校规"，但校规不能与国家法律相抵触，学生有法律赋予的受教育权，不能单凭一纸校规就予以剥夺。

学生在校携带或使用手机，可能会影响其他同学的学习，也可能影响正常的教育教学秩序，但这也仅仅是违反了校规校纪，并没有违法。学校是教育机构，不是执法部门，对于违纪学生，学校有责任教育和疏导，促其改正错误，而不是将其拒之门外。学生毕竟是未成年人，犯错是在所难免的事情，如果对所有违纪学生都作"开除"论，那学校还有存在的必要吗？况且对于严重违纪学生的处理，法律规定应当给予他们申诉的权利，学校让这些学生申诉了吗？

在推进依法治国的大背景下，学校理应成为践行法律的前沿阵地，身为一名校长，更应具备基本的法律常识，以引导广大教职工依法办学。而在这一起事件中，我们看到是学校管理者身上的法律"盲点"，他们只知道有校规，却不知道法律赋予学生的权利，如此粗暴地对待学生怎么能谈得上依法治教？因此，教育部门在选聘校长时，不仅要看校长有没有教育教学的管理能力，更要看校长有没有政治敏锐性，有没有法治思维，最起码不能让"法盲"成为一校之长。

"学生上课玩手机"怎能"一砸了之"？

日前，湖南岳阳县某中学高二学生周同学在上英语课时低头玩手机，被正在上课的英语老师发现后，从他身上搜出手机，在全班同学众目睽睽之下砸烂。

时下，手机已成为很多学生的日常生活必需品，在家里手机不离手，甚至课堂上也忍不住拿出来看上两眼，成了十足的"低头族"，令老师和家长十分头痛。很多学校出台了相应的规定，严禁学生上课或自习时间玩手机，但规定只能约束部分学生，有些学生无论如何也禁不住手机的诱惑，上课玩手机几乎成了他们的家常便饭。

这位老师的心情可以理解，无非是担心学生玩手机影响学习，影响课堂纪律，是为学生着想。但他采取的方式却有点过头，手机是学生的私有财产，怎能"一砸了之"？根据我国《物权法》规定，公民的合法私有财产不受侵犯，手机属于学生的个人财产，老师砸坏学生手机是非法损坏个人财产的行为，应当予以赔偿。

学生上课确实不应该玩手机，当教师发现学生课堂玩手机时，为了不影响正常的教学秩序，正确的处理方式是：先把手机没收，由老师暂时保管，然后利用课余时间对学生进行批评教育，等观察学生一段时间的表现后，将手机归还学生。

由这一事件可以看出，教师在日常教育教学活动中，应当理性控制自己的情绪，慎用暴力手段对学生进行惩罚。一方面是为了维护教师在学生心目中的形象。教师作为传道授业者，理应具有相应的法律知识和较高的涵养，成为学生成长道路的引路人。面对突发事件，教师要控制好自己的情绪，不可由着自己的性子，做出一些不理智的事情。另一方面这样的方式也不会达到理想的教育效果，手机砸了，脾气发了，可能学生并不理解教师的一番苦心，甚至有些学生会由此更加怨恨老师，这就使教育走向了反面。

"乡镇学区房"问题并非"无解"

近年来，为减轻家庭经济负担，很多外出务工人员都选择了让孩子留在老家上学，乡镇一级公立中小学校也成了家长们的首选。由此，一种"乡镇学区房"也应运而生。

有家长说，如果学校能有宿舍，配备专业的生活老师，可能孩子就不需要租房上学那么辛苦，外出务工的父母心里也能安稳些。但一些地方教育部门的工作人员反映，由于地方教育发展不平衡，没有专项经费用于学生宿舍建设，更不用说配备专门的生活教师了。

按照地方教育部门工作人员的说法，"乡镇学区房"问题就没有解决的办法了，但据笔者了解，事实并非如此。早在2010年，《国家中长期教育改革和发展规划纲要(2010—2020年)》就提出"加快农村寄宿制学校建设，优先满足留守儿童住宿需求"和"推进义务教育学校标准化建设，均衡配置教师、设备、图书、校舍等资源"的要求，教育部、国家卫生和计划生育委员会随后出台了《农村寄宿制学校生活卫生设施建设与管理规范》，要求各地在制定教育改革与发展规划以及实施中西部农村义务教育标准化建设等相关教育工程时，统筹考虑和安排学校生活卫生设施的建设与改造，为此中央财政还划拨专项建设资金。看来，不是没有专项经费用于学生宿舍建设，而是地方教育部门没有统筹安排，没有积极向上级争取，说到底就是对解决这一问题没有"作为"。

改善办学条件既需要各地教育行政部门统筹规划，更需要一大笔资金。资金不会从天上掉下来，也不能寄希望于地方政府的主动赐予，需要教育部门主动出击，把困难向政府讲清楚，把思路厘清，再把上级的配套政策亮出来，我想任何一届想干事的地方政府都不会置若罔闻。因此，解决"乡镇学区房"问题并非"无解"，最靠谱的办法就是争取地方政府加大教育投入，在学校新建一批宿舍楼和餐厅，满足留守儿童住校学习的需要。

除积极争取国家划拨的专项经费之外，地方教育部门也要开源节流，多渠道筹措资金用于学校改善办学条件。学校还可以探索"后勤服务社会化"的新路子，吸纳社会资金为学校建设宿舍和餐厅，等投资者收回建设成本后，将设施交付学校使用。总之，只要本着为学生负责的精神去办教育，办法总比困难多，而那种"等"和"靠"的思维方式，只会坐失教育发展的大好时机。

治理"看客"心理，需从两个方面同时发力

4月5日，一则标题为"女生深夜遭遇劫持"的帖子刷爆网络，女子呼救，酒店工作人员以为是两口子吵架，"行动上没有半点阻止疑犯施暴"。

另据参考消息报道，中国每年报告或有20万儿童遭到抢夺绑架和拐走，但民众面对儿童被公开抢拐却因各种原因装聋作哑，无动于衷。一名网友日前在街头进行"绑架儿童社会实验"，假扮绑匪在街头强掳儿童，观察路人反应，但路人对抢掳儿童毫不动容，没有一个人挺身而出。

儿童被抢拐，女子被劫持，在犯罪事实清楚的情况下，作为一名当场人，正常反应要么是直接救助，如果没有能力直接救助，起码可以打电话报警间接救助。但却没有人这样做，只是在一旁充当了一名与己无关的看客。面对发生的众多类似事件，我们不禁要拷问：人心为何如此冷漠？这些麻木的看客们心里是怎样想的？

"看客"心理，是鲁迅先生终生难以忘怀的心灵创伤，这种创伤成为他一生挥之不去的梦魇。他把自己的这一真实生活体验，作为批判国民劣根性的一个切入点，写入了他的许多作品。在《藤野先生》中，看客将杀害自己同胞的行为当成戏剧和热闹；在《祝福》中，看客将祥林嫂的悲剧当成茶余饭后的谈资，形形色色看客们的愚昧无知和麻木冷漠被鲁迅先生暴露得淋漓尽致，也让读者看到了改变国人精神的重要性。可是时至今日，先生批判的这种看客心理依然存在，这不能不说是社会的一种退步。

揣测"看客"心理，在事发现场，他们几乎无一例外地想到的是：这是别人家的闲事，与己无关，多一事不如少一事，自己不应该承担这样的义务，万一是人家父子闹着玩或者是夫妻吵架呢？岂不是多管闲事？再加之趋利避害是人的本能，尽管传统道德要求人们见义勇为，但好人不得好报的事情却时有发生，谁还愿意管这样的闲事？应当承认，在此类事件中，人心确有冷漠的一面，看客心理似乎也情有可原，但在人心冷漠的背后又是什么东西在作怪？

冷漠虽是个体的表现，却是社会的综合病症；围观虽是群体的特性，

却是个体特有的怯懦。当一个社会诚信丧失，价值取向变得越来越物质化、功利化的时候，人与人之间的关系就变得少了坦诚和真实，多了警惕和怀疑；少了尊重与关怀，多了冷漠与放弃，类似"彭宇案"这样的无数个例，无形之中阻挡了国人见义勇为的脚步。

毫无疑问，要根治这种"看客"心理，唤醒人们的良知，必须从两个方面同时发力：

一是加强思想道德体系建设，找回人们心目中久违的道德感。"人之初，性本善"，悲悯和同情是人心本真、人性本善的真实写照。只有唤醒全社会每一个人的悲悯和同情之心，才能有温暖和宽容、理解和尊重，整个社会才能健康有序、和谐美好，人们也才能学会热心助人，让闲事不闲。

二是健全社会保护机制，让个体心底的道德感焕发出力量和光辉。这种保护机制，既应当包括激励机制，也应当包括补偿保障、福利机制，还应当包括司法保障，不再让因助人遭讹诈、惹麻烦的事件发生。同时，制度的设计也应当基于人性的怯懦，而不应把所有公众想象成为道德高尚的整体。

满足国民读书欲望首先要解决"有书可读"的问题

4月18日，中国新闻出版研究院公布了第十三次全国国民阅读调查数据，数据显示，超四成的成年国民认为自己的阅读数量较少，近七成的成年国民希望当地有关部门举办阅读活动。其中，城镇居民认为当地有关部门应该举办读书活动或读书节的比例为67.7%，农村居民中这一比例为66.7%。

全国政协委员朱永新在政协会议上曾多次呼吁建立一个新的节日——国家读书节，他在提案中提炼了四句话：一个人的精神发育史就是他的阅读史，一个民族的精神境界取决于国民的阅读水平，一个没有阅读的学校永远不可能有真正的教育，一个书香充盈的城市一定是美丽的城市。从上述调查可以看出，无论是城镇居民，还是农村居民，都有很高的阅读欲望，这是一个可喜的现象，说明国民已普遍认识到读书的重要性，之所以还"认为自己阅读数量较少"，是因为外部条件没有满足他们的读书欲望。

大凡阅读行为的发生，要满足三个方面的条件：一是有阅读欲望，想通过读书提高自己；二是有自己喜欢的书可读；三是有读书的时间。现在的情况是，国民的读书欲望有了，剩下的就是"书"和"时间"的问题了。其实，读书时间也不应该成为一个问题，城镇居民无论平时上班多么繁忙，总会有双休日或者歇班时间，如果把这些时间利用起来，一年也能读好几本书。至于农村居民，由于农村机械化水平的提高，一年之中除农忙季节无闲暇外，其余时间要么外出打工，要么忙点零活，只要想读书，时间有的是。

问题的关键是："有没有自己喜欢的书可读？"书的来源大致也有三条途径：一是自掏腰包去新华书店购买；二是去当地图书馆或朋友处借；三是阅读网络上的免费电子图书。对于城镇居民来说，这三个方面的问题都好解决，县城以上的城市几乎都有图书馆，只要图书馆免费对居民开放，居民凭借书证就可以借到自己想读的书，而且城市家庭几乎家家都连接了互联网，可以享受网上用之不尽的免费读书资源。图书馆和网上实在找不到的，可以到新华书店购买，比较便捷。

但对于大多数农村居民而言，三者几乎都成了问题。首先，大多数农村家庭不如城市家庭富裕，除了供孩子上学需购买课本外，很少再拿钱自己买书。其次，农村地区没有图书馆，即使一些发达地区的富裕乡镇也很少建有图书馆，城市里的图书馆又不对农民开放，农民不具备城市居民借书的便利。最后，目前大部分偏远农村地区不通网络，农民不能利用网上的免费读书资源。

我国大约三分之二的人口生活在农村，满足农村居民读书欲望对提高国民整体素质、建设社会主义新农村具有积极意义。笔者认为，解决农村居民"有书可读"的问题可以从三个方面着手：一是政府加大投入，整合当地中小学图书资源，在乡镇驻地建一所规模较大的图书馆，配齐中小学和农民需要的各类图书，免费对当地中小学生和农民开放。图书馆可与学校图书室资源共享，在优先满足中小学生阅读需要的前提下，为当地农民提供借书方便。二是每个自然村建设一处"农家书屋"，既为村民提供读书场所，也为村民提供读书方便。村里可安排专人负责，根据本村居民的读书需求，或者由村里出资购买，或者定期到县城或乡镇图书馆集中借阅。三是尽快畅通农村偏远地区网络，让有条件的农村家庭享受网上读书的乐趣。

"一个年级一个学生"的村小如何改善？

> 近日，据新华社报道，湖南省平江县万家村小学共7名留守儿童，小彭是唯一的二年级学生，她说一个人上课没意思，想有更多同学。

一个年级，一名学生，一名教师，真正达到了教学的"一对一"，这样的待遇看上去令人羡慕，可是其中暴露出来的问题更应该引起教育部门的重视：

一是配齐教育资源的难度较大。按理说，为了学生的全面发展，学校即使学生再少，也应配备相应的教育资源。学校有7名学生、2名教师，从数量上看，肯定达到了国家规定的师生比，可学校里其他的设施设备齐全吗？农村学校的办学条件不怎么好，但完善学校的教学设施又会造成教育资源极大浪费。

二是教师负担重、不便开展工作。虽然一个年级里只有1名小学生，也应按国家要求开全课程、开足课时。这样一来教师每天要承担上三、四门课程的工作量，任务繁重。学校只有两名教师，如果其中一名教师负责一个年级的教学，其他年级的教学任务由谁来完成？难道要采用"不分年级制"？

三是教师年老体弱、知识结构不合理。学校的两名教师即将达到退休年龄，且不说他们的身体是否能承受得了繁重的教学工作，单就他们的知识结构而言，就难以满足教学的需要。他们不可能精通各项课程，也没有多余的精力与时间从头学起。

四是影响学生全面发展。一个人的班级，没有同学之间的相互交往，课堂上没有生生交流、相互切磋学问的乐趣，孩子缺少了共同成长的伙伴，会觉得上课没意思、无聊，不利于健全人格的发展。

对于这类学校——确切来说是小型教学点，唯一的办法是"增强师资，留住学生"。增强师资是前提，师资力量强了，教学质量提高了，孩子在家门口就能接受良好的教育，家长就不会舍近求远，将孩子转到条件更好的中心小学就读。因此，政府要想保住这类农村小学的教学点，不能只在改善办学条件上做文章，必须在增强师资力量上动脑筋。当然"增强师资"并不仅仅是数量的增加，关键在于质量的提升，教育部门要下大力气培养一批热爱农村教育的"全科教师"，并不断改善他们的工作和生活条件，让他们在农村教育的这片沃土上留得住、教得好。

主张"节俭办丧事"何以被指责为"不孝"？

> 子女对父母的孝体现在父母"生前"还是"死后"？近日，武汉的潘女士憋了一肚子的委屈：前几天，86岁的老母亲过世，平日里难得一见的几兄弟姐妹陆续回来操办葬礼，在乡亲们面前争相出钱拼"孝心"，而潘女士因主张节俭安葬，反被部分亲戚指责为"不孝"。

据潘女士介绍，自己有两个哥哥、一个姐姐，都在外地工作，平时很少回家，母亲日常生活起居都由她照料。潘女士主张节俭办丧事，是在遵从母亲的遗愿，因为母亲生前十分节俭，从不乱花一分钱。而平时很少回家的两个哥哥和姐姐是想借母亲的丧事，让死后的母亲"风光"一下，以显示自己的孝心。

为父母办理丧事是子女应尽的责任，在丧事上节俭一点儿就是"不孝"？《论语》中有这样一段对话：林放问礼之本。子曰："大哉问！礼，与其奢也，宁俭；丧，与其易也，宁戚。"孔子的学生林放问礼的根本，孔子说："你问的问题意义重大！就礼节仪式而言，与其铺张奢华，不如简朴节俭；就丧事而言，与其仪式隆重完备，不如内心真正悲伤。"

孔子为什么主张丧事要"节俭"？因为他把子女对父母的感情放在了第一位，一个人如果不具备这种内在的"孝心"和"仁爱之心"，即使外在的礼节、场面多么讲究，多么铺张奢华，演奏的音乐多么铿锵悦耳都没有用，倒不如简朴节俭一点儿好。就办理父母丧事而言，无论花多少钱，外在的仪式多么隆重完备，都远比不上对父母生前的孝行和孝心以及死后内心真正的悲伤重要。

由此可见，孝不是一个空洞字眼，也不仅仅指父母生前子女给了多少钱，更不是父母死后的丧事等一切外在的表现形式，而是父母在世时子女实实在在的孝行和孝心。一切包括丧事、祝寿等外在的表现形式，如果没有孝行和孝心作支撑，实则都没有存在的必要，所谓"皮之不存，毛将焉附"，所以孔子又说"人而不仁，如礼何？人而不仁，如乐何？"当今社会，许多人的做法其实都像潘女士的哥哥和姐姐一样，与孔子的要求背道而驰，为了给自己的假孝争个"面子"，拿父母的丧事大做文章，这样做虽然也能博得众人的赞许，但终究比不上对父母生前的孝行和孝心重要。

拖欠教师工资"程序复杂"只是个借口

据《华商报》报道：2015年参加西安市事业单位公开招聘考试走上教师岗位七个多月了，至今仍未领到过工资，周至县173名年轻老师叫苦不迭。该县教育局计财科工作人员称，办理这些人员工资手续程序复杂，需要层层审批签字。

新教师工作七个月领不到工资，教育局工作人员给出的理由是"工资手续程序复杂"，到底"程序复杂"到何种程度以至于七个月的时间还办不下来？这名工作人员介绍说，所有这些程序中的每一步，审核签字的人都不止一个，仅县财政局审核这一环，要签字的就有业务科室、预算科室、主管副局长、局长。看上去程序是复杂了一些，但每月跑一个科室、找一个领导签字总可以吧，为什么七个月已经过去，还没有办完手续？这样的办事效率怎么能是"教育人"所为？

拖欠教师工资的事，以前也多有耳闻，大多数情况下是因为当地政府财政吃紧，暂时拿不出钱来给教师发工资。比如今年5月3日，湖南衡阳县千余名教师聚集在县政府门前讨薪，该县一名副县长承诺："认账还账不赖账。"但在本报道中却只字未提县政府财政紧张，只是一名县教育局计财科工作人员出来解释说"程序复杂"，并补充说以前分配的教师也是到下一年七月才领到工资，可见拖欠新教师工资在当地已成为一种"潜规则"，所谓"程序复杂"只不过是个好听的借口。这不免让人产生许多联想，用于发放工资的款项到底去了哪儿？是被挪用了还是有人把这笔钱存到银行"吃利息"？

教师是令社会尊重的一个职业，作为一名刚参加工作的新教师，半年拿不到一分钱还要向家长要生活费，的确让人难以启齿。况且教师受聘，也意味着与受聘单位确立了劳动关系。按照《劳动合同法》第30条规定：用人单位应向劳动者及时足额支付劳动报酬；第85条规定：未及时足额支付劳动报酬的，由劳动行政部门责令限期支付报酬、加班费或经济补偿。连续七个月不给教师发工资，说明当地政府没有把法律当回事儿，更没有把教师的权益当回事儿，口头上喊着"尊师重教"，实则并没有真正落实到行动中。

媒体报道后，周至县政府21日表示，先按每人每月1000元的标准垫付8个月工资。尽管此事已初步得到解决，但仍让人难以释怀，假如没有媒体的报道，不知道这173位教师还要等多久才能领到工资？

"独生子女加分"政策还那么坚挺？

据报道，昆明市各区县教育局近期公示中考加分名单及分值、加分项目，由于7万中考人数中加分人数超过1万名，受到广大学生家长质疑。对此，昆明市教育局回应，加分项目都有依据，今年加分政策不会改变。

另据报道称，在众多加分项目中，有一项是"独生子女"加分。前几天，我所在的市也出台了中考招生政策，在规定的加分项目中，也包括"独生子女"加分。这不免让人疑惑：目前国家已全面实行"二孩"政策，许多父母正在酝酿生育二孩，为什么还要为独生子女加分？

除独生子女加分外，有些地方中考加分项目可谓多如牛毛，"三好学生"要加分，"优秀学生干部"要加分，各类竞赛获奖者要加分，少数民族学生也要加分。如果各种加分真正做到客观公正，也不失为一项好政策，起码能为那些品学兼优或者有特长的学生指明了一条发展道路。但事实上这些"好事"难以落到"寻常百姓家"，这样的加分政策不仅损害了大部分学生的切身利益，而且折射出社会阶层利益追求的权力化，正如有些人所说的那样："学好数理化，不如有个好爸爸。"

今年全国"两会"期间，国务院副总理刘延东在河北代表团全团会议上表示，明年将取消现有高考中四分之三左右的加分项目，只保留少数民族、烈士子女等少量加分项目。我为此点赞，并希望这一政策尽快落实到地方。

指导"志愿填报"应当是学校和班主任的职责

据报道，不少考生可能刚刚回过神儿来，又将在本月下旬直面如何填报高考志愿这一"难题"。为了能够让学生不浪费考分而进入理想学校，不少家长不惜花费重金请培训机构帮忙"支招"志愿填报，个别高考报考机构的填报培训叫价已经高达近10万元。

随着高考招生政策的不断调整，自主招生、平行志愿等一系列新规的出台，让许多考生和家长一时难以把握，于是众多高考志愿填报培训机构应运而生。他们打着指导考生准确"填报志愿"的幌子，收取高额咨询费。本来，家长有这方面的需求，自然会催生这方面的市场，一方愿打，一方愿挨，两相情愿的事情，似乎没有讨论的必要。但是高考填报志愿毕竟事关考生的前途命运，把这样一件几乎"天大"的事情交给一个培训机构去做，似乎有点"不靠谱"。

说它"不靠谱"，首先是因为这些培训机构并不能保证考生被所填报的学校录取。据其中一个培训机构工作人员介绍说："只是根据学生的分数，我们这边的老师会提出一些填报志愿的建议，但是不能保证一定会被录取。"随后记者问如未能顺利录取是否可以退款，工作人员则明确告诉记者"不可以"。既然这样的培训咨询无法提供准确的信息，也不能保证考生被顺利录取，这与不培训、不咨询还有何区别？由此可见，这些所谓的"培训机构"，实则是抓住了家长和考生不了解高校招生政策的弱点，"挂羊头卖狗肉"，目的是套取家长的钱财。

说它"不靠谱"，还因为高校录取是一项复杂的工作，任何一个环节都有大量的信息和数据作为支撑，这些信息和数据具有不确定性，时时会发生变化，不是哪一家机构、哪一个人能够准确预测的。另外，每一名考生想报考什么学校，选择什么专业都有自己的意愿，虽然培训机构能为考生模糊地选择一所学校或一个专业，但这并不一定符合考生的兴趣和爱好，假如当年报考该学校、该专业的学生扎堆，考生仍有落榜的可能。

面对这些"不靠谱"的高考志愿填报培训机构，考生和家长们却趋之若鹜，一方面说明考生和家长对高考志愿填报越来越重视，越来越舍得投入；另一方面也说明考生和家长缺乏有价值的高考志愿填报信息，缺乏志愿填报方面科学的指导和帮助，教育部门、学校等提供的指导信息非常有限，远远无法满足考生志愿填报的需求。正是由于正规指导信息的匮乏，才给了高考志愿填报咨询培训市场的疯长提供了空间。

其实，培训机构能做到的事情，大部分高中学校和考生的班主任都能做到。培训机构无论怎样吹嘘，他们在对考生进行所谓的"指导"时，无非依据的是各高校历年或者"近三年"的录取分数线，再结合考生的当年的高考分数，做出一个大致的推测，至于能不能被录取，还要看该高校、该专业当年报考的人数，谁也不敢保证一定被录取。鉴于此，对考生和家长志愿填报的指导，不妨交给高中学校和班主任老师去做，因为在如何填报志愿这一问题上他们最有发言权。每年高考成绩发布后，学校可以将考生和家长集中起来，找一些本校这方面经验丰富的班主任，让他们通过举办讲座或"一对一"的方式，集中指导高考志愿填报的方法和技巧，让考生结合自己的高考成绩和兴趣爱好科学填报志愿，这远比花钱到培训机构要科学得多。

让幼儿园孩子祝贺高考成绩起不到"励志"作用

近日，四川资阳城区一幼儿园门口5位小朋友站成一排，各举着一块牌子，连起来是一句话："热烈祝贺姝舍园长女儿高考630分，超重本线98分，我们要向她学习。"随后，幼儿园园长承认，确系幼儿园安排所为，选了班上的乖娃娃，顺便给幼儿园打个广告。

以前，高考成绩发布后，常听说有些学校在大街上挂横幅或者在电视台打广告，以庆祝该校高考取得了如何辉煌的成绩，不过近年来随着高考热炒"状元"的降温，此种宣传也越来越少，而且教育部门也明令禁止。想不到这样的闹剧却在幼儿园上演，园长的女儿高考考了630分，却让年幼的孩子为她举牌庆贺，真让人觉得有点儿滑稽。

据园长介绍说，此举是"小朋友的家长提出来的"，家长为什么提出这样的请求？是想讨好园长，还是另有他求？

对于举牌的目的，园长还表示，只是让小朋友学习自己女儿的精神，"女儿一个人远在绵阳，没有人照顾，还努力发奋，考了高分，让娃娃学习他的努力。"由此看来，园长是把让幼儿举牌变成了一种"励志"行为，顺便给幼儿园打个广告，这样的行为真能起到"励志"效果吗？

处于幼儿时期的孩子，对世界充满新奇，对一切都感兴趣，他们喜欢与同伴游戏和玩耍，喜欢问一些令人意想不到的问题，其实并没有什么远大目标，成人即使为他们设定了目标，也往往会今天听了，明天忘得一干二净。不错，高考是每个孩子今后必走的人生道路，但对于一名幼儿来说，还隔着小学、初中和高中，他们甚至不知道"高考"是怎么一回事，提前设定这样的"励志"目标能有什么效果？

况且，"幼儿教育小学化"长期以来为人们所诟病，这么早给孩子灌输高考分数的思想，其实是在孩子幼小的心灵中扎下了"分数第一"的观念。幼儿教育属于全人教育，首先要培养孩子健全的人格，其次要培养孩子良好的生活习惯和与他人交往的能力，最后是在游戏化的活动中开发孩子的智力。幼儿园没有考试，也不应当给孩子的各项活动表现打分，这种"高考要从娃娃抓起"的励志方式，不利于幼儿身心的健康成长。

更不靠谱的是园长把这种方式当成给幼儿园打广告，园长的孩子高考成绩优秀，能代表园长办的幼儿园也优秀吗？这样的思维方式还适合当幼儿园园长吗？

"乡村校长计划"要慎重考虑培养人选

据媒体报道，马云再次在教育公益上下重本：2016年将投入1200万元，寻找、支持中国优秀乡村校长。这就是"乡村教师计划"的升级项目"乡村校长计划"，每个入选的乡村校长会得到由马云公益基金会提供的50万元实践经费，此外还将赴国际知名学府学习管理方式、办学理念、教育模式等。马云为此项计划做的预算是"10年投入两亿元"。

一个好校长就是一所好学校，校长是学校的灵魂，校长的能力和眼界决定了学校的未来，同时也决定了该校老师和学生的学习工作状态。马云说："中国乡村教师原来有四百多万，现在只有三百多万，问了问离开的原因，校长太烂。"

不可否认，当今农村教育中不乏一批优秀校长，像洋思中学原校长蔡林森、杜朗口中学的崔其升等，他们在农村教育这片广阔的天地上积极作为，取得了令人瞩目的办学成绩。但是这一群体毕竟太小，虽然不能像马云说得那样，将乡村教师流失的原因归咎于"校长太烂"，但由于校长管理水平不高，造成乡村学校教学质量低下，导致学生大量流向城镇，却是不争的事实。

马云的"乡村校长计划"，彰显了一个优秀企业家对教育的情怀，对农村教育而言，抓到了问题的实质，无异于雪中送炭。不过在遴选校长培养人选时，要注意以下几个方面的问题：

一是要避开教育行政部门的干扰。中国的乡村校长都是由地方教育行政部门任命的，校长的工作表现和政绩由教育局说了算。作为一项公益投资，校长培养人选的确定最好不让教育部门插手，因为他们考核校长的标准不够科学，推荐出的人选不一定有培养价值。比如有些地方考核校长，按照人事部门的考核办法，有的校长可能综合考核排名第一，然而学校的教学质量却全县倒数，这种不会抓教育质量，只会讨好上级的校长最好不要成为培养人选。

二是要考虑学校的规模。随着城镇化进程和扶贫移民搬迁步伐的加快，大批农村儿童跟随打工家长进入城市，留在劳务地上学。哪怕在中部省份不太偏远地区的农村小学，学校现状也是生源不足，产生了一些微型小学校或教学点。在校长遴选中，要考虑校长的领导力和专业能力，应该对学校规模提出一定要求，小型学校或教学点的校长不宜作为培养对象，要选择那些学校规模较大，地点固定，具有长期办学传统，短期内不被撤销的学校校长作为培养对象。

三是要切实发挥这些校长的辐射带动作用。让他们到国际知名学校游学，不是出国旅游，而是让他们学习这些学校先进的办学理念、管理方式和教育模式。而要把这些学习所得化为各自的办学实践，还需要结合本地实际，在"融合"上下功夫。因此，当这些校长学习归来后，公益基金会还要对他们进行跟踪指导，并定期评价他们的工作成果，同时要督促他们不断改革创新，发挥好辐射带动作用，真正成为一名引领当地教育发展的"乡村教育家"。

教育局局长和校长是否该对学生不经常锻炼负全责？

近日，《中国青年报》社会调查中心对10112人进行的一项题为"为什么经常运动的青少年越来越少"的调查显示，73.9%的受访者表示身边经常参加体育运动的青少年不多。在今年两会上，全国人大代表杨扬提议，应出台硬性制度，严厉问责对"中小学生每天锻炼一小时"这一要求执行不到位的教育局局长和校长。

教育局局长和校长是国家教育政策的直接执行者，对于教育部制定的"中小学生每天锻炼一小时"的规定，理应不折不扣地贯彻执行。据笔者了解，目前小学体育课为每周3节，中学为每周2节，再加上每天20分钟的早操和上午30分钟的课间操、下午45分钟的课外活动，如果都充分利用起来，学生在校期间"每天锻炼一小时"并不是一个难以达到的目标。但是，为什么调查显示经常运动的青少年越来越少？

该项调查对原因进行了排名，排名第一的是"沉迷网络游戏等不健康的娱乐活动"（65.3%），其次是"学习和工作的压力太大"（59.3%）。其他还有"缺乏坚持的毅力"（53.0%）、"没时间"（50.1%）、"没场地"（40.7%）、"娇生惯养怕吃苦"（36.1%）和"运动项目普遍太贵"（26.3%）等。

如果将"学习和工作的压力太大"归咎于教育局局长和校长，还勉强说得过去。有些地方的教育局局长和校长，为了个人的政绩和学校的高升学率，挤占学生的体育课时间甚至早操、课间操时间，让学生进行文化课学习，造成学生参加体育活动的时间减少。如果是这样的话，板子的确应该打在教育局局长和校长身上。但是，排在第一的原因不是学生"学习和工作压力太大"，而是"沉迷网络游戏等不健康的娱乐活动"。有些孩子在学校里体育课照上不误，早操和课间操也从不缺席，但是双休日和节假日一回到家里，却宁肯选择上网玩游戏或者看电视，也不愿意到室外走一走。有时候白天睡觉，晚上玩个通宵达旦，根本没有锻炼的时间，这种情况也全怪教育局局长和校长吗？至于"缺乏坚持的毅力""没时间""没场地""娇生惯养怕吃苦""运动项目普遍太贵"等原因，更是与教育局局长和校长没有直接的关系。

事实证明，要想让孩子喜欢并踊跃参加体育运动，家校联手是一条有效途径。学校当然要坚定不移地执行学生在校期间"每天锻炼一小时"的规定，但更要增强体育课和课间操的趣味性，体育教师在完成既定教学计划的同时，要引导学生根据自己的身体特点和兴趣爱好，选择一项自己喜欢的活动，利用课余时间长期坚持锻炼，让学生切实感受到体育运动的魅力。另外，学生的体育锻炼情况，也要像文化课那样，由学校组织严格的考试，考试成绩记入学生学业成绩，作为中考和高考录取的重要依据。

家长要本着"健康第一"的理念，积极配合学校，培养学生良好的体育锻炼习惯。特别是双休日和节假日，要给孩子制定明确的"作息时间表"，该休息的时候休息，该学习的时候学习，该锻炼的时候锻炼。同时，家长每天要抽出一些时间，陪伴孩子打打球、跑跑步，有条件的地方还可以带孩子学学游泳，让孩子熟练掌握一项运动技能。这样做不仅可以增强孩子的体质，而且还可以利用锻炼的机会，增进亲子之间的感情。

热炒学霸"笔记"不如共享学霸"资源"

> 高考后，不少颇具经济头脑的学霸们做起了贩售知识的生意，将三年辛勤积累的知识输出，或卖起了笔记，或趁热打铁"自销"做家教。这类"学霸经济"颇有市场，一本学霸笔记能卖上好几十元，而应届学霸家教的价格也比普通家教要高出不少，忙活一暑假或许能成为"万元户"。

"学霸"通常是指那些在当年高考中取得优异成绩的应届高中毕业生，他们在万人共挤的高考"独木桥"中独占鳌头，成为当地的状元、榜眼或者探花，的确令人敬仰，其独特的学习方法和学习技巧，也确实值得挖掘，以利于后继学子们学习和效仿。尤其是学霸们的"笔记"，记载着他们高中三年的学习轨迹，细细研究，确实也能从中找到学霸们成绩优异的一些蛛丝马迹。

但是，换一个角度来思考这个问题，每个人的学习、生活环境不同，其学习与思维的方式也不尽相同，因此适合学霸的学习方法并不一定适合每个学子。同一个教师授课，学霸的笔记可能比一般学生记得详细些，但所记内容与其他同学并无两样。能成为学霸，可能不仅仅由于自己的一本笔记，也不是那些泛泛而谈的学习方法。我认为，学霸与一般学生最大的不同首先在于他们对待学习的态度和良好的学习习惯，然后才是科学的学习方法。因此，一般学生即使把学霸的学习笔记背得滚瓜烂熟，如果学习态度不端正，学习习惯不好，也不一定能像学霸那样，在高考中取得优异成绩。

尽管如此，学霸们对待学习的态度和科学的学习方法仍然能给后继学子带来一些启发，学霸参与家教确实能给学子们传授一些优秀的学习方法，"学霸笔记"也许能帮助他们抓住考试的重点以及知识的精华，从而达到相互借鉴、共同进步、共同提高的目的。但是，这种"学霸经济"受益的只能是一小部分学生。我认为，与其热炒"学霸家教""学霸笔记"，不如教育部门或学校出面将学霸们集中起来，让所有学子共享他们成功的经验。

每年高考结束后，在学霸们等待大学录取通知书的这段时间，学校可将他们召集起来，一是收集他们三年来的学习笔记，由各科任课教师把关，将笔记的精华部分进行复印整理，以便开学后让所有学生学习借鉴；二是让他们为下一届学子举办讲座，介绍自己的成长、学习经历和学习方法。讲座要尽量详细具体，要像面对面做家教一样，不遗漏细节和关键点，以利于学弟学妹们根据自身特点，感情产生触动，思想受到启发，并从中学到一些有用的学习方法和技巧。讲座可以是综合的，也可以根据学霸自身的优势，分学科举行。对于这样的方式，一来可以视作学霸们对母校辛勤培育的报答；二来还可以提高他们的归纳梳理能力，锻炼口才，增强自身在学弟学妹中的影响力。这样的方式虽然不如家教挣钱，但我相信每一个学霸都不会推辞。

追逐"北清升学率"是另一种"世界杯"

"考上一个清华或北大奖励50万元"写入县政府工作报告；开设冲刺"北清"的"火箭班"；诱劝学生改志愿；学生考上"北清"，老师既得奖金又晋级……近日，媒体报道了各地高中追逐"北清升学率"的做法，引发舆论关注。

高中学子把考上北大、清华作为自己的奋斗目标，本来无可厚非，但是如果考上"北清"沦为行政官员攀比政绩、学校和教师谋取私利的筹码，就背离了教书育人的宗旨。

华东师范大学终身教授陈玉琨有一个形象的比喻：教育不应成为"世界杯"，以31支队伍的失败来成就一支队伍的成功；教育应该是"奥运会"，各展所长，各显其才，各有特色，各自成功。《国家中长期教育改革和发展纲要（2010—2020年）》也指出，要"把促进学生健康成长作为学校一切工作的出发点和落脚点。关心每个学生，促进学生主动地、生动活泼地发展，尊重教育规律和学生身心发展规律，为每个学生提供适合的教育"。

追逐"北清升学率"没有做到"关心每一个学生"，更谈不上"为每个学生提供适合的教育"。有的学校之所以根据学生的文化课考试成绩将他们分成上、中、下三等，只关注几个有望升入"北清"的上等学生，为他们配备优秀的师资，提供特别的关照，是因为这些尖子生将来不仅可以为学校和教师带来荣耀，还可以带来一笔不菲的经济收入。这种只为荣誉着想，以牺牲大部分学生的成长为代价，换来少数尖子生成功的教育，与"世界杯"比赛有何两样？

放射化学专家杨承宗先生有一个"歪理论"：最优秀的材料固然很好，次优的材料同样具有使用价值。人才就像花生一样，花生油大家都欢迎，但花生油下面的花生酱同样也很有价值。对于创新人才的培养，杨承宗认为，社会上的人才结构，应该是"金字塔"形的，位于塔尖的"拔尖人才"和位于塔基的"不拔尖人才"，都是社会的有用之才，都应该把他们培养好、利用好。

不可否认，各行各业都需要一大批普通劳动者，他们就像机器上的一个个普通的零件，在推动整个社会经济和文化发展中发挥着重要的作用。这些人只要在平凡的工作岗位上做出了成绩，也会赢得社会的尊重，也应该是"人才"。这样的人才往往就是高中阶段被学校忽视的"中下等"学生，他们可能考不上国内顶尖大学，也难以给地方官员和校长带来政绩，但他们也有理想、追求，应当享受公平的教育。

另外，学校开设冲刺"北清"的"火箭班"或"重点班"，看起来像是因材施教，实际上利用了家长望子成龙的心理，变相向学生收取高额费用。同样，一定区域内优质教育资源集中在少数几个"超级中学"，破坏了区域教育生态平衡，导致一些普通高中招不到优秀生源，形成了教育的"马太效应"。这种以大多数班级和学校的失败，成就少数几个班级和学校的做法，是教育最大的不公平，也是择校风愈刮愈烈的罪魁祸首。

"上了大学就轻松了！"是对学生的误导

近日，某评论文章称，"上了大学就轻松了！"高中老师常常这样激励自己的学生。高中老师的出发点应该是好的，想让在学海中苦作舟的学子有个"先苦后甜"的盼头。但高中老师是否想到这句话已令多少学生"上当受骗"？

不可否认，国内有些高校对学生的管理非常松散，考试也不严格。学生平时不像上高中那样，有严格的学校管理制度约束，按班级授课，而是上课时高兴就去听，不高兴可以躺在宿舍里睡大觉，甚至还可以在上课时间回宿舍打牌、喝酒、玩手机。期中或期末考试前，教师也不组织学生复习，只是在课本上划定考试范围，学生照此去准备，不需要费太大的力气，就可以轻松考到"60分"。在这样的大学里，"60分万岁"已成为学生追求的目标，因此高中教师用"上了大学就轻松了！"来激励学生，并非空穴来风。

但有些大学不是这样的，特别是一些国内重点大学，管理制度十分严格。我单位某教师的儿子，小学、初中时学习成绩十分优秀，中考以全县第一名的成绩被山东省实验中学录取，高考时因参加全国奥林匹克数学竞赛获山东赛区一等奖，被保送到北京大学。谁想到这样一名优秀的学生大一刚结束就被学校劝退，原因是孩子上了大学后，完全放松了，整日沉迷于网络游戏，荒废了学业，期末考试时竟有三门功课挂科，按照北大规定，只好将其劝退。第二年，孩子经过一年的复读，又重新考入北大，母亲害怕孩子重蹈覆辙，毅然辞掉学校工作，来到北京租房陪读四年，监督孩子不再玩电子游戏，孩子这才顺利完成大学学业。

这说明，孩子上了大学，并非如高中教师所说的那样"轻松"，尤其是一些重点大学的理工科，学生不坚持听课，平时不下苦功夫，考试很难过关。该文章作者称，他所任教的高校"工科学院2015级学生，第一学期全年级不及格人数比例为20%，不及格人数比例最高的班级达到41%；第二学期全年级不及格人数比例则上升到30%，有的班级这一比例高达55%。一学年里，积欠学分超过20分的学生比例为2.4%！"不及格人数比例之高，让人触目惊心！

理工科学习不容易，文科也并非靠死记硬背就能轻松毕业。我上大学时读的是"汉语言文学专业"，其中有两门课《文学概论》和《古代汉语》，过关率十分低。因为这两门课不仅要考查相关的知识点，还要考查理解和论述，课外阅读达不到相应的数量，书面表达能力达不到一定要求，就很容易挂科，因此平时要拿出更多的时间去泡图书馆，读完那些规定的书目，否则考试时就不知道怎样发挥。

大学不是安乐窝，也不是避风港，它只是人生发展的一个阶段。大学阶段的学习生活的确比较自由，这种自由的环境有利于学子们发挥自己的个性特长，培育创新精神，但自由不等于放纵，更不等于置学业于不顾，我行我素。一个有理想、有追求的青年人，绝不会因考入大学而产生"放松一下"的想法，而应当以此作为一个新起点，比高中时期更加拼搏、更加努力。因此，高中教师请不要再用"上了大学就轻松了！"这样的话语激励学生，这是对学生的误导，也是对学生的人生不负责任的表现。

解决"临聘教师"问题，"临时"观念要不得

有报道称，城市学校里"临聘教师"的队伍不断增大，在某所一千多名学生的小学里，临聘教师占教师数量的一半还多。

临聘教师顾名思义就是学校临时聘用的教师，即临时代课教师，相当于企事业单位的"临时工"。他们和正式教师一样上课，有的甚至担任班主任，却没有正式教师编制，没有社保，也不能评职称，待遇远不如正式

教师，并且有随时下岗的可能。

一般来说，临聘教师大多存在于农村学校，原因是农村学校条件艰苦，正式在编教师不愿意到农村任教，造成农村学校师资紧张。此时，乡镇政府不得不出面，聘用一批临时代课教师，工资由乡镇政府统一发放。

城市学校大量使用临聘教师，是最近几年的事情。随着城镇化进程的加快，大量农村富余劳动力涌入城市。他们在城里找了工作，买了房子，子女也随父母进城上学，导致城市义务教育阶段学校人数增加，规模扩大，但与此同时，许多地方的教师补充机制没有建立起来，相关部门没有及时补充缺编教师。城市学校为了维持正常的教育教学秩序，不得不招聘一批代课教师，以解燃眉之急。至于这些教师的工资，当然是"羊毛出在羊身上"，通过收取学生的"赞助费"来发放，这就使他们的工资不仅低而且缺乏保障。

由此可见，城市学校临聘教师存在是地方教育和人事部门对当前教育形势的错误研判造成的。迟迟不给学校增加编制，原因可能是多方面的。事实上，每增加一个编制，财政部门就要增加一部分工资支出，在某些地方领导看来，这是增加政府的财政负担，他们自然不会轻易增编，于是矛盾就下放到了学校。

不可否认，这些临聘教师确实也和正式教师一样，在工作岗位上尽职尽责，任劳任怨，其中也不乏优秀者，但是也应当看到这样一个现实：这些教师无论工作还是生活，都十分不稳定，流动性较大，一旦考上正式编制或有工资高于现任岗位的工作，他们可能随时离开，这给学生的健康成长和学校教育教学工作带来不利影响。鉴于此，解决"临聘教师"问题不可有维持现状、得过且过的"临时"观念，也不可"一辞了事"，当从教育事业发展的长远着眼，切实为他们寻求未来发展的新路子。

首先，要本着"退一补一、缺一补一"的原则，建立正常的教师补充机制。一个萝卜一个坑，一个地区每年有多少教师病休或退休，城市每年新增多少学生就学，并不是一笔糊涂账。教育部门要提前测算，精心策划，并积极向政府和编制部门争取，保证当年招聘的教师能够满足教育教学的需要。

其次，制定适当优惠政策，让优秀的临聘教师尽快转正。在学校层面，临聘教师应当与正式教师在年度考核、职称聘任、评优选先等方面同等对待，并且尽量做到同工同酬，让他们感到工作有目标、有奔头。教育部门在招聘教师时，除了必备的专业考试和讲课、评课外，可以适当考虑这些临聘教师在原单位的工作表现和工作绩效，成绩优异者可优先录用。

最后，合理分流。根据《劳动合同法》，临聘教师一旦被单位聘用，合同期未满，单位不能随意解聘，教师也不能随意离开工作岗位。当学校不再需要这些教师时，要切实做好他们的思想工作，并进行合理分流，可以由教育部门协调，去当地民办学校继续当教师，也可以学校内部调整，暂时从事非教学岗位。

拒绝为女儿择名校，是"傻"还是"智"？

据《现代快报》报道，江苏常州市朝阳中学校长殷涛，让成绩优异的独生女放弃名校，入读自己所在的以外来工孩子占大多数的朝阳中学，用实际行动实践"促进教育均衡"的理想。这一做法，获得了常州市教育局局长的点赞。

另据报道称，殷涛的爱人在常州一所知名初中教书，按照该校政策，教职工子女可以直接升入这所学校，而且学费全免。按说，具备这样的便利条件，让女儿进入爱人所在的这所知名初中读书，算不上择校，别人也不会攀比，然而殷校长却做出了出人意料的选择，让女儿入读了自己任校长的一所普通初中，有人说他这是在"拿孩子的前途开玩笑"，有人说他"傻"，殷校长的选择到底是"傻"，还是"智"？

教育均衡发展是国家制定的大政方针，义务教育阶段学生就近"划片入学"是保证均衡发展的前提。作为一名长期奋斗在教育一线的干部，殷校长对国家的这一政策并不陌生，也知道这一政策没有贯彻落实的根本原因是教育部门的领导只会坐而论道，只会要求别人，却拿不出落实的具体措施，更不能身体力行。殷校长做出的这一选择，以实际行动践行了"促进教育均衡"的理想，他向社会发出了一个信号：均衡发展，从教育人自身做起!

　　其实，学校并没有什么好坏之分，所谓的"名校""普通校"，都是人为造成的，根源在于教育内部。有些教育领导口头上喊着"教育要均衡发展"，却为了自己的政绩，把优秀教师集中到几个重点校里，一校或几校"独大"的局面就形成了；对老百姓的孩子实行"划片招生"，轮到自己的孩子却要选择最好的学校，这种口是心非、表里不一的投机政策，是导致择校风愈演愈烈的罪魁祸首。殷校长从自己的孩子做起，自觉践行"教育均衡"的理念，其对社会的影响力，远远胜过召开十次宣传大会，也胜过那些空洞的标语口号。难怪社会上有人得知校长的女儿不择校，自己也就不在为孩子择校了，一个看上去似乎有点儿"傻"的行动，却能改变社会对教育的看法，这是"智者"所为。

　　殷校长的"智"，还表现在他对教育理想的坚守。作为一名教育系统的干部，在多年的教育实践中，有着自己对教育的独特理解和追求。报道称，他担任朝阳中学校长之后，做出了不少"动作"，比如精心设置适合的课程，去打开生命的可能；用问题导学、小组合作激发兴趣和主动精神。在别人看来，这所学校里外来工的孩子很多，是一个劣势，而在他看来却成了优势，他说："他们的父母是敢闯的能人，跨省联姻，基因优化，正当最好的年纪生子，顺产多，更聪明；他们有兄弟姐妹，更有责任感，善良能干，懂得感恩。我看着他们，真觉得无一不美，无一不可爱。会有更多的父母带着孩子来这里散步，指着校门对孩子说：'孩子，这就是将来你要上学的地方。'"面对这样一所众人眼里的薄弱初中，校长不气馁、不灰心，并将自己的办学理念扎实落实到教育教学工作中，有这样胸襟和抱负的校长，能为自己的孩子做出不负责的"傻"的选择吗？

　　一所学校的"好"与"坏"并不是一成不变的，关键在于校长的办学理念和办学措施。人们常说"一个好校长就是一所好学校"，洋思中学、杜朗口中学之所以能起死回生，由弱变强，就是因为有了蔡林森、崔其升这样有教育理想和教育情怀的好校长。由殷校长的这一行动和他上任后做出的这些"动作"，我们有理由相信，朝阳中学在他的领导下，一定会越办越好，她的女儿也一定不负他所望，成为一名全面发展的好学生。

"因身份证过期取消考试成绩"看上去像是"陷阱"

近日，20多名在济南参加国家医师资格考试的考生，因身份证过期被取消成绩。考生对"辛苦复习大半年换来的成绩"被取消很无奈，也有网友提出这是"认证不认人"。对此，相关部门表示，根据国家医师资格考试的相关规定，过期身份证不属于有效身份证件，根据考试规定确认成绩无效，不存在问题。

对于相关部门做出的处理决定，笔者没有任何异议，因为"考生必须持有效身份证件参加考试"是一项规定，"过期身份证"不是"有效证件"，考生违反了这一规定，理应受到相应的处理。但是，在这一事件中，却有两个疑问让人不能释怀：一是考试组织单位难道事先不知道这一规定，为什么不在考生报名时提醒考生"身份证过期"？二是考试有4个科目，前三科考试都没有查验身份证，为什么等到最后一门考试将要结束时才查验身份证？

这两个疑问让人不得不揣测：这样一场严肃的国家医师资格考试，怎么看上去就像是一个"陷阱"，或者是一个事先设计好"圈套"，让考生自投罗网？这就好像有些老师监考，明明知道学生将事先准备好的答案带进考场，却不管不问，等他作弊成功后再抓个"现行"，一来证明教师监场严格，二来说明教师"抓作弊"的手段高明。报道称，所以最后一场查验身份证，是接到部分考生的反映，查验身份证是监考老师的工作职责，难道没有人反映就不需要查验身份证？

举凡只要是国家级别的考试，从组织报名到实施考试，都有一套严格的程序，都会提出明确的要求，因为这样的考试往往事关考生的前途命运。在这一事件中，如果有关部门按照考试的有关要求，事先工作做得再细致一点儿，就完全可以避免这类事情的发生，比如考生报名时认真核对一下身份证信息，发现身份证过期的，要么拒绝其报名，要么提醒考生补办；再如监考工作人员如果工作再负责一点儿，第一场考试就认真查验考生的身份证，发现有过期的，可以将考生挡在考场外，此时他们也不会有什么怨言。造成目前这种局面，考生当然要负一定的责任，但有关部门工作时的疏忽大意也要负一定的责任，也许他们压根就不知道"身份证过期不是有效证件"这一规定。

既然有关部门由于工作失误给考生带来了损失，就应当负起相关的责任，给考生一个合理的解释，而不应把"板子"全部打到考生身上。况且，根据国家卫生计生委2014年公布实施的《医师资格考试违纪违规处理规定》（以下简称《规定》），认定考生"当年考试成绩无效"的行为共计31条，其中包括"抄袭或者协助他人抄袭试题答案或者考试内容相关资料的""与考试工作人员串通作弊的"及"利用伪造证件、证明及其他虚假材料报名的"等，并未对"身份证过期"做出明确规定。笔者认为，"身份证过期"并不代表"身份证无效"，有关部门应当认真调查核实，如果这些考生不存在《规定》认定的作弊行为，其考试成绩就当"有效"。

自主招生政策不该让寒门学子吃亏

近日，网上流传着一份北京大学与清华大学在浙江的录取榜单。榜单显示，2016年通过高考"裸分"考上北大、清华的浙江学生仅有39人（注："裸分"指高考分数之外，没有任何加分）。其他都是通过自主招生、三位一体等形式考上北大、清华的。

有观点认为，像自主招生、三位一体这样的录取方式，对家境普通的孩子考北大、清华是不利的。寒门学子，或是来自小地方的学生，进入国内顶尖高校的机会越来越少。一位绍兴重点中学的校长说："三位一体面试，城市的学生和来自我们小地方的学生站在北大、清华的老师面前，表现怎么可能一样？"所谓三位一体，是浙江省在2011年推出的高考录取试点做法，即高校录取学生时，不再仅看学生的高考分数，而是综合地看学生的高考分数、高中会考成绩以及高校综合素质测评成绩。

无论是北大、清华的自主招生，还是三位一体高考录取方式，其目的都在于改变原来一考定终身的高考录取模式，引导高中学校更好地推进素质教育，使那些学有专长的学生有机会进入大学深造，这是高考改革的趋势。但是我们也不能不重视报道中提到的现象，这一政策确实对寒门学子不利，如果继续实行下去，很多寒门学子将会失去进入重点大学的机会。

北大、清华的自主招生，一般都要求学生在学科奥赛中获奖。客观地讲，寒门学子中也不乏数学成绩优异者，对他们进行适当的培养，也可以在数学奥赛中取得优异成绩，无奈他们既没有这样的经济实力，也没有这样的条件。正如杭州的一位高中校长所说："奥赛当然要看学生的学习能力和天赋，但也是需要大量的时间和金钱堆出来的，好成绩基本上都要靠金牌教练教出来，家境普通的孩子参加这种培训，可能会有点吃力。"

全国政协常委、北京四中校长刘长铭曾在一篇文章中曾表达过这样的观点：乡村孩子是人力资源的富矿。他说，农村孩子某些方面的能力要超过城市孩子，比如独立性、直接生活经验等，而这些是一个人原始创造力的来源。作家莫言曾提到自己小学时辍学去放羊的经历，这段生活体验成为他日后文学创作的一个源泉。和城市孩子相比，乡村孩子可能没有那么早地进行各种训练，但只要对他们的能力进行开发，完全有可能激发出新的兴趣，甚至发展得更快、更好。

如何让寒门学子在自主招生考试中脱颖而出？

一是高中学校要重视对寒门学子的培养，对于那些成绩优异的农村学生，要通过丰富多彩的课外活动，激发他们的兴趣，发掘这些孩子身上的闪光点，并为其提供特长发展的良好环境和师资条件，鼓励其与城市学生一比高下。

二是高校要进一步完善自主招生考试和三位一体招生政策，对农村学生可适当放宽条件限制，比如北大、清华完全没有必要规定学生必须在奥赛中获奖，英雄不问出身，只要学生在某一方面有特长，且出类拔萃，不管是农村的还是城市的，都要为其提供继续深造的机会。

"家委会决定"不能成为学校推卸责任的"挡箭牌"

近日，南京二十九中学生家长反映，该校实行高三年级学生家长轮流替代老师进行监考、自习课值班，有的家庭父母没空，甚至由爷爷奶奶上阵。这一做法引起不小争议。对于这样的安排，校方解释是"家委会的决定"。

有观点认为，家长走进校园适当参与学校管理，既能体验老师工作的辛苦，又能了解到孩子的学习情况，还在一定程度上缓解了高三教师的工作压力，可谓"一举三得"。

但笔者认为，这样"一举三得"的做法，模糊了家庭教育和学校教育的界限，效果并不一定好。首先是给部分家庭带来了很大压力，令家长们不堪重负，尤其是双职工家庭，其中一方不得不请假参与学校监考，有些家庭"爷爷奶奶"亲自上阵，学校却当起了甩手掌柜。其次就学生学习而言，让家长代替看管自习，任课教师就不能及时了解学生当天学习情况，不能解答学习中遇到的问题，这是对学生的不负责任。

面对媒体和公众的质疑，学校拿出"这是家长委员会的决定"这一"挡箭牌"，表面上看似乎与校方无关，可是仅凭家委会的一次"研究"、一纸决定，就把校方的教育职责轻易转嫁到家长身上，显然不合情理，也有违背家委会设立的初衷。难道家委会在做出这样的决定前就没有征求一下家长们的意见？

重视家长在孩子教育和成长过程中的作用，引导家长和提供相关的机会让家长参与到学校活动中来，这是现代学校管理的趋势，只不过这种参与必须符合家长自愿的原则。国外学校也有类似的"家委会"，但这一组织成立的目的，应该是增进学校与家长之间的沟通，搭建起意见交换、信息沟通的桥梁。如果家长只剩下被学校"呼之即来，挥之即去"的义务，对教学活动和有关举措缺乏有效的知情权、监督权和建议权，就无法实现学校教育的良性发展。

学校教育当然需要家长参与，但参与的形式不是统一要求，也不能随意绑架家长们的意志。近年来，我县一所中学开展"家长课堂开放日"活动，让家长参与学校教学管理，取得了良好的效果。所谓"家长课堂开放日"，是指学校每周拿出一天时间，邀请两三个家长自愿到孩子所在班级听课、与任课教师和班主沟通。家长可以根据自己的工作情况，每学期主动申请一到两次听课机会，由班主任统筹安排，此举既尊重了家长的意愿，又能听课后与班主任或任课教师交流学生的在校表现，深受学生家长欢迎。

笔者认为，家长参与学校教育不是代替教师的工作，主要表现在以下三个方面：一是民主管理，"家长委员会"作为联系学校和家长的桥梁和纽带，在做出每项决定前都要征求大多数家长的意见；二是家长教育，通过家长会、家庭教育讲座等活动，让家长们学习家教新理念，促其自我成长、团队成长、伙伴成长，共同进步；三是课程建设，家长是重要的课程资源，一些讲座、短期课程、实践课程，在家长自愿的基础上，可以由家长承担。

曾经不断有人呼吁要给孩子减负、给教育减负，如今看来，也需要给家长们"减负"。要明确厘清现代教育中家长和学校各自承担的职责，桥归桥，路归路，该学校承担的职责不能推诿给家长，更不能打着"参与学校管理"的名义，弱化学校的管理和引导职能。

第二部分

教育管理

管理出效益，管理出质量。管理大师德鲁克说："管理者的任务不是去改变人，而在于运用每个人的才干。"教育管理不同于企业管理，必须坚持以人为本，把"人"放在管理的首位，以感情投入作为管理的主要手段，尊重人，理解人，信任人，才能调动教师和学生的积极性，提高育人质量。

为什么很多校规只是一纸空文？

在我国，学校为了培养学生良好行为习惯，制定了许多规章制度，如《中小学生日常行为规范》《学生一日常规》等，还有许多针对违规违纪学生的处罚制度。然而这些制度是否真正落实到位？是否达到了规范学生行为的目的？

近日，美国得克萨斯州一名中学生在课堂上对老师出言不逊，被罚637美元，如今这名学生正利用业余时间在餐馆打工挣钱"还债"。

学生在课堂上顶撞老师，下课后老师耐心教育一番，只要学生承认了错误，就算达到了目的，为何这名学生被处以如此严厉的经济处罚？

原因在于，美国的校规校纪十分严格，学生迟到，如果没有特殊原因，会被要求打扫一个月的班级卫生；考试作弊有可能面临被开除的惩罚。我们姑且不讨论这些校规是否过于严厉，单就其制定和执行的严肃性和权威性，就值得我们借鉴。首先，学校校规通常是由社区和家长委员会共同制定，不管怎样严格，各方都知情、参与并接受；其次，执行规定时还伴有一整套的申诉、调查过程，校方根据实情对学生做出处理，大多数罚款由学生本人承担，用自己的劳动偿还，而不是由家长代劳。

因此，这样的处罚看上去很严厉，实则培养了学生的责任意识和勇于担当的精神。犯了错就要按规则办事，就应该得到应有的惩罚。学校不讲情面，家长不求情，一切后果都由学生自己承担。这样的处罚对学生心理和责任心的健康发育都有好处。

反观我们学校的一些规章制度，既没有征得社区和家长们的同意，也没有征求学生的意见，大多数都是东拼西凑，或者是由校长一班人"拍脑袋"想出来的。规章制度编了厚厚一大本，并且制作成精美的板面悬挂在墙壁上，可事实上许多家长和学生并不了解这些制度的内容和要求。因此，当学生违规违纪受到处罚时，家长和学生往往与学校产生严重的对立情绪，要么公开和学校对抗，要么托人找关系私下解决。这样一来，学校面临来自各方面的压力，碍于情面，事情往往不了了之，制度的执行力大打折扣，许多学校的校规其实变成了一纸空文。

美国学校制定校规和执行校规的做法值得我们借鉴。现在，很多学校都设立了家长委员会，学校在制定规章制度时，不妨发扬一点儿民主，通过家长委员会广泛征求家长的建议；同时，将制度发放到学生手中，既让学生掌握制度的内容，又充分吸纳学生提出的意见。这样形成的制度，有广泛的群众基础，家长和学生都能接受。在执行制度时，要不折不扣，排除一切外界的人情干扰，谁的责任由谁承担，该奖的奖，该罚的罚。唯有如此，才能让制度走下墙壁，走出汇编，充分发挥制度引领和约束作用。

学生回家"反省"怎能"无期限"？

据中国新闻网报道：因为在学校参与群体打架惹事，兰州市第八十六中学七年级学生小斌被劝回家反省，但14天后，小斌返回学校准备参加期末考试时，却遭到拒绝。小斌父亲杨先生质疑，义务教育阶段，学校凭啥不让孩子考试。目前，学校相关部门协调决定，允许小斌参加后面的考试，未考科目择机补考。

　　学生在校期间参与群体打架，违反学校管理规定，学校和教师理应对其进行批评教育，并做出相应的处理。在本起事件中，学校劝小斌回家反省，本无不妥之处，这也许是学校采取的一种教育方式。但谁知这一"反省"竟然没有了期限，并且剥夺了孩子参加考试的权利，是学校把这名学生忘了？还是故意拖延时间，以"反省"为名，实则欲将其"开除"？好在学校及时纠正了错误，允许小斌参加后面的考试，未考科目择机补考。

　　《中华人民共和国义务教育法》第二十七条明确规定："对违反学校管理制度的学生，学校应当予以批评教育，不得开除。"小斌参与打群架是不对，但他毕竟还是个孩子，无论是在学校还是在家庭里，孩子犯错误都是在所难免的，只要意识到错误并下决心改正错误，学校就不应该抛弃他们。况且，让孩子回家反省，应当有个期限，多则两三天，就应当让孩子返校，了解一下孩子反省的情况。如果孩子确实意识到了错误，这样的处罚就应当及时取消，并且任课教师还要主动把学生落下功课补上。法律对于违法犯罪的人在宣判时尚且有年限（死刑除外），刑满释放后还要求社会各界不得歧视他们，何况是一个孩子？

　　反过来说，学生一犯错误，学校动不动就让其回家反省，也不一定就是一种行之有效的教育方法。教育只有走进学生的内心世界，动之以情，晓之以理，才能真正打动学生的心灵，促进其不断改过自新。反省只是学生的一种心理活动，反省什么？如何反省？还需要教师和家长指点迷津，而不是不管不问，让学生自由反省。况且，仅仅让学生反省，也不一定达到理想的教育效果，假如通过反省能让一个人改正错误的话，我看国家就不需要再设监狱了，学校里也不必再设"德育处"这样的机构了，每个班也不需要安排"班主任"了，学校只设一个"反省室"就行了，但是这能行得通吗？

教师资格注册不宜搞"一刀切"

根据教育部网站日前发布的一项通知，今年将进一步扩大中小学教师资格考试和定期注册改革试点范围，在浙江、湖北等15个省（区、市）试点基础上，新增13个省（区、市）为试点省份。

据悉，教师资格证书在我国有两种获得形式：一是参加国家统考，二是参加地方自主考试。两种形式的考试模式都是"笔试+面试"。2015年，按照规划我国全面推行教师资格全国统考，提高教师入职门槛，并打破教师资格"终身制"，实行定期注册制度。试点区内，教师资格考试有效期为三年，教师资格证须每五年注册一次。改革后将不再有师范生和非师范生的区别，师范毕业生不再直接认定教师资格，想要做教师都必须参加国考，方可申请教师资格证。在校专科大二、大三，本科大三、大四才能报考。

客观地讲，实行教师资格定期考试和注册制度，有利于提高教师队伍专业化水平，督促教师在职继续学习，更好地胜任教育教学工作；有利于吸引优秀人才进入教师队伍，提高教师队伍整体素质。

但是，尽管这一制度有很多的利好，却始终让人担心在实施过程中会遇到许多现实问题。比如，全国统考考哪些内容？大概无非是教育学、心理学之类的科目吧，这些知识只要肯下功夫，背下来即可，能代表一个教师的真实水平吗？再如，在现有教师队伍中，有很多中年以上的教师教学成绩优异，已成为地市级或省级教学能手，在当地是颇有影响的"优秀教师"，这样的教师是否需要重新参加考试进行资格认证？如果重新参加考试，也许理论知识他们考不过，难道他们从此就不具备教师资格了？还有，一名教师若从教30或40年，如果参加6次以上教师资格认证考试和注册，是不是太频繁了？

针对上述可能出现的一系列问题，笔者认为，在教师资格考试和定期注册改革试点中不宜搞"一刀切"，不可以"眉毛胡子一把抓"，不同情况要区别对待。

在进行教师资格统一考试和注册前，教育主管部门要进行排查摸底，摸清楚本地区教师队伍的真实情况。对于那些年龄大、资格老，且教学成绩优异，在本地有一定知名度的教师，可以免于考试直接注册；对于教龄超过10年，被公认为当地学科教学的领军人物，也可以免于考试直接注册。另外，教师资格考试和注册的权力最好下放到基层，与学校日常对教师工作的考核结合起来，因为教师工作的好与坏，学校最有发言权。有的教师可能终生默默无闻，也没有多少教育学、心理学的理论知识，没有发表过多少论文，但在教学上却有自己一套独特的做法，教学质量遥遥领先，这样的教师同样也可以免于考试直接注册。

事实上，教育是一项专业性很强的职业，并不是所有人都适合当教师，干好教育工作，既需要一定的理论知识，更需有丰富的实践智慧，并不是谁掌握的理论知识越多，谁就能当最好的教师。曾经有这样一位教师，20世纪80年代"曲阜师范大学"本科毕业，在当时可谓凤毛麟角，毕业后被分配到当地一所高中任教数学课，然而他一上讲台就两腿发抖，脑子里一片空白，一句话也说不出来，只好照本宣科，不知所云。据说他专业课很优秀，每次县里举行教师专业考试，他都能拿到前几名，老师们不会解的题，拿去问他，他都能迎刃而解。后来把他调到当地一所初中，再后来调到小学，同样上不了课堂。实在没有地方安置，现在只好在当地一所小学打铃、看大门。堂堂的本科大学毕业，居然连小学也教不了，如果用现在的办法进行注册，也许他能顺利过关。

"荣誉"不是领导手中随意支配的"福利"

又到一年评选季，各种类型的"评优"活动接踵而至，有规格较高的各类综合荣誉评选，如各级优秀教师、优秀教育工作者之类；有教师梦寐以求的各种业务荣誉评选，如教学能手、教学工作先进个人、教育科研工作先进个人等；还有名目繁多的各种奖励，如教学优秀奖、中考优胜奖、高考优胜奖之类。据说这些荣誉和奖励能够在教师晋级、聘任、提高工资待遇等方面发挥重要作用，自然而然地成了老师们争夺的焦点。

君不见，有的教师不在平时工作中下功夫，而在荣誉和奖励面前却能使出浑身解数，其手段之高明，方法之灵活着实让人佩服，结果荣誉一到手，工作依然如故，最终学校评出的优秀并不真"优"，影响了大多数教师的情绪和工作积极性，学校整体工作水平依旧在低层次上徘徊。

之所以造成这种局面，与许多学校教师评价机制不科学、不完善有关，还与有的学校领导认识不到位有关。有些学校领导把各种优秀评选当作一种福利，一种笼络人心的手段，不公开进行民主评选，暗箱操作，只要某位教师晋级有需要，与领导走得近，要求迫切，不管平时工作如何，工作业绩如何，荣誉非他莫属，因为晋级需要嘛！在这种情况下，荣誉就变成了校长手中可以随意支配的福利了。有的学校至今仍采用投票选举的办法，结果那些人缘好、善于拉选票、精于搞人际关系但工作实绩平平的人，几乎每次都能榜上有名。有些教师做人有棱角、工作有特色、成绩突出，却因其不善于协调人际关系，评选中频频名落孙山。还有的学校采用证书积分的办法，以过去几年已经取得的荣誉为依据，证书越多，积分越高，偌大的一所学校，荣誉年年几乎都落在几个人身上，尽管这种做法不利于青年教师成长，也比校长直接把荣誉指定给某人要好得多。

评优选先作为学校教师队伍建设的重要手段，事关学校发展的前途和命运，荣誉和奖励既不是领导手中可以随意支配的福利，也不可能每次都集中在某几位教师身上，各种类型的评选应当坚持民主公开、公平竞争的原则，有利于调动全体教师的工作积极性，有利于青年教师的脱颖而出，使"优者"真"优"。在这一原则下，笔者认为，目前学校在推优评优中应着重抓好以下几个方面的工作：

一是评优前要向全体教师公开评选名额、评选条件、评选办法，实行"阳光"评选，为每位教师创造一个公平公开、自由竞争的环境。

二是坚持过程性评价和终结性评价相结合，优化评优机制，尽量做到以成绩论优秀，而不是投票选举优秀。学校要借鉴发展性教师评价理论的成果，制定较为科学、有利于调动教师工作积极性的《教师工作考核量化方案》，将定量评价和定性评价相结合、过程评价和终结性评价相结合、个人评价和集体评价相结合，每学期考核一次，既考核教师的工作效果，又考核工作过程，每月一汇总，每学期一公布，作为推优评优的重要依据，从而避免因人为因素造成的评选不公正。

三是实施分层次评价策略,适当向青年教师倾斜,鼓励青年教师出类拔萃。青年教师一般都是学校教育教学工作的主力军,因工作时间短,教学经验相对欠缺,在评优时他们难以与老教师抗衡。因此,在制定评选办法时,既要照顾教学经验丰富的中老年教师,也要适当向青年教师倾斜,可以分成老年、中年、青年三个组,分层次实施考核。

学校建立科学的教师评价机制是一个方面,而要从根本上解决问题,必须从源头抓起,改变在教师晋级、聘任中重证书、重论文,轻实际工作能力、工作实绩的错误导向,鼓励教师乐教、会教、善教,从而完成教书育人的崇高使命。

不是不要"竞争",关键是怎样"竞争"?

有学校在教室前面挂着这样一句口号"两眼一睁,开始竞争"。生活中,有不少父母和老师在教育孩子时,持有一种强烈的竞争观念。父母总喜欢拿自家孩子与别人家孩子比;老师总喜欢拿这个学生和那个学生比,和别的班级的孩子比,总希望自己教育的孩子能出类拔萃、鹤立鸡群。一些学校也喜欢给老师们设置一些竞争指标,来考核教学成绩、育人效果。

"两眼一睁,开始竞争",作为一个激励教师和学生奋发向上的口号,虽然有点儿极端,但并非一无是处。因为将来学生毕竟要走向社会,整个社会到处充满着竞争,没有竞争意识和竞争能力,一个人将在社会上无立足之地,关键是怎样竞争? 学校应当建立一个怎样的竞争激励机制?

最近读了一本有关思维科学方面的书籍,一个有趣的心理学实验引起了我浓厚的兴趣。实验由著名心理学家敏茨于1951年设计,他在一只窄口瓶子里放了几个纸圆锥体,每个圆锥体都有一根细线通到瓶外,瓶口每次只能拉出一只锥体。瓶子的底部,有一个可以与水管相连接的细管,可往瓶中注水。实验让被试者在群体条件下进行。具体操作是:实验一开始就往瓶里注水,谁在锥体沾湿之前拉出锥体,谁将获得金钱奖励;谁没有拉出，则要受到一点儿小惩罚。由于注水管很细，因此实验实际上留出了足够的时间使被试者都有成功的机会。如果他们合作按序拉出锥体，则大家都可以获得成功。但是，实验结果发现：一开始，被试者就争先恐后地试图先拉出自己的锥体，结果大家的锥体都被堵在瓶口，谁也不能通过，致使大家都遭到失败。

这个巧妙的实验使我联想到目前许多学校对教师和学生的奖惩制度，其操作过程与这一实验何其相似！为奖优罚劣，鼓励竞争，学校每学期依据学生的考试成绩将教师按三分之一的比例分成三个群体，前三分之一受重奖，中间三分之一不受奖，后三分之一受罚。管理者的初衷是鼓励老师们在工作上展开竞争，创造最佳工作业绩，但是实际情况是没有任何一位教师愿意当后三分之一，而前三分之一又恰恰是个固定数，你能挤进去我就有可能被挤出来，于是教师之间的"竞争"就真的展开了，一人一把号，各吹各的调儿，彼此之间相互封闭，天天担心别人超过自己。其结果可想而知，不但不能大面积提高教学质量，反而影响了教师之间正常的人际关系。

对学生的奖励也是如此，教师依据学生的考试成绩人为地将其划分为"优、中、差"三个等级，属于"差等"的后三分之一学生对学习失去了信心，整天无所事事，扰乱班级纪律，在这样的环境下，属于"优等"的前三分之一学生能得到很好的发展吗？

由此引发我们思考是：在学校管理实践中，如果需要引进竞争，我们需要建立什么样的竞争机制？通过敏茨的心理学实验，我们似乎可以得出这样的结论：竞争机制的引入要有利于激发师生工作和学习的积极性，学校需要建立一个以全体成员"相互信任、团结互助、合作共赢"为特征的良性竞争机制。

这一机制的建立需要管理者正确的舆论导向，首先，要在全校上下倡树团结向上的风气，并强化以良好人际关系为核心的校园心理文化建设，使全体成员心往一处想，劲儿往一块使。其次，要在广泛征求意见的基础上，制定全体成员共同认可的学校发展目标以及不同群体的发展目标，使目标的达成与每个成员的切身利益息息相关，以激发全体成员团结协作的内驱力，使他们真正意识到单靠个人的力量难以完成共同任务。最后，要强化管理措施，完善规章制度和评价方案。如有的学校将教师个体的奖惩与群体目标完成情况挂钩，凡是集体目标没有达成的备课组或教研组，教师个人不得受奖；有的学校通过开展扎实有效的集体研讨活动和不同群体之间的竞赛活动，激发每位成员集体荣誉感，这都是一些非常有效的措施。重新回到敏茨的实验，如果换一个思路，开始的时候将被试者分成两组开展比赛，哪一组拉出的圆锥体多，哪一组受奖，否则受罚，我想会出现另外的结果。

教师开会迟到，罚款为何不灵？

某校规定："凡全体教师大会迟到者，罚款五元，会后交会计室。"有一天，某老师迟到了，会后按学校规定到会计室交了五元钱的罚款。不知什么原因，下次开会时这位老师又迟到了，会后照例去会计室交罚款。不过，这次交的不是五元钱，而是二十元，会计问他为什么交这么多？他回答说："把下三次的罚款一起交了吧！"

学校出台这一规定的初衷是制止教师开会迟到，但没想到是，不但没有达到预期目的，反而使迟到者无丝毫悔改之意，变得更加肆无忌惮。这说明，行政命令式的管理和处罚不一定能让教师心服口服，有时候反而会起反作用。在《论语·为政》篇中，孔子曾说过这样一番话："道之以政，齐之以刑，民免而无耻；道之以德，齐之以礼，有耻且格。"意思是用行政命令来治理民众，用刑罚来约束他们，他们中的有些人就会为了免于受罚而偷偷干坏事，一旦行迹败露，虽然被处罚，但内心并无羞耻、悔改之意。

学校管理也是同样道理，没有行政命令和规章制度的约束是行不通的，但仅仅依靠这些行政命令和规章制度也不可能达到管理目的。有的校长喜欢把自己放在行政长官的位置，习惯于开会下命令、定制度，不主动与教职工沟通，朝令夕改，看上去好像一切按规章制度办事，实则是一种家长式的陈旧管理方式，教职工对学校并没有认同感和归属感。

应该说，绝大多数教师都是有知识、有教养的人，更有羞耻之心，如果不具备这一点，也许他根本当不了教师。教师也有一定的自律意识，谁也不愿意开会时当着大家的面迟到，更不愿意被学校领导点名批评。但凡迟到者，其中必有原因，如果学校领导不用罚款的办法，而是会后主动与这位教师交换意见，问清楚事情的来龙去脉，适时帮助老师解决工作和生活中的困难，我相信这位老师恐怕就不会再犯了。

因此，管理学校事务，领导者要慎用行政"惩罚式"手段，要学会"道之以德，齐之以礼"的治校策略。（此文发表于2015年12月4日《中国教育报》）

校长要多为学生创造"结识"自己的机会

很多学校都有一套等级森严的管理体系，强调下级服从上级，学生服从老师，老师服从校长。校长是学校里的"大忙人"，学生平时很难见到，只能在重大活动或毕业典礼上一睹校长尊容，更不用说与校长交流。即使个别学生通过"校长信箱"给校长写信，也很少能得到正面答复，有的学生甚至毕业后也不认识校长。这样的学校文化，是否有利于孩子将来的发展？

曾看到这样一个案例：德国一所公立小学对1990年从本校毕业的300名学生进行了长达15年"成长追踪"。他们整理出了跟踪结果，发现一个有趣的现象：300名毕业生，分别上完初中、高中和大学，并陆续走上工作岗位以后，已经得到提拔重用的有68人。而令人难以置信的是，在这68人中，当初在小学时，有33人给校长写过信，有20人与校长共进过午餐，有12人参加过学校组织的演讲活动。也就是说，68个最先得到社会认可也是最先找到用武之地的学生中，有65人在小学时结识校长，占比达95.6%。

看了这个结果，校长威尔逊非常惊讶，全校的老师也很惊讶。经过反复分析和研究，他们得出一个结论，凡是上学时能结识校长的人，一般都具备三个特征：一是不怵权威，二是善于与人沟通，三是乐于在"大人物"面前自我表现。在校长和老师们的倡导下，这所小学从2007年开始，开展了一系列"勇敢者活动"，引导孩子通过写信、发邮件、打电话等不同形式来关心时事、关心环境、关心他人，并进而结识校长和各种大人物。

校长与学生的关系，竟然能够影响学生将来的发展，这一现象不能不引起我们的思考：校长能否多为学生创造"结识"自己的机会？

我想起自己经历过的一件事。几年前，我担任县实验小学校长，有幸和英国萨默塞特郡芳草谷社区小学建立了友好联谊学校关系。根据双方达成的协议，在第一年合作期间双方校长要进行互访。那年四月，芳草谷社区小学校长杰弗先生带领他的四位老师来到我们学校。访问期间，他们参观了学校的各种陈列，参加了学校举办的艺术节，并深入课堂听课，与老师们座谈，日程安排得很紧张。但是无论工作多么忙碌，我发现只要一到下课时间，杰弗校长便带上翻译来到操场，或者蹲下身子，或者席地而坐，与学生倾心交谈。最后一天安排他们到学校下属的幼儿园参观，看了孩子们精彩的表演后，杰弗校长激动得流下了眼泪，欣然答应与小演员们合影留念。他们照相的姿势看上去很随便，有的坐在地板上将孩子揽在怀里，有的蹲下身子让孩子坐在膝盖上，更令人惊讶的是，杰弗校长竟然双膝跪地，让孩子们围坐在他的左右和身后。再看看我和我的老师们，一个个面无表情，高高地站立着，与孩子们保持着适当的距离。后来我去他们学校回访，亲眼看到孩子们课下追逐着和校长打闹，校长与学生共进午餐，边吃边谈，彼此没有一点儿距离感，看得出孩子们非常喜欢他们的校长。

杰弗校长这一"跪"，并没有降低他的人格，而恰恰说明一个非常朴素的道理：成人与儿童在人格上是平等的，在学校教育中，不要让孩子认为校长和老师比他们高一等，而要创设一种平等的、不迷信权威、敬畏真理的良好人际关系，从而为孩子将来的可持续发展提供一个健康、积极的心理空间。

学校招聘教师要防止校长权力最大化

根据山东省近日出台的《乡村教师支持计划》实施办法，从2016年起，教师既可统一招聘、统一分配，也可按学校组织招聘，同时鼓励探索采取先面试后笔试的方式招聘教师。这一变化，赢得基层校长"大赞"。

教师招聘事关应聘者前途和一个地区教师队伍的质量。在以前的招聘中，通常由县、市区教育主管部门和人事部门负责，根据当地教师缺编情况，统一组织报名、笔试、面试，最后由教育主管部门统一分配给学校。这样做的好处是学校省事，但问题也非常突出，由于招聘和学校用人需求脱节，常常造成学校人员紧缺的学科没有人应聘，而有些学科却人员富余。

山东省此次把教师招聘权力下放到学校，能够有效克服这一弊端，有利于学校根据自身需求招聘教师，扩大了学校办学自主权。但权力下放也意味着责任加大，在具体操作过程中，学校要建立一套严格的监督机制，保证招聘工作在阳光下运行，真正把那些爱教育、懂教学的优秀人才吸引到教师队伍中来，而并非由着校长滥用权力，任意胡来，想招谁就招谁。

这并非杞人忧天，笔者曾参加过附近县、市区的教师招聘工作，表面上看组织得非常严密，并且请的都是外地评委，看上去也非常公平。但在讲课开始前的几分钟里，评委们却经常收到一些不明不白的条子，说是某某领导的关系，要求评委们手下留情，多加照顾。招聘权力下放到学校后，校长的用人权大了，也一定会面临外界各种压力，校长们心里可要有一杆秤，否则不但招不到优秀教师，反而会给自己带来一些不必要的麻烦。

师资是制约义务教育质量提高的"瓶颈"

《光明日报》2月23日头版刊文指出，在我国，教育公平已经从入学机会的公平转化为接受保证质量教育机会的公平。因此，在义务教育已经全面普及以后，提高教育质量就成为义务教育的主题。均衡发展的实质就是全面提高教育质量。经过调查，只有极少数是因为家境或者疾病的原因而辍学，相当一部分是由于家长和学生感到学校教育质量不高，学了没有用，不如早点儿回家干活或进城务工。因此，全面普及义务教育成果来之不易，如果不努力提高质量，就难以真正巩固。

"家长和学生感到学校教育质量不高"，除了导致学生辍学以外，还引发了"择校热"。农村孩子想尽千方百计挤到城市小学、初中就读，致使城里学校"大班额"人满为患，而部分农村学校却人去楼空，几乎成了一具空壳儿。笔者认为，不解决"择校热"问题，不仅严重浪费宝贵的教育资源，而且也直接影响义务教育整体质量的提高。

家长为什么要为孩子择校？农村孩子为什么宁愿交纳巨额择校费到城里学校就读？难道是农村学校办学条件差？还是农村学校的环境不好？

随着"两基"的普及和标准化学校建设的推进，客观地说，有的地方农村学校的办学条件不比城市学校差。拿我们这个县来说，全县农村中小学已全部实现楼房化，大多数学校的办学条件已达到省市规范化学校的标准。在这种情况下，农村的孩子为什么还要舍近求远，纷纷到县城学校就读？我想，其中最关键的原因是城乡学校师资水平差异较大，从而导致教育教学质量不均衡，"择校"其实就是"择师"。

目前，农村中小学的师资状况确实令人担忧，一是年龄老化，有的偏远小学教师平均年龄达50岁以上，精力和体力都不适合继续从事教育教学一线工作。二是学历层次偏低，这些50多岁的教师大部分是由民办教师转正，没有接受过正规的师范教育。三是学科结构不合理，有的老师既教语文，又教数学，还兼音乐，农村小学普遍缺乏音体美专业老师。四是待遇低，教师流动性大，农村学校好不容易培养出一名优秀教师，但是由于工资、待遇等方面的问题，最后不得不流向城市学校。这样的师资状况，教育教学质量怎能和城市学校抗衡？哪一个家长不希望自己的孩子遇上一位明白老师？家长为了孩子的前途着想，花钱选择城市学校有何不可？

不仅如此，即使在城市学校内部，虽然名师云集，家长"择师"的倾向也愈演愈烈。每逢暑假后的新初一或新高一分班，家长不惜递条子、托关系，要求学校把自己的孩子分到某某班、某某老师名下。有的班级人满为患，有的班级则门庭冷落。由此可见，无论是"择校"，还是"择班"，其实质都是"择师"。

我们应理解家长这一朴实的愿望，"择师"一方面说明家长对优质教育的迫切需求，另一方面说明城乡学校教师资源配置不公平。因此，师资是解决农村"择校热"问题的关键，也是提高义务教育质量的根本保证。只要政府和教育行政部门公平配备师资，就能达到事半功倍的效果，这其中当然包括教师工资、待遇的公平，甚至可以多向农村教师倾斜。只要能留得住优秀教师，有科学的管理和较高的质量，农村学校即使没有漂亮的楼房、先进的设备，也一样能成为家长的首选。

农村教师队伍为什么会"阴盛阳衰"？

农村教师队伍中"阴盛阳衰"持续加剧，成为今年全国人大代表关注的焦点。全国人大代表、湖南省通道侗族自治县礼雅小学校长蒙兰凤告诉记者，自己学校120名教师中只有20名男教师，占比不到五分之一。湖南省每年的特岗招聘面试中，几乎是清一色的"娘子军"。她在各地调研发现，这一问题并非湖南省的"专利"，中西部地区普遍存在这一问题，有的地方男女教师比例接近1：9。

为什么农村教师队伍中会出现"阴盛阳衰"现象？原因可能有以下几个方面：

一是收入偏低。近日，一封辞职信在网上热传，写这封辞职信的老师不是为了"到外面看世界"，而是为了"钱"，这封信只有短短的十二个字"才疏不能胜任，薪酬不能持家"，道出了多少教师的心酸。农村教师待遇普遍较低，尤其是小学教师，有的地方工资和奖金以及补贴加起来每月不足一千元，在经济发达地区也只有二三千元。相对于女教师来说，男教师上有老、下有小，不仅要照顾家庭，还要应对外界各种应酬，因而这点微薄的工资收入，难以满足生活所需。堂堂七尺男儿，当教师竟不能养家糊口，谁还愿意从事这一职业？

二是职业认同感低。俗语说："家有三斗粮，不当孩子王"，受这一传统观念影响，社会上普遍看不起教师这一职业。大多数人认为女孩子当教师，稳定体面且有耐心，还能照顾好家庭，是个很好的选择。而男孩子当教师，尤其是在农村学校，工作量大，收入偏低，上升空间极小，社交圈子狭窄，是没出息的表现，有的地方甚至出现男教师找对象难的现象。虽然国家三令五申教师工资不低于当地公务员水平，但是大多数男同志还是愿意去当公务员，因为公务员晋升空间大，一旦拥有了相应的政治地位，不但各项灰色收入高，而且还能光宗耀祖。而同等收入的教师却默默无闻，整天和孩子打交道，没有成就感，容易被社会上某些人瞧不起。

三是心理压力大。现在，学校评价教师的方式多是"以考试成绩论英雄"，评价教师是否优秀的标准是看学生的考试分数。教师无论平时工作多么优秀，课堂教学多么高效，教学工作多么创新，只要中考、高考成绩不理想，一功都等于零。这给许多男教师带来沉重的工作压力，有的教师早起晚睡，想尽千方百计提高学生成绩，但由于学生基础差等方面的原因，最终也难以取得理想的成绩。优秀评不上，奖金不如别人拿得多，而大多数男教师都爱面子，面对缺失的荣誉和奖金，心理上自然会受到很大冲击。在男教师看来，这种一味地追求高分、不促进学生全面发展的教育方式，不仅让学生成了考试机器，也让教师也成了教书机器，这样的工作对男人来说枯燥无味，没有挑战性，真正有教育抱负的男人怎会甘心于此？

农村教师队伍中"阴盛阳衰"现象的持续加剧，不利于学生健全人格的形成。有专家说："男生的性格会在14岁以前基本定型，如果其间一直都处在女性包围中，对他的性格发展是极为不利的，容易女性化、阴柔化，成长过程中缺乏坚毅、勇敢、阳刚等男性气质的影响"。因此，无论对男孩还是女孩来说，其性格养成都容易出现错位，长此以往，对整体国民性格都会带来不利影响。

针对以上种种困惑，破解农村教师队伍"阴盛阳衰"的难题，一方面需要政府加大教育投入，整体提高农村教师的收入水平和工作条件；另一方面要尊重教师的劳动，增强男教师的职业认同感。可喜的是，在今年的《政府工作报告》和"教育部工作要点"中，两个方面都有涉及。国家不仅要为乡村教师提高工资待遇、改善住房条件，还将给予在乡村坚守10

年、20年、30年的教师分别授予荣誉称号，相信通过这些措施的实施，会吸收一优秀青年男教师投身到农村教育事业中来。更为重要的是，要建立一种激励机制，吸引优秀师范毕业生到农村任教，尤其是在招聘教师时，可以适当放宽男教师的条件限制；在学校管理中，要进一步实施发展性教师评价机制，鼓励男教师在教学工作中大胆创新，为他们的专业发展创造一个宽松的环境，使他们在事业上有方向、有干劲。

各种升学加分政策都应该取消

> 3月5日，原国务院副总理刘延东在河北代表团全团会议上表示，明年将取消现有高考中四分之三左右的加分项目，只保留少数民族、烈士子女等少量加分项目。

高考加分政策，制定初衷是为了促进学生个性发展，更好地促进普通高中推进素质教育。然而这一政策在基层实施过程中却走了样、变了味，由此带来了教育不公平，损害了教育部门和学校的形象。

前几年有一则报道称，绍兴一所中学参加航模加分测试的19名考生，其中13名考生的家长都是地方权势人物，其余6名全是教师子女。该测试可带来20分的高考加分，而据当年的高考成绩统计，浙江考生每增加一分就可超过200多名竞争者。

参加航模测试加分，这是高校为了鼓励学生发展科学素养而采取的一项重要举措，有利于培养学生的探索精神和创新能力。没想到这项好政策在实行过程中却变成了某些人的福利，19名考生的身份竟是这样特殊，没有一位平民子弟！难道平民子弟就没有一个具备这样的特长和爱好？况且，每增加一分就可超过200名竞争者，增加20分就可超过4000名竞争者，一个本来能进入全省前4000名的平民子弟，就因为这20分，可能连一个重点本科都考不上，这能算公平吗？

既然这种升学加分政策的背后有许多潜规则，既然这一政策滋生了教育腐败，影响了教育公平，那么这一政策是否还有存在的必要？

事实上，这种加分政策带来的不公平不仅表现在航模测试上，也不仅表现在高考中。有些地方，中考加分项目也非常多，优秀三好学生要加分，优秀学生干部要加分，各类竞赛获奖者要加分，甚至有的地方中考招生中独生子女也要加分。如果各种加分真正做到客观公正，也不失为一项好政策，起码为那些品学兼优或者有特长的学生指明了一条发展的道路。但事实上这些"好事"难以落到"寻常百姓家"，而那些享受加分政策的"特殊阶层学生"，进入高中或大学后，往往表现平平，所谓的优秀三好学生或优秀学生干部，可能就是一个"冒牌货"，品德不高尚，学业不优秀，有的甚至走上违法犯罪的道路。

更为可笑的是，有的家长本来生了两三个孩子，为了享受独生子女加分，竟能打通各种关系，篡改户口，换得假独生子女证明。且不说这种做法是否违法，单就独生子女加分这件事而言，难道二胎、三胎孩子就是天生的"劣种"？一生下来就该遭人白眼、受人歧视？这不仅有违教育公平，也是对人性的蔑视。

教育是"成全人的事业"，每一名学生都有发展和成就自己的权利。升学加分政策的不公平，不仅损害了平民学生的切身利益，而且也从另一个侧面折射出社会阶层利益追求的权力化，正如有些人所说的那样："学好数理化，不如有个好爸爸。"

既然升学加分有损于教育公平和社会公平，那么这项政策就该废止了。我为原国务院副总理刘延东带来的这一好消息点赞，并希望这一政策尽快落实到位。

"适当放宽学生在校时间"是个不错的建议

由于大多数上班族很难在下午3点半左右把孩子接回家，不少父母只能安排老人或亲友帮忙接孩子，实在没办法，只好花钱把孩子送到校外托管班。如此一来，本来是为孩子"减负"而设置的规定，反而给家庭增加了负担。对此，全国人大代表、重庆市人大常委会副主任沈金强建议，教育部门限制"在校学习时间"，同时放宽"在校时间"，由财政支持学校增设素质教育课程。

限制学生在校时间的初衷是为了减轻学生过重的课业负担。《教育部关于当前加强中小学管理规范办学行为的指导意见》要求严格控制学生在校学习时间，其中规定小学生在校时间不得超过6小时。对于"6小时"规定，许多人疑惑：是学生"在校学习时间"，还是"在校时间"？笔者认为，应该是指"在校学习时间"，因为小学生每天在校6小时几乎都是在课堂上度过的。沈金强代表建议教育部门限制"在校学习时间"，同时放宽"在校时间"，因此只要不把学生集中在课堂上课、补课，适当延长学生"在校时间"，让其发展自身素质和特长，这是一个不错的建议，也不违背教育部有关规定。

可是这样做虽然减轻了家长接送学生的负担，却给学校带来许多问题：一是安全。学生在校每一分钟，只要安全上出了问题，都要由学校负责，这是很多学校不愿意延长在校时间的主要原因。二是管理。时间延长后总不能让学生在校园里放任自流，无论办兴趣班，还是特长班，都需要专门的场所，并要安排专人管理。三是经费。延长学生在校时间，学校需要增加必要的硬件和软件设施。另外，《教师法》规定教师工作时间为每天8小时，学生放学后教师可利用另外2小时备课、批改作业，参加一些必要的教研活动，如果延长学生在校时间，这些工作什么时间做？是否需要额外发放补助？对于这些问题，沈金强代表建议6小时之外，学校增设的素质教育课程，成本主要由财政支持，在征得家长同意的情况下，可以收取少量"材料费"。在校期间的安全责任问题，可以与保险机构协商解决，因此只要不把额外的费用转嫁到家长身上并保证学生安全，家长也不会有什么意见。

鉴于此，笔者认为，学校在延长学生在校时间时，不妨对学校现有作息时间做出一番"弹性调整"。实施前，学校要进行需求调查，让学生自愿报名。在实施过程中，一是要加强硬件投入，开放实验室、图书室、体育场馆等场所，为学生特长发展提供必要的空间；二是要加强管理，选派专人负责各类特长班训练，严肃纪律，确保学生在校安全；三是要完善教师评价制度，严禁将6小时以外的辅导变成课外补习，将兴趣班辅导质量纳入教师考评。

学校管理只需做好五件事

2016年1月27日，《中国教师报》刊登了《管理与教育的错位》一文这样评价当前的学校管理："学校教育需要管理，这是学校教育正常有序、有效运行的基本保障。现在，无论是课堂教学、学校活动还是教学研究都充满了管理的味道，教育却无影无踪了。"

面对管理与教育错位的现实，作为一校之长，在学校管理中如何摆正自己位置，做好自己应该做事情呢？子曰："道千乘之国，敬事而信，节用而爱人，使民以时。"（《论语·学而第五》）孔子认为，治理好一个拥有一千辆兵车的小诸侯国，要努力做好五件事，即敬其事、讲信用、节开支、爱人民、使民时。孔子虽然讲的是治国理政的策略，但对于校长管理好一所学校也有借鉴意义。

一是，校长要敬其事。"学校无小事，处处皆教育"，政府把一所学校交给你，就是希望你按照国家的教育方针，把学生培养成德智体美劳全面发展的合格建设者和接班人。因此，作为一校之长，要有对教育事业的责任感和使命感，学校发展要有明确的目标，要培养自己对教育事业敏锐的洞察力，凡是发生在学校的事情，无论大小，都要严肃认真地对待，切不可掉以轻心。

二是，校长要言而有信。对教职工和学生说过的话、承诺的事，要想方设法克服一切困难，坚决落实。做不到的事，坚决不说，绝不开空头支票。

三是，校长要节约开支。学校的每一分钱都来自政府和社会，校长要树立节约理财的观念，科学谋划，把有限的钱花在刀刃上，尽最大努力改善办学条件，调动教职工的积极性。要引导教职工和学生从节约一度电、一张纸、一滴水开始，努力建设"节约型学校"，培养学生艰苦朴素的优秀品德。

四是校长要发自内心地爱教育、爱教师、爱学生，真正落实"以人为本"的管理理念。"爱"是教育的真谛，苏霍姆林斯基曾说："没有爱，就没有教育"，一个不爱学生的教师肯定不会成为一个合格的教师，更不会成为一个称职的校长。

五是校长要合理安排学校各项活动，不做违背教育教学规律的事情。校长要遵守办学规范，不加班加点，开全课程，开足课时，不加重学生的课业负担，不随意侵占教师教学和学生学习的时间，要尊重教师创造性的劳动，这些都是校长"使民以时"的具体表现。然而有的校长却做不到，为了迎合上级检查，学校常常役使教师和学生做一些与教育无关的事情，致使管理和教育错位。前些年，听说某地一所小学为了迎接政府官员参加学校"启用典礼"，居然让小学生在冰天雪地里站了两个多小时，耽误了上课时间不说，单是这两个多小时的身心煎熬就让学生难以忍受。

督学责任区不能仅仅止于"挂牌"

江西省教育督导实行挂牌督导制度，县（市、区）人民政府教育督导机构根据本行政区域内的学校布局和在校学生规模等情况设立教育督学责任区，按照一名督学负责3至5所学校的原则，指派督学对责任区内学校的教育教学工作实施经常性督导。学校要在显著位置公开督学的姓名和联系方式。

建立督学责任区制度，是国务院教育督导委员出台的一项深化教育领域综合改革的新举措。自2013年以来，各地按照上级要求，相继聘任专、兼职督学，实行了督学责任区挂牌制度。但从实施的具体情况看，效果并不像预想得一样乐观，有的地方虽然在学校门口悬挂了督学责任区的牌子，公布了他们的姓名和联系电话，但社会上并不知道这块牌子有什么用途，这些人将发挥什么作用，有的督学一年也难得到学校一次，对责任学校办学情况一无所知。这样一来，挂牌实际上成了一种形式，责任区督学也就成了一种可有可无的摆设。

如何发挥责任区督学的作用，笔者认为应着眼于以下几个方面：

一是要明确责任区督学的基本职责。责任区督学相当于政府派出的"钦差大臣"，要对责任学校的办学方向、管理水平和教育质量等进行监督、检查、评估和指导。要对责任学校校长及领导班子执行教育法律法规和有关政策情况，学校管理制度执行情况，招生、收费择校情况，开齐开足课程和课堂教学情况，学生学习、体育活动和课业负担情况，教师师德、专业发展及禁止从事有偿补课、家教情况，学校校风、教风、学风建设情况等，进行全面督导。要定期进行调查研究，了解真情，向学校、政府、教育行政主管部门和上级教育督导室提出意见和建议，为领导决策提供依据。要及时反映学校、师生、群众的要求，参与核实相关举报和投诉，及时向有关部门报告，并提出意见和建议，督促相关学校整改，同时还要完成上级领导交办的其他工作，承担上级教育督导部门分配的其他督导任务。要完成上述这些工作，仅仅靠听汇报，不定期深入责任学校调研，恐怕难以奏效。

二是要向社会大力宣传责任区督学的职责。学校要通过家长会、家委员等途径，向家长发放"明白纸"，让他们了解责任区督学的职责，并及时向责任区督学反映学校在办学方面存在的问题。同时，责任区督学要定期参加学校家委会联席会议，将教育改革的政策和信息及时反馈给家长。

三是要建立有效的考评激励机制。教育部门要依据责任区督学的职责，制定"考核办法"，每年对他们履责情况进行考核，奖优罚劣，对于不称职的督学，要及时调换。

以"考试分数"为依据的考评方案该改改了

在学校检查工作，我仔细研究过很多学校的《教师工作考核评价方案》，大多数是从德、勤、绩、能四个方面考评，总分为1000分。其中，教学成绩所占比例不等，有的学校占一半，有的学校几乎占60%以上。而在教学成绩的考核中，又以考试科目的平均分、及格率、优秀率为主要依据，非考试科目如音、体、美、综合实践活动、地方课程、校本课程等，不在考评范围之内。

许多校长解释说，教学成绩是教师教学水平的集中体现，理应占较大比重，非考试科目没有卷面分，不好量化，所以不予考虑。这样的解释听起来好像很有道理，但是仔细一想，却是一个大大的谬论，因为这种考评方式不仅违背了教育规律，加重了学生的课业负担，而且直接影响了学生的全面发展和教师积极性的发挥。

一所学校的考评方案对教师的教和学生的学具有导向和激励作用，学校怎样考核评价，教师就怎样开展工作。如果评价方案单纯依据学生考试分数，或者让其占较大比重，最终对评价结果起决定作用，势必会引导教师集中精力抓成绩。在这样的方案指导下，教师就不必再努力提高自身的课堂教学水平、教学能力，而是绞尽脑汁、不遗余力地提高学生的考试分数。他们会片面地认为，只有加大学生的训练量，让学生多做题，才能顺利应付考试，提高教学成绩，因而学生就有了整日做不完的作业、答不完的考卷。可以说，以考试分数为主的考核评价，是导致学生负担过重的罪魁祸首。

另外，这种评价方案只顾及了有分数、好量化的考试科目，而对于音、体、美等非考试科目则弃之不问，好像这些科目可有可无。因为不评价，所以这些科目往往由主课教师兼任，课时也经常被挤占，有的学校甚至干脆不开设，从而导致学生体质下降、艺术素质低下、创新活力不足，直接影响了学生的全面发展。

更为严重的是，由于考核结果直接和奖惩挂钩，造成了教师之间恶性竞争，影响了学校正常的人际关系和教师队伍的凝聚力。表面上看，老师们你追我赶，似乎积极性很高，实则人人自危，相互封闭，故步自封。在这样的环境下，学校很难组织一次富有成效的教研活动，而所谓的经验交流会也只是形式，以听课、评课为主的课堂教学的研讨更是无从谈起，为了抢时间、争名次，有的教师甚至不惜采用不正当的手段，导致教师之间反目成仇。

教育的终极目的是促进学生全面、健康、和谐的发展，学校的一切工作都应为了实现这个目标而努力，对教师的考核评价当然也不例外。虽然教育部曾三令五申不能单纯以考试成绩给教师和学生排名次，但这一规定并没有真正落到实处。因此，建立一套既符合学校实际，又能促进教师和学生发展的《教师工作考核评价方案》，是每一所中小学必须认真研究的课题。

将"师范生教育实践"纳入学校和教师考核不妥

《教育部关于加强师范生教育实践的意见》发布后，各地积极响应。北京市教委规定：地方教育行政部门要将接纳师范生教育实践作为中小学工作考核评价和特色评选的重要内容，中小学要将接纳师范生教育实践作为应尽义务和重要责任；指导师范生教育实践还应纳入教师业绩考核范围，作为中小学教师评奖评优和职务（职称）晋升的重要依据，作为中小学教师评选特级教师和学科带头人的重要条件。

这一规定，加大了学校和教师指导师范生扎实开展教育实践的责任，对提高师范生实习质量有一定的积极意义。但是也应该看到，对学校和教师的考核是一项系统工程，随意增加考核项目，不利于教育部门对学校和教师实施科学、公正的评价。

首先，并不是所有学校都有能力接纳师范生进行教育实践，教育部门也不可能每年把参与实习的师范生平均分配到辖区内每一所学校。这就造成有的学校在评估时有这一项加分，有的学校没有，人为地拉开了学校之间的差距。况且，在条件允许的情况下，接纳师范生教育实践也是学校应尽义务和重要责任，不宜作为特色学校评选加分项目。

其次，并不是所有教师都有能力指导师范生教育实践。教师水平参差不齐，教学上各有风格和特色，学校在安排指导教师时，不可能普降"毛毛雨"，让全校教师每人带一个，而是选择那些教学经验丰富、有一定指导能力的教师担任指导教师。没有带实习生的教师考核时就没有这项加分，评奖评优和晋升职称时可能因一分之差而与荣誉和职称失之交臂。而且，部分不带实习生的老师，并不是没有能力带实习生，而是学校没有安排，比如教高三的老师，几乎都是学校的教学骨干，为了使他们集中精力抓好教学，一般情况下学校不会安排他们带实习生。

怎样做才能保证既调动学校和教师的积极性，又保证师范生教育实践的质量？笔者建议：一是地方教育行政部门要统筹规划，筛选一批办学质量高、师资力量雄厚的学校作为师范生教育实践基地，不将这项工作纳入中小学工作考核，而是制定专项评价标准，让这些学校单就此项工作进行公平竞争。每年评选一次先进基地，对其进行表彰奖励，或给予适当的政策扶持。二是在学校内部，让教师轮流担任指导教师，确保每人都有指导实习生的机会，每年评选一次优秀指导教师，进行适当的物质和精神奖励，而不是将此项工作纳入教师业绩考核，也不是将此作为教师评奖评优和职务（职称）晋升的重要依据。

让学生"当校长"是个不错的主意

据报道，浙江衢州一所乡村初中有7名"学生校长"，他们可以部分代替老师和校长，行使管理同学的权力。学校称，此项制度的目的是让学生学会自我管理，这比直接由老师管理要有成效得多。

早在1919年，陶行知先生就提出了学生自主管理的问题，只不过他当时的提法是"学生自治问题"。苏霍姆林斯基也曾说过："没有自我教育，就没有真正的教育。"这所初中的做法，有利于发挥学生自主管理的能动性，是真正意义上的学生自我教育。其优势表现在以下几个方面：

一是符合中学生心理成长规律。中学阶段是一个人知识学习、技能储备、个性品质形成的关键时期。处于这一阶段的孩子思维活跃，判断能力和组织能力等都已初步形成，他们渴望来自成人、同龄人的认同，渴望被关注，尤其渴望表现自己。让学生"当校长"，恰好满足了他们自我发展的需求，容易调动参与的积极性。

二是符合未来社会对人才的需求。从社会发展变化的角度看，主体性既是人的本质力量所在，也是未来社会所需要人才的核心要素。自主型、创新型人才需要具备自我教育、自主管理、自我成才、自主发展的能力，让学生"当校长"，有利于这些能力的锻炼和生成。

三是能充分挖掘学生自身的潜力。让学生"当校长"，可以学到一些课本上没有的管理知识，有更多思考和解决问题的机会。他们可以把创造性思维渗透于每一个管理环节中，最大限度发挥自主管理对自身的约束、激励和引导作用，让学生真正成为学习的主人，自我成长的主宰。

四是有利于提高学校管理水平。让学生"当校长"，可以充分发挥"学生校长"与全体学生密切联系的优势，真正了解学生的所思、所想。学生自我管理组织作为校长和学生联系的桥梁和纽带，可以将学校的办学理念和办学精神在学生中广泛宣传并加以贯彻执行。作为学生的代言人，他们能及时向学校反映学生中有代表性的意见和建议，让学校在管理和决策中有的放矢，提高管理效能。

需要指出的是，在实施学生自我管理的过程中，学校要注意两点：一是要放开手脚，充分信任学生，尊重"学生校长"们提出的意见和建议；二是要教育学生处理好管理和学习之间的关系，毕竟学生的主要任务是学习，在引导他们抓好管理工作的同时，要鼓励他们在学习上也出类拔萃。

学校管理不仅仅是"堵漏洞"

学校管理中，许多校长习惯于"堵漏洞"，喜欢头痛医头，脚痛医脚，不思考从根本上解决问题的办法，结果大大影响了管理效能。

有这样一则历史故事，春秋时期，楚国的令尹孙叔敖在苟陂县一带修建了一条南北水渠。这条水渠又宽又长，足以灌溉沿渠万顷农田。可是一到天旱的时候，沿堤的农民就在渠水退去的堤岸边种植庄稼，有的甚至还把农作物种到了堤中央。等到雨水一多，渠水上涨，这些农民为了保住自家的庄稼和渠田，便偷偷在堤坝上挖开口子放水。一条辛苦挖成的水渠，被弄得遍体鳞伤、面目全非，并且因决口经常发生水灾，变水利为水害了。面对这种情景，历代苟陂县的行政官员都无可奈何。每当渠水暴涨成灾时，便调动军队去修建堤坝，堵塞漏洞。后来宋代李若谷出任知县时，也碰到了决堤修堤这个头疼的问题，他便贴了告示说："今后凡是水渠决口，不再调动军队修堤，只抽调沿岸的百姓，让他们自己把决口堤坝修好。"这条布告贴出以后，再也没有人偷偷地决堤放水了。

这看似一个有趣的故事，实则包含着深刻的管理方面的道理。为什么李若谷能解决这个"头疼"的问题？关键在于他能转换思路，设定了一个既为老百姓接受，而又事关他们切身利益的目标，并让他们进行自我监督、自我管理，从而取得了良好的效果。这则故事至少给我们以下几个方面的启示：

一是对于学校管理中悬而未决的"老大难"问题，不能仅仅沿袭老办法，而要在广泛调查研究的基础上，寻求解决问题的新方法。老办法可能对解决问题暂时有效，但不能从根本上去除隐患。因此，学校管理是一个不断求变、不断求新的过程。

二是要制定一个为广大教职工普遍认同，而又事关他们切身利益的管理目标。"修好堤坝"这一目标的设定，事关老百姓的人身安全和财产安全，所以他们乐意做这项工作。但是，纵观许多学校的办学目标却不是这样的，大都是领导者闭门造车、挖空心思想出来的。这些办学目标、办学理念虽然贴在墙上、挂在楼上，而全校教职工却并不知晓其中的含义，更不用说内化为他们的实际行动。这些的办学目标严重脱离教师和学生实际，师生不能通过目标的实现得到实实在在的利益，不能促进自身发展，因此他们在工作和学习中便失去了主动性和创造性。你提你的目标，我有我的行动，问题依旧是问题，管理便失去了应有的效力。

三是管理要把自律和他律有机结合起来。变"军队修堤"为"老百姓自己修堤"，这是李若谷的聪明之举。管理的最高境界是自律，即由制度管理走向文化管理，让全体员工为了实现共同的目标而自觉行动。自律要求教职工心中时刻装着集体利益，他律要求用集体利益不断约束个人利益。学校管理中要让广大教职工时刻想着学校发展是每一个人的事情，而不仅仅是校长和学校其他领导的事情。每一个人都是学校这台大机器为实现共同的办学目标而高速运转的一个重要组成部分，个人的失误或者懈怠都将影响团体的整体效能。

考试作弊何以成了"教育手段"？

> 近日，一位基层老师在媒体发表评论文章说，在很多基层中小学，除非是老师自己组织学生考试，无须参加与其他班级或者外校的评比，老师才会认真监考，尽量杜绝作弊现象。这种现象尽管在各地表现的严重程度不一，但都有存在。

笔者曾分管全县义务教育质量监测，每学期期末考试后，都要处理几起考试作弊事件。其中，有些来自学校，有些来自班级和学科，还有些来自学生个人。在这些事件中，各种"奇葩"的作弊手段应有尽有。

某镇一所偏远地区小学的各科成绩在某一年特别优秀，并因此进入了全县教学工作会议表彰的行列。但此时有家长来信反映，学校在安排考试座位时故意将"好学生"和"差学生"配对穿插，以方便"差学生"抄袭。为了核实这一情况，我们用同一套试题对这所学校的学生进行重新考核。结果发现，学生成绩的平均分竟和原来相差30多分。

为什么在基层学校和教师会出现如此"奇葩"的作弊手段？我想，最根本的原因是以学生考试成绩为主要依据的评价方式。教育局在评价学校时往往按"一分两率"（学生考试成绩的平均分、优秀率、及格率）给学校排名，位次靠前的就是先进单位。学校在评价教师时也是依据学生的考试分数给教师排名。正如开头所提到的文章中所说"很多时候，考试与其说是考学生，不如说是考老师。学校内部组织考试时学生作弊，成绩高了，老师的绩效工资、奖金自然就高了。"这就使得有些学校和教师为了自身的名誉，教给学生作弊的各种方法。"作弊"自然也就成了一种"教育手段"。

然而，考试"作弊"的危害不言而喻。考试是检验教学效果的有效方式，学生的考试成绩是教师用以分析一段时间内教学得失的第一手资料。对真实考试数据的分析，有利于教师改进教学，提高教学质量。但是，学生通过"作弊"取得的假成绩会让教师被表面现象所迷惑，对自己的教学做出错误的判断，以至于贻误学生的前程。

此外，从2016年开始，高考作弊已经"入刑"。学生如果习惯了平时考试作弊，就很有可能会在参加中考和高考时作弊，这岂不是害了学生的一生？因此，对学生进行"诚信应考"的教育势在必行。

学校要完善各种考试制度，严肃考风考纪，让学生明确作弊的危害。同时，对学校和教师的评价方式，教育部门要加大改革力度。不以学生的考试成绩作为评价学校和教师的唯一依据，而将过程性评价和终结性评价结合起来，注重对学生学科核心素养的提高。另外，教育部门还要建立严格的考试作弊问责体系，对那些监守自盗、故意教给学生作弊办法的老师严惩不贷，以正考风、树学风。

让老师学会"玩"，更要让他们知道"玩"什么

江苏省苏州第十中学校长、特级教师柳袁照认为，一些学校在鼓励教师专业发展、敬业奉献的时候，忘了保护、发展他们的兴趣爱好。所以，当教师退休了、空闲了，寂寞、孤单就伴随着他们了。归结起来，都是因为教师只会上课，不会"玩"。

在他看来，教师最重要的素养是"诗性"；除了掌握专业技能，好教师还要拥有自己的绝活。而学校要创造条件让教师学会"玩"，以自己的"玩"带动孩子们的"玩"，在发展学生的过程中发展自己，从而达到师生共同发展、共同成长的美妙状态。

笔者很赞同柳校长的观点。子曰："志于道，据于德，依于仁，游于艺。"（《论语·述而第七》），虽然这是孔子对学生提出的要求，但也完全适用于教师。"志于道"就是教师要立志高远，具有崇高的教育理想和抱负；"据于德"指教师要按照《教师职业道德规范》做人做事，不断

提高自身道德修养；"依于仁"指教师要有仁爱之心，真诚地爱学生、爱教育；"游于艺"指教师在发展自身专业技能的同时，还要在"艺"的领域里自由行走，游刃有余，即教师在业余时间里要学会"玩"，有自己的一项或几项绝活。

教师的"玩"绝不同于一般意义上的"玩"。教师在业余时间里喝酒、打牌、上网玩游戏、逛街是一种"玩"，读书、写文章、练书法、锻炼身体是另一种"玩"，前者对教育教学工作非但毫无益处，反而会影响身体健康，消磨意志；后者与教师从事的工作直接关联，既锻炼了身体，又丰富了自己的精神生活，这应该是教师"玩"的主要内容。

以我为例，在学校当语文教师时，我有两大业余爱好：一是读书、写文章；二是练书法。我几乎把自己所有的双休日、节假日和下班以后的时间都交给了这两大爱好。每天晚饭后，一盏孤灯、一杯清茶、一支毛笔、一本字帖，伴随我在书法的"黑白世界"里自由游走，写累了就躺在床上看一会儿书，或者坐在电脑前，敲打一篇自己想说的文字。几十年过去了，依然痴心不改，虽然没成什么"家"，但也有几十篇文章在各类教育教学期刊上发表，并被吸收为山东省教育书法家协会会员。更让人欣慰的是，这种形式的"玩"助我成长为一名优秀语文教师。每当接手一个新班，学生往往会被我的学识和书法艺术折服，然后逐渐喜欢上语文这门学科。

对于校长来说，倡导教师学会"玩"，更要让教师知道"玩"什么，要体现对教师个性、特长的尊重。具体而言，要从以下几点着手：

其一，要引导教师分清哪些是健康的兴趣爱好，哪些是不健康的兴趣爱好。凡是对教师专业成长和身心健康有利的兴趣爱好，校长都要毫不犹豫地支持，对于那些不健康的兴趣爱好，校长帮助其分清利弊，并做好正面引导。

其二，要创造条件，为教师提供展示特长的空间。学校教师队伍人才济济，校长要利用好这些资源，充分挖掘每一位教师的特长，让他们有用武之地。可以通过开发校本课程、开设研究性学习等方式，为他们提供展示特长的舞台，进而丰富学生的课余生活。我县一所中学的一名物理教师，业余时间喜欢剪纸，作品曾获全国大奖，学校充分利用这一资源，专门为他建立了"剪纸工作室"，并让他开发了"剪纸"校本课程，目前他辅导的多名学生获得省级以上大奖。

其三，要处理好"主业"与"副业"的关系。无论如何，教师的主业仍然是所教学科的教学工作，不能因为发展个人的业余爱好，荒废了自己的教学主业，影响了学科教学质量。(此文发表于2016年9月26日《德育报》、2016年第10期《陕西教育》(综合版))

除了"物质激励"，学生更需要"精神激励"

2016年的诺贝尔奖于斯德哥尔摩时间10月5日至12日陆续公布，历年获奖证书在微信上受到网友围观。这些精美的证书画风多元，除了传统的版画、装饰画和油画以外，还有富有现代艺术气息的水彩、抽象画、波普风设计，等等。

无疑，这些风格多样的获奖证书，对获奖科学家来说，是一种超越物质奖励的精神激励，它既是科学家摘取科学王冠的身份证明，也是激励科学家再攀科学高峰的一笔精神财富。

看到这些精美的获奖证书，我想起了小时候的"三好学生奖状"。每年将要放寒假的前几天，学校都要依据学生德、智、体三个方面的表现评选"三好学生"，被评上的发一张带有自己名字，并盖有学校鲜红印章的奖状，高高兴兴地回家过年。父母把我每年得到的奖状贴在堂屋的东墙上，从小学到中学，这些奖状居然贴了满满的一墙，成了父母向亲戚朋友炫耀的资本。现在想来，这些奖状虽然设计简单，但它们伴随我走完了青少年时期漫漫求学之路，对我的成长确实发挥了很好的激励作用。

记得有一位特级教师说过这样一句话，教育的第二个名字叫作"激励"。学校无论发奖状也好，还是发证书也好，都是激励学生奋发向上的一种手段。当然，这些奖状或者证书如果能像"诺贝尔奖"证书那样，设计得再精美一点儿，或者个性化一点儿，将会对学生发挥更好的激励作用。

教师对学生而言，除了这些物质方面的激励以外，笔者以为还要拿起精神激励的武器，才能更好促进学生健康发展。

北京光明小学刘永胜校长曾倡导过一种"我能行"的教育模式。刘校长在"我能行"的教育探索中，为老师们总结了激励学生自信心的八句话：相信自己行，才会我能行；别人说你行，努力才能行；你在这点行，我在那点行；今天若不行，争取明天行；不但自己行，帮助别人行；相互支持行，合作大家行；争取全面行，创新才最行。

"我能行"，看似简单的三个字，却内涵丰富，坚定了学生学习、做人、做事的自信心，成了激励光明小学的全体师生培养良好行为习惯和塑造优良心理品质的行动口号，最终变成了学校的文化，这样的精神激励胜过任何形式的物质激励。日常教育教学工作中，当学生在学习或生活上遇到挫折，自信心不足时，我们不妨也借鉴一下刘永胜校长的做法，勇敢地对学生说一句："你能行，通过努力，你一定能非常优秀！"

对学生进行精神激励的方法还有很多，教师一个鼓励的眼神、一句温馨的话语、一个率先垂范的行为，都可能成为激发学生积极向上的内驱力。我在担任班主任时，曾尝试过通过改变"称呼"激励学生的方法。具体做法是：

对于某一方面有特长的学生，直接称呼其专长。比如一名学生体育成绩突出，直接称呼他为"体坛新星"；唱歌好的称他为"小歌唱家"；画画好的称他为"小艺术家"……这样的称呼关乎学生的兴趣爱好，有利于学生特长发展。

对于一些个性特征非常鲜明的学生，给他一个好听、文雅的别称。比如戴眼镜的学生，以前总会被同学叫作"小四眼"，这是一种不雅并带有侮辱性的绰号，而如果称呼他为"小学究"或"科学家"等，就会让他感到自豪。

喊学生名字时，只称名不称姓。比如名字叫"王书豪"的学生，在课下交谈或课上提问时，像父母一样，只叫他"书豪"，这种亲切的称呼，拉尽了师生之间的距离，对学生也是一种有效的激励。

特色学校建设不是随意喊喊口号那么简单

近日，浙江省兼职督学胡加良撰文指出，一些教育名家对当前学校里创建特色嗤之以鼻，他们认为，但凡创建特色的学校就是"反教育"，都是出于政绩的考虑，都是"折腾"。然而，胡加良认为学校要有办学特色，不是一时心血来潮，而是时代的需要和对现实教育的清醒把握，"特色本无罪，罪源在于只为特色而特色的形式主义"。

在我们身边，总有这样一些学校：因为让学生打乒乓球，所以常常夸耀自己的学校是乒乓球特色；开设了机器人课程，所以称自己的学校为科技创新特色……更不可理解的是，有的地方为了落实"一校一品"和"一校一特色"口号，让学校耗时耗力"申报特色"、教育主管部门不停地"评估特色"、媒体推波助澜地"宣传特色"。学校"特色"需要申报吗？是教育主管部门评出来的吗？追求特色就不需要规范办学了？特色和规范之间到底是什么关系？

我从小比较喜欢书法，从上小学开始，就一直利用业余时间练字，如今算来，断断续续也坚持了几十年，但我至今也不敢妄谈形成了自己的书法特色，因为只有真正的书法家才有自己的特色，所以我仍然坚持每天临帖，向古人学习，向规范学习。

有特色的字并不一定都是好字，也并非是严格意义上的书法。广义上讲，每个人写的字都有各自的特色和面目，笔迹学就是研究如何区分每个人的书写特色，进而确定人的不同身份。这样的特色与人的性格有关，就好像人的指纹，有不可复制性。但是，这样的特色却不能被称为书法特色，因为这样的特色人人皆有，而且有好坏、美丑之分。要真正形成自己的书法特色，必须坚持向古人学习，向优秀碑帖学习，在规范的基础上追求特色。

有一段时间，有人以书法创新为名，认为现代书法要有现代面目，字写得越丑就越有个性。于是，有些所谓的书法家为了追求特色，为了尽快出名，不再向古人学习，也不再临帖了，而是任性挥洒，信笔乱涂，导致书法界丑书恶札横行，不仅败坏了书法创作的良好风气，而且践踏了书法这一优秀的民族文化遗产。事实证明，丑书恶札绝不是特色，也不能称为书法艺术。

特色学校建设也是如此，学校初级水平的特色也有好坏之分。事实上，由于校长不同的经历和性格，再加之学校不同的地理位置，每一所学校在常态下，都有不同于其他学校的地方，但是这些不同不一定就是学校特色创建的目标，因为这些不同有的符合教育规律，有的可能与教育规律背道而驰，如果一味地为特色而特色，误将错误的东西放大，这无异于书法上的丑书恶札横行，岂不好心做了坏事？

特色学校建设也应该像书法学习一样，走"先规范，后特色"的发展之路。在规范阶段，学校既要学习国家的教育方针和政策，坚持按教育规律办学，又要像临摹字帖一样，学习历史上和现当代先进学校的办学经验，有时候不妨采取拿来主义，经过长期的模仿、研究、消化、吸收，最终内化为自己的东西，然后再结合本地、本校的实际，提出一些符合时代要求的教育理念，并长期坚持，做到人无我有，人有我优，才能最终形成自己的办学特色。

由此可见，特色学校建设绝不是一蹴而就的事情，更不可操之过急，它有一个相当长的向规范学习，并逐步建立规范、形成特色的过程。妄想超越这个过程，今天提出一句口号式办学特色，明天就宣布是特色学校，这样的特色创建，无异于痴人说梦。

学校文化建设要尊重学校传统

在《论语》中，孔子说过这样一句话："夷狄之有君，不如诸夏之亡也。"意思是："夷狄文化落后，即使华夏诸国没有君主，也比有君主的夷狄文明程度高。"

在古代，中原地区以外的部族叫作"夷狄"，东方的叫作"东夷"，西方的叫作"西戎"，南方的叫作"南蛮"，北方的叫作"北狄"。孔子认为，东夷、西戎、南蛮、北狄四个部族虽然也有君主，有部落首领，但没有文化，是蛮荒之地，不如中原地区，虽然历经夏、商、周这些朝代，一代代君主都灭亡了，但是有礼乐文明在，即使没有国君，这种文化传统也会代代相传，千古不朽。

事实正如孔子如言，从古至今，中原地区虽然经历过无数个朝代的更替，中华文化却以它生生不息的顽强生命力延续几千年传承下来。尽管历史上中原地区曾经被少数民族统治过，如"五胡乱华"和"满族入主"之类，其结果是中原文化自然而然地同化了少数民族文化，从而使后者失去了原有的文字、语言等。这说明，文化的力量是巨大的，不管政治体制、国家制度如何变革，都很难改变一个民族长期形成的文化传统。

学校其实也是这样。一所学校如果形成了优秀的文化传统，即使更换校长，学校也会沿着科学的轨道健康发展。事实证明，低层次的管理是行政管理、人治管理、制度管理，而高层次的管理则是文化管理。一所学校一旦形成了独具特色的文化，它就会自然而然地影响和约束全体师生的思想和言行。文化具有自觉性，它会对身处这种文化环境的每一个人产生潜移默化的作用；同时还具有延续性，一所学校形成的优秀文化，不会因为校长的更换而发生改变，谁如果想另起炉灶，全盘否定学校已经形成的优秀文化，必然会得到失败的惩罚。因此，校长要重视学校文化建设，牢固树立以文化立校的意识。

以文化立校，首先要尊重学校的办学传统，做好学校优秀文化的挖掘、总结和梳理工作。刚刚上任的新校长，不要急于否认前任校长的工作，要静下心来，想一想这所学校通过历任校长的努力，最成功的经验是什么，教职工最认同的价值观是什么，采用什么方法能把这些好传统继承下来。

这并非不让校长创新。创新应在继承优秀传统的基础上进行。新和旧虽然是一对矛盾，但它们常常会统一在一起，没有旧，就无所谓新；同样，没有继承，也就无所谓的创新。在学校文化建设上，校长对学校优秀文化传统进行一番梳理后，就要进一步思考：当今时代的特点是什么，新时期国家的教育方针是什么，当前学校教育最大的问题是什么，如何在新形势下将学校的优秀文化传统发扬光大，等等。在此基础上，再提出治校的思路。这样的创新既没有脱离传统，又具有时代特色。

　　以文化立校，其次需要校长具有恒久的耐心和勤于反思的能力。学校文化建设不是一朝一夕的事情，不能朝令夕改，需要校长和全体教职工长期坚持，每一位成员都有责任与违背学校文化精神的人和事进行斗争。学校发展最忌讳跟风赶潮，校长要具备较强的反思和辨别能力。学校文化建设不排斥学习他人优秀的东西，但面对外界各种各样的创新、改革经验，要善于甄别、借鉴，使之与本校的文化精神真正融合，这才是正道。

第三部分

德育纵横

人无德不立。早在民国时期，陶行知先生就给我们留下一道作业题，他说："我们希望担任训育的人，要打破知识、品行分家的二元论，而在知识、品行合一上研究些办法出来。"坚持立德树人，要更加注重以德为先，结合时代特点，完成陶行知先生留给我们的这道作业题。

拯救"诚信"是全社会的责任

昨天，《2014年中国都市青少年发展报告》（以下简称《报告》）在上海师范大学正式发布，报告选取了北京、上海、广州等10个都市，以工作生活在这些都市的14～35周岁青少年为抽样总体。《报告》指出，在校青少年中，受教育程度越高，诚信观水平越低，半数青少年认为讲诚信会吃亏。具体表现为：对诚信原则的认同强度、诚信的契约意识、对"因利失信"的反感强度均受教育程度的上升而下降。在职青年的诚信观水平又低于在校青少年，呈现出逆向发展态势。

诚信，这是一个常说常新的话题。人人都知道，诚信是一种美德，是维系美好人际关系的桥梁和纽带，是促进社会和谐进步不可或缺的重要因素。然而在物欲横流的当今社会，我们不得不承认，尽管这一美德在许多人身上还时而放射出耀眼的光芒，但在多数人心目中，诚信却早已变成一种多余的奢望，因为许许多多触目惊心的事实让人相信这样一种社会现实——诚信的人时常被骗，老实人经常吃亏。一个人在工作中讲诚信、脚踏实地又能如何？领导能看在眼里吗？还不如那些巧舌如簧、天天围着领导转悠的人能有好结果，"诚信""老实"在现代社会中成了贬义词，几乎与"傻子"同义。

就整个社会而言，不诚信的人和事时有发生。假药、假牛奶、假食品等欺诈案件经常爆料，走进商场，你一不小心就可能买到加入过量滑石粉的面粉、面条；在星级宾馆就餐，你吃得津津有味的美味佳肴可能是用地沟油制作的；你品尝的美酒可能是用工业酒精勾兑的；在各级各类的"优秀"评选中，摆在你面前获奖证书上的鲜红公章可能是街头小贩用废旧橡胶雕刻出来的，水平不凡的论文可能是改头换面抄袭而来的。甚至有的地方还出现了"假人"，据说某地一副局长几年前因私吞公款获刑，潜逃至附近某县，隐姓埋名，后来考取当地公务员，一路飞黄腾达，又擢升到某局长位置，要不是"严打"，恐怕他的身份也不会暴露。人都能作假，试想社会上还有哪些东西是真的，这个社会还有多少"诚信"可言？正因为这些活生生的反面教材，才导致"半数青少年认为讲诚信会吃亏"。

诚信的缺失从根本上说意味着整个社会道德滑坡，医治这一病症的方法有三种：一是靠法制，二是靠教育，三是靠舆论。政府有关部门要制定严厉的法律，毫不留情地打击那些制假、造假的不法商人，尤其是药品和食品领域的造假，发现一起严惩一起，情节严重的，杀头也不过分，因为他们制造的这些东西，本身就是在危害人的生命。教育属于上层建筑，教育虽然不是万能的，但没有对公民的诚信教育，也是万万不能的。学校和家庭要从小培养孩子的诚信品德，在引导学生扎扎实实地学习科学文化知识基础上，将诚信教育贯穿日常教育教学活动中，正如陶行知先生所说的那样："千教万教教人求真，千学万学学做真人。"舆论的力量是强大的，电视台、报纸杂志、网络等各种宣传媒体，要弘扬正气，激发正能量，多宣传和报道一些有关诚信的人和事，营造一个全社会讲诚信、以诚信为荣的良好舆论氛围。同时，政府各级管理部门，尤其是单位的"一把手"，要把诚信、扎实、创新作为一条选人用人的重要标准，亲贤远佞，让老实人不吃亏，让投机取巧者无机可乘。

做教育的人须搞清楚：道德是可以量化的吗？

长期以来，许多学校管理者打着调动师生积极性的幌子，在管理中习惯用数据说话，以名次奖惩。在他们看来，量化评价是最科学的评价手段，学校的一切工作皆可以转化为数据，教师的职业道德、学生的思想道德都可以通过评定，变成一堆冷冰冰的数字。学期结束时，名次一排，数据一摆，教师和学生都无话可说。我曾经见过一所学校的《学生综合素质评价方案》，该方案涵盖了学生思想品德、日常行为、学业成绩等方方面面的要求，并制定了严格的加分、扣分标准，其中就有拾金不昧的加分要求。据说，有个别学生为了给班级挣量化分，不惜把自己家的钱和物上交给学校。我们不禁怀疑，拿父母的血汗钱为班级赢得虚名，这样的同学品德就高尚吗？这种以量化为主要手段的评价方式是否真的科学？

前几年的一则报道称：9岁的小东在某小学读3年级，4月10日放学后他在路边捡到50元钱，马上想到要把钱交给学校。可小东让妈妈把50元钱换成10张5元的，想分10次交给学校，因为拾到5元钱交学校就可以给班级加5分。

拾金不昧是中华民族的传统美德，9岁的小东拾到钱后首先想到是马上把钱交给学校，说明这一美德已在小东心灵深处开花结果。但令人啼笑皆非的是随后发生的事情，为了能给自己的班级多挣量化分，孩子竟然想出将钱分10次上交给学校的主意。这似乎有点"黑色幽默"的感觉，透过这一现象，我们不得不拷问一下许多学校正在实施的对教师和学生的量化管理、量化评价，难道连"道德"也是可以随便量化的吗？

对人的评价并不是什么都可以用数据说话，起码人的道德素质是不能随便量化的。比如甲、乙两名同学，在期末思想品德评定中，甲被同学们评定为90分，乙被评定为87分，你能保证甲同学就一定比乙同学思想素质高？我看未必，相差的这3分可能有许多人为因素和性格因素，有的人喜欢表现自己，在同学中人缘好，自然就能得高分，但思想道德素质不一定高；有的人性格内向，有时候还喜欢耍小脾气，使小性子，自然得分就低，但思想道德素质不一定就差。人的思想道德素质通常指潜伏于人心灵深处的道德感、责任感等，它往往通过人日常恒久的行为或在关键时候表现出来。因此，评价人的思想道德素质不能仅仅用量化手段，强而为之有时会适得其反。

其实，用量化手段评价人的思想道德素质也是最简单、最不负责任的做法，道德评价不是一件简单的事情，绝不能以量化了之。道德评价的关键在于科学的引导和有效的规范，既要让学生知道做什么、怎样做，又要让学生知道为什么这样做，从而真正使道德信念深入学生的心灵深处，转化为学生的日常行为，而不在于名目繁多的扣分、加分政策。

《论语·为政策二》中有这样一句话："子曰：'道之以政，齐之以刑，民免而无耻。道之以德，齐之以礼，有耻且格。'"意思是说，靠行政命令来引导，用刑法来震慑惩戒，那么，老百姓虽会想免于刑罚但不懂羞耻；用道德来引导，用礼节来规范，老百姓就会有羞耻心并且心悦诚服。治理国家是这样，对学生的道德评价不也是这样吗？

"诚实守信"是立业之本

24岁的李中洲终于从武汉科技大学毕业了。大二那年他替人代考被学校开除，复读重新考回武汉，再申请转学终被母校接纳。靠诚信的自我救赎，李中洲自揭伤疤，获得用人单位提前录用。在这个毕业季，他的故事一传开，就在校园里赢得了无数的师生点赞。

"诚实守信"是人立业之本，也是立身之本。李中洲之所以被用人单位提前录用，靠的就是诚信。一个人在社会上行走，如果不具备诚实守信的美德，他将寸步难行。

当今社会，假货充斥市场，有些不法商人为了牟取暴利，造假几乎达到丧心病狂的地步。他们可以在孩子常用的奶粉里加入化学药品三聚氰胺，毒害年幼的生命；为了提高瘦肉率，他们可以让猪吃瘦肉精，让吃肉的人吃出一身毛病；为了让蒸出的馒头既白又好看，他们可以在面粉里添加滑石粉……可以这样说，凡是能吃的东西，几乎都有人在造假，假鸡蛋、假煎饼、地沟油……凡此种种，没有一样东西让人吃得放心！

商品造假已经扰乱了市场经济秩序，让人深恶而痛绝，更可笑的是位于神圣殿堂之上的"学术造假"，全国科技创新奖居然也会出现假货。前段时间，"打假勇士"方舟子因学术打假，竟然遭遇当事人殴打。在这些事实面前，我们不禁要问：中华民族诚实守信的传统美德哪里去了？

早在两千多年以前，孔子就曾说过这样的话："人而无信，不知其可也。大车无輗，小车无軏，其何以行之哉？"意思是"一个人不讲信用，不知道他怎么能在社会上立足。就好像大车上没有輗，小车上没有軏一样，它靠什么行走呢？"

是到了应该大力弘扬"诚实守信"传统美德的时候了！对于那些不诚实、不守信的行为，必须通过法律的手段，出重拳严厉惩处；对于那些不诚实、不守信的人，必须让他们变成过街老鼠，人人喊打，让他们在社会上无立足之地！

《青少年思想品德教育读本》引用了这样一则历史故事：秦末有个叫季布的人，一向说话算数，信誉非常高，许多人都同他建立起了深厚的友情。当时甚至流传着这样的谚语："得黄金百斤，不如得季布一诺。"（这就是成语"一诺千金"的由来）后来，他得罪了汉高祖刘邦，被悬赏捉拿。结果他的旧日朋友不仅不被重金所诱惑，而且冒着灭九族的危险来保护他，使他免遭祸殃。一个人诚实守信，自然得道多助，能获得大家的尊重和友谊。反过来，如果贪图一时的安逸或小便宜，失信于朋友，表面上是得到了"实惠"，实则失道寡助。

教育肩负着培养学生良好品德的光荣使命，诚实守信是德育的重要内容。为了将来学生能在社会上立业行走，要教育学生忠诚老实，不讲假话，不歪曲事实，不隐瞒自己的观点，光明磊落，做事实在；要遵守诺言，讲信誉，重信用，履行自己应承担的义务，从而取得别人的信任。要让学生明白：一个人只有诚实、不说谎、信守诺言，才能够建立起良好的人际关系。如果经常说谎，就像"狼来了"故事中的小孩一样，会让人觉得你的话不可靠，但到你说真话的时候，别人也仍然不相信，那时就后悔莫及了。

教师应如何对待犯错误的学生？

面对犯错误的学生，教师不同的话语内容往往会对学生的心理和行为产生不同的效果。请看下面两则案例：

案例1：在进行语文考试的时候，一名学生有两个成语不会填写，他趁监考老师不注意，偷偷把藏在裤腰里的课本拿出来，低着头查找起来。他不知道是哪一课中的成语，笨拙地一页一页地翻看。监考老师发现后非常生气，悄声走过去，猛地抢走他的课本，瞪着眼，沉着脸，捣着他的头狠狠地说道："瞧你这贼头鼠脑的样子，长大了也是块偷鸡摸狗的料儿！"全场考生都唰的一下把或惊讶或嘲弄的目光聚集到他那里，他感觉到监考教师的话像刀子一样割在他的脸上，火辣辣的难受，他羞红了脸，低下了头，恨不能找个地缝钻进去。

这名学生这次语文考试没有及格，监考老师的话在他脑子里像扎了根似的，时常回响在耳边。从此以后，老师看不起他，同学嘲笑他，他更加心灰意冷，开始自暴自弃，玩世不恭，小学没毕业就因在上课时偷偷把前排女生的辫子剪掉而被学校开除。17岁时他因参与拦路抢劫被管教了，19岁时他又因打架斗殴被派出所拘留。

这是一个真实的故事，恐怕每一个有过求学经历的人都有过与该学生类似的作弊想法和行为，想一想当时你的老师是否也对你说过如此恶毒的话语？如果说了，你当时的感受如何？这是典型的语言暴力，不就是一次平常的语文考试吗？发现学生作弊及时制止，事后再进行教育，晓以利害，就能很好地解决问题，何必如此大动肝火，出口伤人？

这是一个反面的例子，再看一个正面的例子。

案例2：一位教师新接手了一个"乱班"。第一堂课，他满面春风地走进教室，准备宣布几条纪律，给学生一个下马威。但是他突然发现，黑板上有一个大大的"奠"字，顿时火热的心冷却下来，脸上的笑容瞬间凋谢。教室里一片沉静，同学们各揣心思看着老师。片刻之后，他调整好了心情，让微笑重新回到瘦削的脸上。说了这样一番话："这个字是谁的杰作？虽然功底不深但挺有力道，看得出是用心之作。我很欣赏，也很高兴收到这份别出心裁的见面礼。'奠'字有两层含义：一是表示'悼祭死者'；二是表示'打下基础'。我想这位同学的意思是要我们让过去的缺点和失败永远地死去，又希望我们从今天开始努力学习，好好表现，为日后成功打下坚实的基础。不错，一个字就表达了我们全体师生的心愿，是个人才！能认识一下吗？"

话刚一说完，同学们的目光聚光灯般射向全校师生公认的"野马"，他只好扭扭捏捏地站了起来，教师走上前，把手伸向他，说："谢谢你的礼物！来，我们做个朋友。"教室里响起掌声，师生的手紧紧握在了一起。

面对一个不吉利的"奠"字，恐怕很多教师都会大发雷霆，歇斯底里地对学生痛骂一顿，这样做不但于事无补，而且会造成师生情感的对立。这位老师凭借他渊博的学识和春风化雨般的话语，及时化解了眼前尴尬的场面，不仅顺利找到了犯错的学生，而且震撼了全体学生的心灵，这是真正的教育大智慧，也是大境界。

记得海德格尔曾经说过一句话："语言是存在的家。"教师心中有大爱，就不会用暴力的话语刺伤学生。唯有对学生发自内心的真爱，才能使教师在学生犯错时保持克制，并且彰显出自身特有的教育智慧，取得最佳的教育效果。

学生心理问题不能完全依靠"心理健康教育教师"

教育部官网日前公布了《中小学心理辅导室建设指南》（以下简称《指南》），对中小学心理辅导室的建设目标、功能、规格，管理作了具体的规定和建议，明确要求心理健康教育教师享受班主任同等待遇，《指南》同时要求，严格遵循保密原则，保护学生隐私，但在学生可能出现自伤、他伤等极端行为时，应突破保密原则，及时告知班主任及其监护人。禁止强迫学生接受心理测试，禁止给学生贴上"心理疾病"标签。

心理健康教育是学校教育的重要内容，《指南》对学校心理辅导室建设和心理健康教育教师待遇做出了明确规定，凸显了教育部对这项工作的高度重视。但是，我们不要形成这样一个误区：学生一旦出现心理方面的问题，就立即送心理辅导室，交给心理健康教育教师。心理健康教师不可能成为解决全部学生心理问题的"万能钥匙"。

在学校教育中，笔者认为，除了配备心理健康专任教师，增设心理辅导室以外，至少还有以下四个方面的工作要做：一是根据学生的年龄特点，开设心理健康教育校本课程，将教育内容课程化，让学生掌握系统的心理健康知识。二是在学科教学中，尤其是人文学科的教学中，任课教师要结合学科特点，向学生渗透必要的心理健康教育内容，使学生形成正确的世界观、人生观和价值观，热爱学习，目标远大。三是学校要多开展一些健康有益、丰富多彩的系列主题教育活动，让学生在高品位的阅读、案例分析、研究性学习以及灵活多样的文体活动中，体验基本的道德观念，培养学生乐观向上、不怕挫折、勇于负责、意志坚定的健康情感。四是强化学校管理，加强班主任培训，让他们掌握做学生思想工作的科学方法，及时发现学生心理不健康的苗头，通过科学的疏导，驱散学生心中的迷雾。班主任实在不能解决的学生心理问题，可以与心理健康教师及时沟通，协商解决。

更为重要的是，家庭和社会要竭尽全力，时时处处关心、爱护青少年学生脆弱的身心，为他们创造一个心理健康成长的良好外部环境。家庭对孩子的心理影响是巨大的，前些日子，我曾听说过这样一个案例：某校一名初二学生，不满十五岁，死活不想再上学了，原因是他"三合一"的家庭给他带来了沉重的心理负担。据说他还没有出生的时候，他的母亲和前夫离异，带着两个姐姐改嫁给了他的父亲。而他的父亲是因前妻去世才续娶了他的母亲，他和前妻生有两个儿子，婚后又生下了他。一家七口人，姐妹五个，要么同父异母，要么同母异父，只有他是父母亲生的，按理说应该得到特殊的照顾。但事实恰恰相反，两个哥哥和两个姐姐都不和他一个心眼，父母为生计疲于奔命，无暇顾及他，他生活在一条夹缝中，从小无人交流，没有玩伴，渐渐养成了一种自私、孤独、封闭的心理。上学后，他的这一心理逐渐放大，不愿和同学沟通，没有知心朋友，觉得学校生活没有任何乐趣，于是决定退学。

有资料显示，许多问题学生都是由于家庭生活不幸福、父母离异造成的，还有的与父母过于溺爱，或者疏于管教有关。因此，解决青少年心理健康教育问题，不能仅仅依靠心理健康教育教师，应当是班主任、任课教师以及家长的共同责任。

培养学生"健康生活习惯"，学校也有责任

近日，重庆市教科院发布了一项针对义务教育阶段学生健康生活习惯的调查。结果显示，近三成学生营养膳食习惯较差，女生的个人卫生习惯、生活卫生习惯和公共卫生习惯优于男生，而男生的营养膳食习惯优于女生。义务教育阶段学生整体上在营养膳食习惯方面表现较差，近三成学生膳食习惯不良。从关于营养膳食情况的统计可以看出，主要在吃坚果、水产品和喝水三个方面表现出最大的不足。

义务教育阶段是学生身体成长和发育的关键时期，也是培养学生健康生活习惯的最佳年龄段，这一阶段培养起来的良好习惯，将会使学生终身受益。从重庆市教科院发布的调查信息看，教育在培养学生良好生活习惯方面还存在很大欠缺。

有人认为，学生健康生活习惯的培养，是家长的事，与学校无关，学校只要抓好学生的学习就算完成了任务。这一认识听来似乎有道理，但与学校"教书育人"的宗旨相背离。不错，学生课余时间大部分待在家里，家长有责任督促学生形成健康的生活习惯，但学校除了"教书"外，还肩

负着"育人"的重要使命，而学生健康生活习惯的养成，正是"育人"的重要指标。

同时还应当看到，学生健康生活习惯的培养，不仅关乎学生的身心健康，还会影响学习效果。比如，重庆市的调查显示："近八成学生饮水不足"，这就十分令人担忧，是学校没有条件为学生提供饮水？还是学生没有时间饮水？不得而知。众所周知，水是生命之源，人喝的水80%进入血液，对生命健康极其重要。英国科学家最新研究表明，如果人的饮水量不够，就会引起大脑灰质的缩小，从而增加大脑进行思考的难度。很难想象，一个口渴难耐的人，能够集中精力听课学习。

学校培养学生健康生活习惯，要以《中小学生日常行为规范》为指针，将"个人卫生习惯、生活卫生习惯、公共卫生习惯"三项内容细化到学生在校生活的每一个细节，形成"一日生活常规"。什么时间该做什么事儿，学校要提出明确的要求，同时要加强监督和检查，坚持不懈地抓下去，最终使学生由"他律"变为"自律"。对于一些习惯不好的学生，班主任要及时和家长沟通，家校在达成一致的基础上，形成合力，共同培养学生健康的生活习惯。

男女生分区就餐就能防止学生早恋吗？

近日，陕西省神木县中学一名高二学生称，2015年年底学校突然在食堂贴出公告，要求让男女生分区就餐，并且由专人负责检查，一旦发现有男女混坐的情况就会遭到训斥。该校校长回应，这项规定受到了家长们的欢迎，而且自实施以来效果显著，不仅杜绝了不文明现象，进而也防止了学生早恋。

早恋是中学校园里不可回避的一个话题。男孩、女孩到了一定年龄，对异性有好感，相互之间产生爱慕之情，这是自然而然的事情，任何人都没有办法阻止，除非让这个年龄阶段的孩子出家当和尚。作为老师和家长，每每遇到这样的事情发生在自己学生身上，往往感到无能为力，话说过了不行，容易出问题；不管不问也不行，学生一旦沉迷其中，又怕影响了他们的前途。

这所学校要求男女生分区就餐，看上去似乎在这个环节上阻止了男女生之间相互来往，但是学校能阻止他们在其余时间、地点相互交往吗？根本做不到，因为学生毕竟不是生活在真空里。

我并非赞成中学生早恋，早恋的确会对青少年的身心发展乃至以后的人生道路产生负面影响，但我们应该有勇气承认这个现实，至少应当尊重学生的感情，而大可不必避之如洪水猛兽，甚至武断地为其贴上思想"不健康"的标签。爱情和亲情、友情一样，都是世间最美好的感情，作为老师和家长，有责任对学生进行正确的引导，而不是将男女生分开，人为地阻止他们往来。

其实，中学生早恋也是一个世界性的课题，国外的做法不是"堵"而是"疏"，通过对学生进行积极的正面引导，使其明确早恋的危害以及双方应该承担的责任，从而体现出浓浓的人文关怀。因此，对于中学生早恋我们没有必要遮遮掩掩，更不可斥之为思想"不健康"，我倒希望有条件的中学开设"爱情教育"这类校本课程，让学生树立正确的爱情观，引导学生将来走上爱情的幸福之路，这样做既是对学生的现在负责，也是对学生的未来负责。

人文教育跟不上，我们就会缺少"精神免疫力"

在不久前召开的2016年达沃斯世界经济论坛上，哈佛大学校长德鲁·吉尔平·福斯特接受媒体采访时说："教育的目的，并不是要训练学生为了某种单一工作而努力，或者一毕业就找到工作。"他认为，人文教育非常重要，其目的"是要发展学生的批判性思维、创意以及自省能力。而这种思维和能力，在各种经济、社会和环境的变迁中都将持续"。

福斯特校长的这番话，强调了对大学生进行人文教育的重要性。笔者认为，人文教育不仅大学要抓，中小学也应当抓好，不仅要发展学生的批判性思维、创意以及自省能力，更为重要的是培养学生的爱国情怀和民族精神。

原华中科技大学校长杨叔子院士1982年在美国一所大学访问期间，有几个华人教授对他说：内地教育有一个缺陷，内地留学生ABC很好，XYZ很好，也懂得美元、英镑，就是不太了解长城、黄河，也不太了解文天祥、史可法，一点也不知道《史记》、四书、《资治通鉴》。请问，这种学生毕业出来后，能为中国服务吗？能为中华民族服务吗？

这段话说得十分形象，问得也非常精彩。"ABC"很好，是说英语学得很好；"XYZ"很好，是说数学等专业知识不差；"懂得美元、英镑"，是说这些学生有经济头脑；"不太了解长城、黄河，《史记》、四书等"，是说他们不了解中国的地理，不了解中国的历史和文化。这样的人，即使毕业后在美国能找到一份赚钱的工作，他们也不会为自己的国家和民族服务。

这绝对不是杞人忧天，改革开放以来，我们有不少人才流失到海外。为什么会出现这种情况？原因可能是多方面的，如物质待遇、科研条件等，但更为重要的是，他们缺乏基本的人文素养。这些人与蔡元培、陶行知、钱学森、邓稼先等老一辈教育家和科学家相比，缺乏爱国情怀和民族精神。他们那一代知识分子都曾接受过中国传统的私塾教育，都读过《论语》，背过四书五经，受过中国传统文化的熏陶，成年后他们都曾到国外留学。然而，当国家需要他们的时候，他们毅然放弃国外优厚的待遇和条件，回国参加建设。他们心里装的是国家民族的未来，这受益于青少年时期文化经典的滋养。

有人说："经典训练的价值不在于实用，而在于文化传统的传承。"这句话非常准确地概括了中小学生学习经典的作用。素质教育不仅要培养学生的科学素养，更要通过对本民族历史、文化的学习，培养学生的人文素养，增强他们精神免疫力。当下，中小学仍把历史、地理等学科当作副科，英语在高考中仍占据重要分量，长期这样下去，学生还有多少时间去阅读经典？他们的人文精神从何而来？

不妨以孝"弟"作为德育工作的突破口

  18岁的吉林女孩李昕岳，原本应该和班里同学一样坐在教室里安心复习准备高考。但2016年元旦，母亲梁永伟被确诊急性淋巴细胞白血病，她最终选择放弃紧张的备考，陪同母亲来京一起与病魔抗争。今年她也会参加高考，但是不管结果如何，她都不会后悔，"妈妈的命比我后半生的幸福重要"。

  也许，李昕岳同学参加今年高考会事与愿违，但是她对母亲这份发自内心的孝心却不得不让人感动，也触发了我们对"孝道"教育的思考。

  在《论语·学而》中，孔子的学生有子曾说过这样一番话："其为人也孝弟，而好犯上者，鲜矣；不好犯上，而好作乱者，未之有也。君子务本，本立而道生。孝弟也者，其为仁之本与！"意思是：为人能做到在家孝敬父母、尊敬兄长，却在外喜欢犯上，这样的人很少见；不喜欢犯上却喜欢造反作乱，几乎没有这样的人。君子要致力于根本，根本建立起来了，做人治国的道理就有了。孝敬父母、尊敬兄长，这就是为"仁"的根本！

  有子即有若，是孔子学生中德行和学问较高的一位，据说孔子去世后，弟子们曾一度尊他为师。在这番话中，有子告诫我们：孝"弟"是人之为人的根本，一个人只有首先做到了孝"弟"，才能忠于国家，忠于人民。否则，便有可能犯上作乱，做出一些危害国家和人民利益的坏事。

  这真是至理名言，大贪官胡长清贪污国家资产几千万元，自己过着花天酒地的糜烂生活，然而他90多岁的老母亲却一直生活在农村，住在几间破草屋里，他每月只给母亲50元钱的生活费，还比不上他抽一包高档烟的钱，而且一分也不多给。这样的不孝之子，怎么可能忠于国家和人民？

  由此我想到学校教育和家庭教育，是否应该把孝"弟"作为德育工作的突破口，教育孩子首先做一个有"孝心"的人，在家孝敬父母，在外尊重长辈，以此为出发点，逐步把学生培养成一个爱国家、爱人民的人。

  德育应该是一种贴近生活、贴近学生实际的体验式教育，而不是"胡子眉毛一把抓"的标语口号式教育。笔者认为，以孝"弟"作为学校德育工作的一个突破口，让学生从孝敬爷爷、奶奶、父母的点滴小事做起，围绕"孝文化"编印一些校本教材，设计系列教育活动，家校联合，共同评价孩子的"孝行为"，定会收到事半功倍的教育效果。试想，一个人如果连自己的父母都不孝敬，他怎么会尊敬别人，热爱人民，又怎么可能谈得上忠于国家和民族？相反，如果一所学校培养出来的学生个个都有"孝心"，那么我敢肯定地说，这些孩子将来无论从事什么工作，都将是一个忠诚的爱国主义者，也一定是一个有爱心和集体荣誉感的人。

家庭也是"孝道"教育的重要场所，在这一点上，应特别强调父母的榜样示范作用。因为父母是孩子的第一任老师，父母如何对待上辈人，孩子会跟着学，不肖子孙的背后一定有一对不孝的父母。曾经听说过这样一个故事，说有一位妈妈特别不孝顺，婆婆年迈有病，多年卧床不起，她让儿子把一个破碗放在奶奶的床头上盛饭，从不刷洗，又脏又破。奶奶去世后，这位妈妈看到床头上的破碗，对儿子喊道："儿子，快把床头上那个破碗扔掉吧！"没想到儿子却说道："妈妈，不能扔，等你老的时候我要留着给你用。"

也许有人会说，讲"孝道"是封建礼教，当今时代过分强调这一点，会束缚孩子的创造力和个性发展。其实这二者不矛盾，"孝"是做人的基本准则，"民主"是当今世界的潮流，在我们国家，没有"孝"做基础，这样的"民主"是危险的，因为谁也不愿意看到我们培养的人"有才无德"，对国家和民族产生更大的危害。

对老师表达敬意何必"跪拜"？

前几天，在北京参加了一个"中华传统文化进校园"专题培训班，一位校长在介绍他们学校经验时，用视频播放了这样一个场景：在开学典礼上，教师面对学生端坐，家长站立学生身旁，全体新生在司仪的主持下，齐刷刷地跪倒在操场上，向老师行"三拜九叩"的大礼。据这位校长介绍说，不仅开学典礼，教师节、学生过生日、家长会都要举行这样的仪式。许多校长看后纷纷表示：太夸张了吧！难道"中华传统文化进校园"就是全盘恢复古代的礼仪？

"跪拜"作为一种封建礼仪早在1912年辛亥革命时期就已经废止，却又在如今这一高度文明、高度民主的社会里重新上演，让人觉得有点可笑。令人深思的是，还有专家学者为这种行为辩护，说什么"中国传统礼仪中，跪拜礼是表示特别敬意的一种方式，对某些特别崇敬的人使用这一礼节是可以的"。难道学生对老师表达特别的敬意就必须要"跪拜"吗？

不可否认，尊师重教是中华传统美德。教师为了教好学生，在教书育人的岗位上默默无闻、呕心沥血、无私奉献，作为学生和家长理应对老师充满感激、感恩之心，也应当对老师表达由衷的敬意，这是人之常情。但是，对老师表达敬意的方式有很多种，可以是一声温馨的祝福，也可以是一个表达学生爱心的小礼物，甚至可以帮助教师做点力所能及的工作，为他们排忧解难，何必非要让学生行"跪拜"礼？况且，很多老师也难以承受这一"跪拜"之重，老师最大的愿望不是让学生给自己磕几个头，是希望自己的学生将来成名、成才，有所作为。可以说，学生对老师表达敬意的最好方式是好好学习，天天进步，全面发展，立志成才，将来不辜负老师的希望。

"跪拜"作为一种封建性糟粕，也反映出师生人格的不平等。学生尊敬老师是应该的，但这并不意味着学生在人格上比教师低人一等。素质教育要求我们尊重学生的人格，把学生当成一个完整的人，这是教育民主化的必然选择，然而学生的这一"跪"，实际上把教师置身于一个高高在上的"权威"地位，意味着学生必须绝对服从老师的管理，但这一服从也可能是一种心口不一的"假服从"。因为今天的学生已经不像封建时代那样，可以"一日为师，终身为父"，他们生长一个开放的社会环境中，随着年龄的增长和知识面的扩展，这一"权威"地位将伴随着他们自我意识的觉醒而逐渐淡出，到那时，想一想小时候对老师的这一跪，会觉得非常可笑。

由此可见，继承优秀中华传统文化不在于全盘恢复古代的繁文缛节，而在于吸收传统文化中的精神营养，融合时代精神，塑造青少年健全的道德人格。"眉毛胡子一把抓"，言必称古，不加选择地照搬照抄古代各种礼仪，是对学生不负责任，也是对传统文化不负责任。

"洒扫应对"也是学校教育的重要内容

> 据海峡网5月17日报道：近日，福州晋安区站北外口小学（民办）的家长刘先生拨打本报热线95060反映，学校安排学生扫厕所，他认为不妥，应由保洁人员来打扫。"我们送孩子上学，目的是学知识，不是去洗厕所的。"

这位家长的话听起来好像十分有道理，不错，学生在学校的主要任务是"学知识"，但不要忘了，"知识"不应该只包括书本知识，还包括以"洒扫应对"为内容的实践知识。学校安排学生定期扫厕所，不仅可以培养学生热爱劳动的习惯，还可以让学生在劳动的过程中体验社会上保洁工作人员的辛苦，学到一些书本上没有的知识。

长期以来，由于家长望子成龙的迫切愿望和片面追求升学率等各种因素的影响，导致中小学生劳动的机会很少、劳动意识缺乏，出现一些学生不爱劳动、不会劳动，甚至轻视劳动的现象。针对这一现实，2015年8月3日教育部公布的一项文件指出：我国拟建立学生劳动评价制度，评价内容包括参加劳动次数、劳动态度、实际操作、劳动成果等方面，具体劳动情况和相关事实材料记入学生综合素质档案，并作为升学、评优的重要参考。学校安排学生扫厕所，是在落实教育部的文件精神，没有什么不妥。

家长之所以反对让孩子打扫厕所，说到底是"溺爱孩子"的心理在作怪。有些孩子在家里一点儿家务活也不会做，生活起居全部由父母或爷爷、奶奶包办代替，来到学校自然就不会从事一些打扫卫生之类的简单劳动。殊不知，这样做实际上是害了孩子，因为孩子毕竟将来要离开父母，走向社会，连自己的生活起居都打理不了，何谈创新精神和实践能力？

劳动教育也是我国教育的优良传统。《学记》云："不学杂服，不能安礼"，所谓"杂服"，就是指"洒扫、应对、进退"之类的琐碎之事。儒家认为，如果孩子不在课外学会这些琐碎之事，就学不好课内的功课和礼仪。古代的孩子从六岁开始读小学，小学就是从这种"洒扫、应对、进退"之类的生活规范学起，这其实就是生活教育、劳动教育。这种劳动教育是学生形成健全人格的保证，没有这种劳动的磨炼，孩子就难以形成不怕困难、百折不回的坚强意志，也不会成为一个真正的人才。

鼓励学生"去大学谈恋爱"是不负责任的误导

      近日，有媒体报道，郑州一中校长在毕业典礼上致辞时说："记得在有些场合悄悄给你们说过，高中不要早恋，因为这是把书念好的时期。""现在和你们要分手了，我要大声告诉你们：大学既是读书又是恋爱的时期，你们不要放弃这个机会！"

    中学毕业典礼上，校长的讲话一般应针对学生下一步的人生和发展提出要求，传递正能量，而这位校长却大声告诉学生"大学既是读书又是恋爱的时期"，并言之凿凿地对学生说"不要放弃这个机会"，意思是要把中学里失去的恋爱机会夺回来，升入大学后每个人都要去谈一场轰轰烈烈的恋爱。无疑，这样的讲话看似接地气，迎合了学生的心理，实际上是对学生不负责任的误导。

    毫无疑问，大学是恋爱的时期，已是成年人的青年学子们，升入大学后，找一个情投意合的对象谈谈情、说说爱，这是他们应有的权利，任何人都无法阻止，大学里没有规定学生不准谈恋爱，有的大学甚至还允许学生在大学期间结婚。但也不要忘了，大学更是读书的黄金时期，人的精力是有限的，如果把谈恋爱当成主业，把学习当成副业，到头来弄个挂科或者毕不了业，实际上就浪费了自己宝贵的青春，既是对家庭和社会的不负责任，也是对个人的不负责任。

    大学是什么地方？大学是为国家建设培养人才的地方。长期以来，我们国家的大学"严进宽出"，而正常的大学教育应该像国外那样"宽进严出"，这并不是一个"用词顺序"的颠倒，而是一个教育观、人才观的差异。校长的这番话实际上是在暗示学生：大学是一个"安乐窝"，上了大学就不需要再努力了，这就给"严进宽出"的大学教育找到了借口。事实证明，想成为一个出类拔萃的人才，不仅在中学阶段要努力学习，在大学读书期间更要付出比中学百倍的努力。中学教育结束了，并不等于为学生的求学之路画上了句号，学生今后还有更长的路要走。因此，作为一名中学校长或老师，应当站在学生未来发展的高度，为学生的大学读书生活指明方向。

大学还是大师云集的地方。林语堂曾有一个形象的说法：理想大学应是一班不凡人格的吃饭所，这里碰见一位牛顿，那里碰见一位佛罗特，东屋住了一位罗素，西屋住了一位拉斯基，前院是惠定宇的书房，后院是戴东原的住房。他强调："吃饭所"不是比方，这些大师除吃饭外，对学校绝无义务，学校送薪俸请他们住在校园里，使学生得以与其交游接触，受其熏陶。比如牛津、剑桥大学的教授，抽着烟斗谈人生和学问，学生的素质就这样被熏出来了。一个"熏"字用得好！学生考上大学，就应当把主要精力放在与大师接触、接受其熏陶上，不要把谈恋爱的时间用在读读书、与大师谈学问上，这才是大学生活的主流。

从家长的角度讲，我们含辛茹苦地把孩子送入大学，也不希望他们到大学里谈恋爱，而是希望他们好好读书、学好本领，在人生的舞台上施展自己的才华，大学毕业后再谈恋爱、找对象也不迟。因此，中学校长的这番话，即使从学生"上大学、找工作"的功利角度看，也不会得到大多数家长的支持。

对学生任性的"心理宣泄"方式该管一管了

日前，厦门市教育局向各区教育局、各直属高中下发了《关于做好高三年学生心理疏导工作的通知》（以下简称《通知》），《通知》规定："各普通高中要严格规范管理，坚持正面引导，坚持正确的方式方法，科学开展高三学生心理疏导工作，切实提高高考备考的心理疏导效果，杜绝简单地通过组织学生撕书、吼楼等形式宣泄压力。"

面对即将到来的高考，高中毕业生"撕书""吼楼""摔水瓶"的报道已不是什么新闻。有的网友对此表示理解，说这只是一种学生发泄心理压力的方式；有的网友则把矛头直接指向当今教育，称"正是因为学校并没有成功的'教育'，结果就是学生今天的撕书行为"。

客观地讲，无论是"撕书、吼楼"也好，还是学生"摔水瓶"也罢，都是只能是学生宣泄心理压力的一种方式，没有必要"上纲上线"，妄言教育是成功还是失败。只不过这种宣泄方式过于粗暴，有些畸形，有时候还可能会造成学生的人身伤害。比如，学生从宿舍楼上扔下的暖水瓶可能会伤到其他同学，还有一些地方因学生集体起哄，发生殴打教师事件，造成不良后果。因此，对学生这种任性的"心理宣泄"方式是该管一管了。

基于此，厦门市教育局下发通知，要求各普通高中要严格规范管理，杜绝学生此类行为发生，此举值得肯定。有专家表示，心态调整在高考发挥中的重要性几乎占到50%，但撕书等极端宣泄方式并不值得提倡，也起不到"治本"的效果。研究发现，团体辅导更有助于降低焦虑，因为在集体活动过程中，学生的从众心理能够帮助个体相互进行积极的引导和暗示。学校可以通过组织讲座或者发放宣传册页等方式，提醒学生保持适度的压力水平，也可以在讲座和宣传册页中列出缓解压力的方法，如散步、做运动、向父母或老师倾诉、课间和同学聊天或做游戏、听音乐等，以此达到"宣泄压力"的目的。由此可见，这类"撕书、吼楼"的宣泄行为，与学校没有及时地开展考前心理疏导有关。

换一个角度讲，"撕书、吼楼"也确实会引发一些不良社会影响。有网友认为："书是知识的来源，理应受到尊重。""就算自己真的不用这些书籍和参考材料，也可以送给学弟学妹，撕书真没必要。"况且，把书籍和参考资料都撕了，并且在校园里大吼大叫，会给学校环境造成污染，社会上一些别有用心的人也会借此大做文章，找出种种理由攻击教育。因此，制止这种粗暴的宣泄行为，对学生进行科学的心理疏导是学校当务之急。

怎样批评教育学生才算"适当"

近日，《中国青年报》刊发的一篇评论文章指出，现在老师惹不起学生，多数学生在家娇生惯养，在学校任性妄为，本来就够教师头痛了，偏偏还有很多家长不能容许孩子受半点委屈。

事实上，早在2009年8月教育部印发的《中小学班主任工作规定》就明确指出："班主任在日常教育教学管理中，有采取适当方式对学生进行批评教育的权利。"这一规定看似交给班主任一把"尚方宝剑"，其实，在具体操作过程中许多教师很难把握其中的"度"——到底怎样批评教育才算作"适当方式"？

正如评论文章所说，谁都知道教师有权利对学生进行批评教育，但在具体实施批评教育时，轻了没效果，重了往往会被冠以"体罚"之类的大帽子，一旦产生一些极端后果，如学生自杀、离家出走等，上级部门要追究学校的责任，学校要追究教师的责任。此种情况下教师往往"吃不了兜着走"，要为全部后果"埋单"，如此，教师还敢对学生行使批评教育的权利吗？

什么是"适当的批评教育方式"？"适当"与"不适当"到底有没有一个判断的"标准"？这的确让很多教师感到迷惘。记得当年我求学的时候，班主任大多是男教师，脾气都很大，稍微犯一点儿错误，轻则罚站、罚跑，重则挨打、挨骂，但没有一个人记恨老师，也很少有人向家长告状，让家长到学校出气。有些人回想起当年所受的惩罚，反而有些感激老师，难道这类的批评、惩罚就"适当"？

至今我还记得一天中午午睡时，我和几个小伙伴偷偷溜到村后机井里洗澡，被班主任逮了个正着，在烈日炎炎下足足罚我站了两个多小时，晒得我满身冒"油"。班主任的这一做法放在现在可能会被诟病，但从此以后，我再也不敢轻易违犯学校纪律，去干一些危险的事情了。现在想想，如果没有那次的批评和惩罚，我可能至今也学不会什么叫"遵规守纪"。

因此，教师批评教育学生，首先要做到有的放矢，问题找得准，能击中学生的要害，让他们无话可说；其次要摆清利害关系，使被批评者乐于接受，产生痛改前非的教育效果；最后要运用适当的惩戒手段，使被批评者汲取教训，今后不再犯类似的错误。

除了这些重要方面以外，教师还要注意一些细节。男生女生、性格不同的学生，所采用的批评教育方式应当有所不同。有的孩子天生性格开朗，不拘小节，为了让其改正错误，批评教育时可以严厉一些。相反，对于那些自尊心较强、感情较为脆弱的孩子，则应该春风化雨，用心进行说服教育。另外，班主任还可以试图形成"契约式"班规，让学生认可批评的方式，以学生比较愿意接受的方式进行沟通。

培养孩子良好的行为习惯必须从小抓起

2016年5月，中科院动物研究所博士、国家动物博物馆科普策划人张劲硕的一条微博引爆网络："这是学生们刚刚离开动物博物馆的现场，满地垃圾，一片狼藉。每次博物馆里只要来了孩子，就好不了，破坏力很强……尽管进馆前我们说明了注意事项，但学校老师、家长也不教育孩子如何参观博物馆。博物馆成了游乐场，孩子进来追跑打闹，大声喧哗。"

这条微博引发了人们对当前素质教育的讨论。笔者以为，素质素质教育并不一句空洞的口号，推进素质教育需要一个载体，这一载体就是家长和老师必须从小抓好孩子行为习惯的养成教育。由此，笔者想起这样一件事，有人问一位诺贝尔奖获得者："您在哪所大学、哪个实验室学到您认为是最主要的东西呢？"这位白发苍苍的学者说："是在幼儿园。""在幼儿园学到些什么呢？"学者回答："把自己的东西分一半给小伙伴；不是自己的东西不要拿；把东西放整齐；吃饭前要洗手；做错了事要表示歉意；午饭后要休息；要仔细观察周围的大自然……从根本上说，我学到的全部东西就是这些。"

与成人相比较，孩子的可塑性最强，他们就像一件件需要被雕刻的艺术品，家长和教师实际上就是艺术家，雕刻质量的好坏直接影响孩子的未来。与真正雕刻不同的是，我们塑造的是一个个有生命活力的人，他们天生具有主动性和创造性，而且生命属于每一个人只有一次，不像雕刻艺术品那样，失败了可以从头再来。因此，从小抓好孩子良好行为习惯的培养，是对每个孩子的一生负责，也是对整个国家民族的未来负责。

家庭是培养孩子良好行为习惯的第一场所，父母是孩子的第一任老师。从孩子懂事那一天起，父母就要在充分尊重孩子选择的基础上，让孩子知道什么事情该做？什么事情不该做？哪些事情必须持之以恒地做好？哪些事情必须立刻停止？同时，父母要严格要求自己，凡是要求孩子做到的，自己首先要做到。可惜的是，由于独生子女的缘故，许多年轻父母过分溺爱孩子，在家庭生活中一切以孩子为中心，孩子要什么给什么，致使许多孩子成了家庭中的"小霸王""小懒虫""小馋猫""小犟牛""小依赖""小散漫""小野蛮""小磨蹭""小马虎"，公共场所发生的诸多不文明的行为，其实责任不在于孩子，而在于家长。许多家长还片面地以为，培养孩子良好的习惯是学校的事情。试想，孩子在家庭中连起码的生活习惯、卫生习惯都得不到培养，良好的学习习惯又从何谈起？

在培养孩子良好的行为习惯方面，幼儿园和学校是第二场所，也是最为重要的场所，教师无疑是学生健康成长的引路人。说它重要，原因在于学校是专门育人的场所，教师是育人方面的专家，而且孩子日常生活中的大多数时间是在学校中度过的。许多家长一生可能只教育一两个孩子，而教师一生要面对成百上千个孩子，他们在教育方面积累的经验要远远多于家长。因此，幼儿园和学校肩负着培养学生良好行为习惯的重要责任，从孩子入学那一天起，学校就要按年级、分阶段制定一系列规则，规范学生的言行，并通过反复训练，矫正学生在家庭中养成的不良习惯。需要指出的是，由于长期应试教育的影响，许多学校唯分数至上，认为只要学生学习成绩好就一好百好，结果不但影响了学生的全面发展，而且也影响了学生成绩的提高。因为学生没有形成一个良好的生活习惯和学习习惯，学习中没有自主意识和创新精神，学习效率低下，提高学习成绩自然就化为泡影。从这个意义上讲，习惯养成教育虽不是素质教育的全部，但却是其中最"实"的部分，是看得见、摸得着的，它是素质教育"质"的指标。

培养学生良好的行为习惯，社会也是一个不容忽视的场所。经常听人说"5+2=0"，是指学校的5天的教育被2天的社会教育消解为0，之所以造成这种局面，既有来自家长认识方面的原因，也有社会原因。整个社会还没有形成一个关爱青少年健康成长的良好舆论氛围和社会环境，学校与家庭、社会没有达成共识，要求不同步。因此，在培养学生良好的行为习惯方面，家庭、社会、学校必须做到协调统一，形成教育合力。正如有的专家所比喻的那样："如同雕刻匠雕刻大理石，如果大家都按自己想象中的形状你一凿、我一凿，谁也不顾谁，这块大理石就会成为一块废料。只有大家都按同一蓝图去雕刻，大理石才会成为一个美丽的形体。"教育学生也是同样的道理，只有各方面的力量协调一致，才能形成一种合力，最终形成一股强大的教育力量，才能取得良好的教育效果。

家长会能否别开成"训斥告状"会？

近日，《中国青年报》刊发了一篇题为《家长会不是"训斥告状"会》的文章。文章指出，中国家长害怕开家长会，是普遍现象。每一次家长会结束后，家长生气，孩子受气、挨打的情况层出不穷，甚至发生孩子离家出走、自残自杀的极端事件。

家长为什么害怕开家长会？文章列举了以下原因："班主任滔滔不绝，科任老师轮番上阵，家长做小学生""好孩子大加表扬，差孩子委婉批评，学生三六九等""形式多种多样，内容五彩缤纷，广告效果大于或等于班会"。

家长都是成年人，理应受到老师的尊重，"班主任滔滔不绝，科任教师轮番上阵"，家长没有发言的机会，坐在台下充当被训斥的"小学生"，这样的家长会自然不会引起家长的兴趣；将学生分为三六九等，"好孩子大加表扬，差孩子委婉批评"，让家长在众人面前抬不起头来，谁能承受如此大的心理压力？家长会不是推销会，搞一些与内容无关的形式，自然也会引起家长们的反感。

我在校工作期间，家长会的程序是这样的：首先，学校把全校或一个年级的家长集合起来，由校长或副校长讲话，总结一年来取得的成绩，其间穿插一点家庭教育的理念，但主要内容是宣传学校；其次，家长回到学生所在班级继续开会，由班主任主讲，讲话内容大多是公布上学期学生考试名次，顺便提醒一下家长应该注意的事项；最后，班主任留下几个重点家长，与他们座谈孩子的学习情况。这样的家长会看上去组织得十分严密，场面也非常壮观，实则仍是"一言堂"，没有实质性内容。

针对家长会的弊端，该文章的作者建议："与其搞老师一言堂，不如搞研讨会。参加人员既要有老师、家长，也要有学生。教育主管部门的领导也不妨放下身段参与。老师不能仅凭在学校的观察就对学生下结论，家长不能仅凭老师的一面之词就训斥孩子，要给孩子说出心声的机会。"这一建议是家长发自内心的肺腑之言，值得我们深思并采纳。

学校如何开好家长会？加拿大小学"三方会谈"的经验值得我们学习和借鉴。所谓"三方会谈"，顾名思义，是学生、家长和老师共同参加的一次会议。会议通常在新学期开始一个多月后举行，主要内容是学生向老师和家长分享他们在学期开始一段时间内所取得的进步，并在老师和家长的帮助下设定新学期的学习目标。目标内容很广泛，可以涉及读写、数学、科学、体育等各个学科，甚至学习习惯、学习技能。目标的设定应该具体，以便学生理解，比如不是泛泛地说"要提高阅读能力"，而要说"在一个月内读3本100页的章节小说"；不是说"要提高写作能力"，而是说"要学会怎么更好地衔接段落"。目标表述越具体，越便于学生理解，也越容易检验目标完成情况。同时，设定的目标还应包含具体的时间信息，即在多长时间内实现目标。

会议以哪一方为主导，可能会因年级不同而存在差异。对于一、二年级的学生来说，老师的主导作用更为显著；三、四年级的学生参与能力增强，可以提前自己准备要在会议中展示的作业、作品等；到了五、六年级，学生则有望在会议中承担主持人和主讲人的角色。

对于学习，学生比家长和老师更有发言权。国外研究也显示，学生进行汇报是提高其成绩的最有效的方式。在会议进行过程中，老师根据专业知识，及时进行点评，补充学生陈述中不够清楚的地方；鼓励家长提问和发表意见，确保会议顺利进行。家长则需要站在学生的角度重新理解学习；对于学生所报告的任何信息，家长可以在合适的时候进行提问，以积极的态度回应，以鼓励为主。总之，会议要确保三方为了一个统一的目标——促进学生发展，商讨有效的方案，而不是评论甚至批评学生。

会议结束后，讨论的主要内容要写到纸上，三方签字，各持一份。老师会及时跟进，围绕会议讨论形成的目标，与学生再次进行讨论，听取学生的反馈，支持学生下一步的学习。家长也是积极的辅助者，有的家长把会议纪要贴到墙上或冰箱上，提醒孩子早日实现目标。

"三方会谈"力主实现学生、老师和家长三方的公开对话。通过对话，父母和老师可以增进对学生的了解，分享信息，并在如何促进学生发展上达成共识，从而实现学校教育和家庭教育的有效衔接。最重要的是，会议增强了学生作为学习者的主体和责任意识。

"熊孩子"不可随意劝退

近日，南京一所小学门前聚集了众多家长，要求给自己孩子调换班级，或者将班上一名"熊孩子"给予退学处理。原来，该"熊孩子"有攻击其他孩子的行为，引起受伤害孩子的家长的普遍不满。对此，学校表示没有权利劝退任何一名学生，但会对家长的诉求积极回应。

家长要求给自己的孩子调换班级或者给予"熊孩子"退学处理的心情可以理解。据学校证实，这名"熊孩子"的确对其他孩子有攻击行为，还经常搞恶作剧，影响了其他孩子的学习。但这些毕竟是一个不懂事的孩子所为，其情节还构不成校园暴力，更谈不上违法，因此学校没有权利开除这名学生，学校要做的就是尽最大努力帮助这名孩子，促其尽快转化，成长为一个正常的孩子。

长期以来，人们对这样的"熊孩子"常常冠以"坏学生""问题学生"的称号，这样的学生常常令班主任头痛，让科任教师无能为力，也让家长担心。他们身上有很多"小毛病"，非但自己不学习，还常常扰乱别人，影响周围其他同学学习。按照《义务教育法》规定，学校无权开除这类学生，也不能无缘无故地劝退，但如果对其不管不问、放任自流，这些学生往往会在错误的道路上越走越远，严重者甚至会拉帮结派，制造校园暴力，对其他同学造成人身伤害。

"教育就是转化"，把一名优秀学生教育好，这本身就是教师的职责所在，而把一名"问题学生"转化好，却更能显示出教育的强大力量。笔者认为，转化这些"问题学生"学校需从三个方面着手：一是了解，二是关爱，三是讲究方法。

首先是班主任要了解这些问题学生的家庭背景和性格特征，以便对症下药。问题学生背后常常会有一个"问题家庭"，要么父母离异，要么父母外出打工，陪伴孩子的时间少，缺少对孩子的关爱；或者父母一方教育方法不正确，经常打骂孩子，使孩子产生逆反心理。同时，不同个性的孩子也往往导致一些不良行为，如有的孩子天生好动，具有较强的攻击性等。因此，班主任老师在接手一个新班时，要对本班学生的家庭背景和孩子的性格有一个较为准确的了解，以便因材施教，对个别问题学生制订有针对性的转化方案。

其次是关爱。对于这类学生，班主任老师往往要倾注更多的时间和精力，才能最终促其转化。据报道，一位名叫吴樱花的初中教师用了近三年的时间转化一名问题学生，其间写下了15万字的日记，详细记录了这名学生的转变过程。该学生看过老师为他写的日记后，良心发现，决心痛改前非，立志求学，最终考上了重点高中，成了一名品学兼优的好学生，这种持之以恒的精神也许正是许多老师所缺少的。其实，有些"问题学生"并非什么都差，在某些方面有的学生甚至相当聪明，只要班主任老师不放弃他们，并抓住其身上的"闪光点"，正确引导，用心关爱，做耐心细致的工作，用真情去感化他们，这些学生最终是可以转变的。

最后是讲究方法。有一则寓言：一个人脾气不好，问父亲怎么改。父亲说："你每发一次脾气，就在院子的栅栏上钉上一颗钉子。"过了几天，这个人又告诉父亲："我已经好几天没有钉钉子了，这些天都没发脾气。"父亲很高兴，又告诉他："如果你一天不发脾气，那么就拔掉一颗钉子。"过了些日子，这个人又告诉父亲："我把钉子拔完了，现在坏脾气改掉了。"父亲拉着他的手来到栅栏边说："你看，虽然钉子拔掉了，但是钉孔都留在上面。你要记住，你伤害了别人的情感是会在别人心上留下伤痕的。"显然，这位聪明的父亲在纠正儿子的不良习惯时采用的是"减法"，即采取"钉钉子"和"拔钉子"的方式逐步减少儿子不良行为习惯产生的次数，这是一种积极的自我心理暗示，也是一种强化训练。由此可见，在学校教育或家庭教育中，我们不要抛弃那些"问题孩子"，只要发现及时，方法得当，并帮助其树立改正的信心，适当做一点"减法"，孩子的有些问题是可以得到纠正的。

请别把教育暴力美化成"挫折教育"

近日，云南省某小学一年级教师，让期末考试未达到班级平均分的学生站上讲台道歉，承认"拖后腿"，并称这种方式为"挫折教育"。对此，校方已调查核实，将对涉事教师进行严肃处理，限期整改。

根据教育部门有关规定，考试成绩是学生的"隐私"，一般不允许公开发布，只作为教师分析教学得失的依据。这位教师似乎有点任性，不仅在班上公开发布了学生成绩，而且让"未达到班级平均分的学生站上讲台道歉"，不知道这样的"挫折教育"究竟能起到什么作用。

何为"挫折教育"？"挫折教育"是指让受教育者在受教育的过程中遭受挫折，从而激发受教育者的潜能，以达到使受教育者切实掌握知识并增强抗挫折能力的目的。试问，新闻报道中"道歉式"的"挫折教育"能激发孩子的潜能吗？通过本次教育能激励平均分以下的学生掌握知识，增强抗挫能力吗？

在我看来，这样的"挫折教育"非但不能激发孩子的潜能，促进孩子走向成功，而且会大大挫伤孩子的自尊心和自信心，是一种教育暴力。小学阶段是孩子身心发展的关键时期，如果教师单纯以分数论英雄，给偶尔考试成绩不好的孩子贴上"差生"的标签，不仅让家长们脸上挂不住，而且也会伤害孩子幼小的心灵。小学生虽然年龄小，但是一个独立的人，也有人格尊严。让这些"低分"学生上台道歉，给他们留下的只有羞辱和阴影，不会转化为成绩和进步的动力。

就考试而言，无论何种级别的考试，最终结果都会产生一个平均分，而且高分和低分人数都在平均分左右呈正态分布。让平均分以下的学生站在讲台上道歉，实际上打击了学生的自信心。从报道看，本次语文考试全班平均96分，已经是一个非常可观的成绩，为什么还要如此苛刻？

挫折教育的目的在于培养孩子们吃苦耐劳的精神、做事坚定的自信心以及战胜困难的顽强意志，需要教师在把握教育目标的前提下科学设计，而不是任意胡来，随便拍拍脑袋就冠以"挫折教育"的名号。在学校教育中，教师有必要对一些学习成绩不好的学生采取一些鞭策和激励措施，促进他们不断进步，但需要把握好一个度。应该以正面引导为主，不能损害未成年人的身心健康，无视孩子的人格尊严，更不能采用体罚、侮辱人格等简单粗暴的教育方法。这种让"低分"学生上台道歉的教育方式，实际上是一种侮辱学生人格的惩戒手段，不仅达不到"挫折教育"的目的，而且违背了学校教育的初衷，暴露出老师教育智慧缺失的问题。为师者当引以为戒！（此文发表于2016年第8期《云南教育(视界综合版)》）

早恋不可怕，关键是正确引导

生活中，家长或学校常禁止中学阶段的孩子谈恋爱，认为这会影响学习。但媒体在"2016年高考状元调查"中发现，36名省级状元里，有9个坦诚曾在高中阶段谈过恋爱，除1人认为影响学习，其余8人称恋爱与学习没有冲突。还有44.44%的状元表示，虽然高中没有谈过恋爱，但是曾经憧憬过。

据有关专家称，观念健康的父母会把早恋当成是引导孩子懂得爱、体会爱的一个契机。首先，不要给孩子贴上"早恋"的标签，而要通过深度交流，教孩子把美好的品质变为他们成长的动力。其次，营造宽松的家庭氛围，共同探讨爱是什么，如何获得更加成熟、幸福的爱，而不是惩罚、责备，甚至偷看孩子的日记、空间留言，这些不尊重孩子的表现可能会使他们走向极端。

传统家访咋就落伍了？

据《中国教师报》报道，近日，江西省委教育工委和省教育厅在全省组织开展了"万师访万家活动"，以"访学问行、访大问小、访贫问苦、访家问计"为主题，重拾家访这一教育传统，全省50多万教师走进学生家庭、走进社区和村庄，此举受到学生、家长和社会的广泛赞誉。

为什么这一传统的家访形式会如此受家长和学生的欢迎？我想原因不外乎以下几个方面：

一是这种形式的家访可以使教师更多地了解学生信息，如家庭背景、家长性格及受教育程度，学生个性、兴趣爱好及在家的表现等，从而与家长一起制定教育孩子的最佳方案。

二是这种家访形式便于老师和家长进行情感交流，通过与家长平等的、面对面的接触，可以使家长非常容易地接纳教师的观点，家校在孩子的教育问题上容易达成一致，从而增强了教育的针对性和实效性，更易于形成教育合力。

三是这种家访方式便于收集家长对学校管理、教师教育教学等方面的意见，有利于宣传学校先进的办学思想，调整办学思路，提高教育质量。

同时，通过家访，还可以不断丰富教师的教育经验，为教师提高教育教学水平开辟一片广阔的天地。特级教师斯霞每接手一个新班，拿到花名册时要做的第一件事就是逐一家访，力求了解每一个孩子的个性特点、兴趣爱好和家庭背景，据此确定备课的重点和难点，实施有针对性的教学。她执教数十年，这种"家访式备课"从未间断过，直到现在，有的家长已是垂暮之年，仍能清晰回忆起几十年前斯霞老师家访时的情景。由此可见，传统家访具有现代通信工具不可替代的优势，在现代教育中，这种家访形式仍然具有生命力。

既然传统家访有这么多的优势，那么学校就有必要坚持这一传统，使其形成常规，并对其进行科学的规划和精心的设计，而不仅仅作为学习教育活动的点缀。

笔者认为，学校在设计家访时，要把握好以下几个关键点：首先，要让教师克服惰性思想，使他们认识到家访的重要意义，不怕麻烦，主动走进学生家庭，与家长进行沟通。其次，教师要放下师道尊严的架子，尊重家长，平等地与每一位家长进行交流，真心实意地与他们交朋友。最后，教师要认真研究每一位学生，掌握他们在校学习、生活的真实表现，客观评价学生的优缺点，有针对性地与家长交流看法，做到对症下药，不可大而化之。另外，家访不是告黑状，教师不要总是拿学生的成绩说事，而要多帮助学生分析成绩背后的原因，为其提供不断进步的建设性意见，进而赢得家长的支持和配合。

　　由于受网络不良信息和社会不良风气的影响，青少年在思想和行为上暴露出来的问题正日益呈现多元化和复杂化的特点。在此背景下，教师更需要通过家访摸清学生的思想动向，以实施有针对性的教育。不过，近年来，随着现代通信技术的发展，传统家访逐渐被电话、电子邮件和一种名为"校讯通"的技术平台所取代。但现代通信手段无论多么先进，也只能进行浅层次交流，无法代替家访面对面的深层次情感沟通。所以，在强调以人为本、建立和谐师生关系的背景下，传统家访有必要进一步加强。

离生活太远的德育，难以在学生心中生根发芽

　　近日，有作者在《人民日报》发文，描述了这样一个场景：课堂上，六年级的孩子观看关于中国核潜艇之父黄旭华的纪录片，当93岁的老母亲见到30多年未曾谋面的儿子时，对黄旭华的兄弟姐妹说："三哥的事情，你们要见谅。"此时，老师的眼泪差点掉下来，但学生们毫无反应，有孩子说："这离我们太远了，虽然说不感动好像不太像话，可我还是想说真话。"

　　这节课的设计可谓别出心裁，教师想通过观看纪录片的形式向孩子传递"国家利益高于一切""为国尽忠"等道德观念。不过，孩子的话也代表了他们内心的真实感受，纪录片中的事情离他们的生活太远，没有这样

的生活体验，自然就不能触动他们的情感。

德育不能靠空洞的说教，靠的是让学生亲历亲为的道德实践。在日常教育教学活动中，许多教师却像作者所描述的一样有意无意地违背这一原则。他们认为，只要让学生记住课本上的道德准则，考试的时候拿高分，德育的任务就算完成了。殊不知，这是本末倒置。一些学生即使能将道德信条背得滚瓜烂熟，仍然会干出一些有违道德的事情。正如文中所说："有时候，即使孩子能把正确答案写在考卷上，老师心里也'不托底'，因为不少孩子即便'入了脑'，也未必'入了心'。"

如何改变思想品德课费时多、效果差的现实？关键要改变思想品德课的教学方式和评价方式，少一些理念灌输，多一些正面评价，将品德教育贯穿于各科教学中。

具体来说，教师可以借鉴传统的德育方法。我国古代的道德教育，不讲深奥的大道理，不让学生记忆枯燥的道德概念，对学生的思想品德也不作量化评价，而是将教育内容渗透于教学和各种游学活动中。像《三字经》这本儿童启蒙教材，里面穿插了大量励志故事，学生读了这些故事，会对他们幼小心灵产生潜移默化的影响。另外，古代教学计划要求将品德教育与知识教育并重，《礼记·学记》云："比年入学，中年考校。一年视离经辨志，三年视敬业乐群，五年视博习亲师，七年视论学取友，谓之小成；九年知类通达，强立而不反，谓之大成。夫然后足以化民易俗，近者说服，而远者怀之，此大学之道也。"由此可见，为学的每一阶段除了知识学习外，都涉及如"辨志、乐群、亲师、取友"之类的德育目标，最终培养有思想、有独立见解的学生。

道德信条要真正内化到学生身上，在学生心目中生根发芽，靠的是道德实践。空喊爱国口号毫无意义，关键是设计一系列"爱家庭、爱学校、爱社区、爱家乡"的体验活动，让学生在亲身实践中体会道德的具体含义，在内化于心上下功夫。

当好"后妈"班主任，我是这样做的

新学年，学生升入高年级，不少班级换了班主任。面对这一改变，学生的恋旧、对比、抵触等难以适应的表现，给接手班主任的工作开展带来困扰。都说"后妈难当"，接手班主任前期的工作难度不亚于"当后妈"，怎样做才能在班级内尽快建立起师生之间的良性沟通，共同推进班级建设呢？

中途替换班主任，原因可能有以下几种：一是原班主任家中发生变故，导致无法继续担任班主任；二是原班主任工作调换，调入其他年级或升迁；三是原班主任能力欠缺，不适合继续做班主任工作。无论哪种情况，新上任班主任都将面对一群陌生的学生，甚至是一个"烂摊子"，学生要适应新班主任的套路，新班主任也要适应学生，对双方而言，都有一个磨合期。我认为，在磨合期内，新班主任要保持足够的"定力"。

所谓保持"定力"，是指新班主任上任之初，要不急不躁，准确把握全局。不要急于否定前任班主任的一些成功做法，也不要急于贯彻自己的管理思路，而是经过一段时间的观察和分析后，制定符合实际的班级管理新策略。

刚参加工作的第三年，由于原班主任调离现任工作岗位，学校让我接手了新一届毕业班的班主任。早就听许多老师说过，这个班级纪律涣散，成绩倒数，同学之间打架斗殴的事情时有发生，是一个名副其实的"烂班"。很多人劝我不要接受这项任务，因为干好了可以皆大欢喜，干不好说不定就会"栽跟头"，再翻身就难了。

对于学校的安排，我无权推辞，把这样一项艰巨的任务交给我，也说明学校领导对我的信任。上任伊始，我没有发表慷慨激昂的就职演说，也没有对班委会成员大换血，而是贯彻了以下"四字箴言"。

一是"靠"，主要指时间靠上。最初的一个月，无论早操、课间操，还是早读、自习、课间，我都尽量靠在班里，观察班内每个同学的一言一行、一举一动。有时候什么话也不说，有时候帮忙整理一下班务，有时候和学生一起参加学校组织的各项活动。班里几个经常调皮捣蛋的学生，看到班主任在场，行为也有所收敛。

二是"谈"，主要指与学生交流谈心。我利用课间和课外活动时间，与班内每一个学生谈话，了解他们的思想动态和学习情况。起初，个别学生碍于情面，不敢说真心话，经过一段时间交谈后，他们看到我真诚的态度，都能敞开心扉与我交流班级发生的事情。

三是"变"，主要指变化班级组织和班规。通过一个多月的"靠"和"谈"，我了解了班内每一个同学的性格和特长、学习基础，以及他们的家庭生活背景，同时也了解了班集体存在的共性问题和优势。随后，我通过无记名投票的方式改选了班委会，在与全体学生共同协商的基础上，制定了《班级公约》。

四是"励"，主要指发挥目标的激励作用。在充分调查研究的基础上，我和全班同学一起，制定了班级近期和远期奋斗目标。近期目标是通过一个学期的努力，成为学校"优秀班集体"；远期目标是通过初三最后一年的努力，成为一名合格的初中毕业生，升入理想的高中。

在此后的一段时间里，全班同学为目标所激励，个个摩拳擦掌。两三个月后，班级有了较大改观，初步形成了"乐学、守纪、上进"的良好班风，当年被评为"优秀班集体"。该班中考成绩也由年级倒数第一，一跃而成为年级第二，大部分学生都考入理想的高中。

"情商教育"不应该成为学校教育的短板

最近，有位初三学生的妈妈黄女士花了近2万元，为孩子购买了一套情商课，引来家长圈一片唏嘘。她报名的情商课程一节课大概300元，教学内容囊括了自信心、人际交往、问题解决等九大能力，课堂氛围轻松，老师和学生随意坐在垫子上，没有课桌、椅子和黑板。

黄女士之所以投巨资让女儿学情商课，是因为她觉得女儿不具备健全的人格、健康的心态，自己的孩子需要系统的心理课程，但是学校里没有，思想品德课程不能代替孩子的心理建设。黄女士的这一做法，一方面说明许多家长在孩子教育方面的觉醒，他们已经意识到，孩子的健康成长不仅需要考试、作业、分数等学业发展方面的智力因素，更需要人格、心态、情商等心理健康方面的非智力因素；另一方面也折射出学校心理健康教育的缺失。

心理健康教育是学校教育的重要内容，是促进学生全面发展的催化剂。2015年7月，教育部办公厅印发了《中小学心理辅导室建设指南》（以下简称《指南》），要求学校加强学生心理健康教育，并对中小学心理辅导室建设的目标、功能、规格、管理作了具体规定和建议，明确要求心理健康教育教师享受班主任同等待遇。

《指南》已发布一年多，就我了解的情况看，有的学校虽然按要求建立了"心理辅导室"，但没有配备专职心理健康教师，心理辅导室里只是一张桌子和一台电脑，缺乏必要的教育设施，平时大门紧闭，只有上级领导检查时才开放，形同虚设；有的学校虽然配有心理健康教师，但这些教师往往兼任较繁重的文化课教学任务，无暇顾及心理辅导室工作，平时很少组织心理健康教育活动，难以对学生开展有效的心理健康指导。

为补齐学校心理健康教育的短板，笔者认为，除了增设心理辅导室，配备心理健康教育专任教师外，学校要多管齐下，形成心理健康教育的合力。至少要做好以下四个方面的工作：

一是根据学生的年龄特点，开设心理健康教育校本课程，将教育内容课程化，让学生掌握系统的心理健康知识，满足家长对孩子进行心理健康教育的需求。

二是在学科教学中，尤其是人文学科的教学中，任课教师要认真落实"情感、态度、价值观"目标，结合学科特点，向学生渗透必要的心理健康教育内容，引导学生形成正确的世界观、人生观和价值观，热爱学习，目标远大。

三是学校要多开展一些健康有益、丰富多彩的系列主题教育活动，让学生在高品位的阅读、案例分析、研究性学习以及灵活多样的文体活动中，落实对学生的情商教育，培养学生乐观向上、不怕挫折、勇于负责、意志坚定的健康情感。

四是强化学校管理，加强班主任培训。班主任是学生心理健康教育的直接参与者，要通过培训让他们掌握心理健康教育的科学方法，及时发现学生心理不健康的苗头，通过科学的疏导，驱散学生心中的迷雾。班主任实在不能解决的学生心理问题，可以与心理健康教师及时沟通，通过科学的心理干预共同解决。

莫让"爱心捐款"变了味

前段时间，"助残日"来临之际，很多学校都组织学生开展了一次"爱心捐款"活动。最近，听一位家长说，有一天他竟然发现孩子偷拿抽屉里的10元钱，他将孩子的屁股都打肿了，孩子才承认，学校组织爱心捐款，班里捐钱较多的孩子都会得到老师的表扬，他很羡慕，便想多捐一点，之前就分两次偷拿过30元钱。

学校在"助残日"来临之际组织一次爱心捐款活动，这本是一件好事，能够培养孩子对弱势群体的关爱之情，但孩子为了多捐钱得到老师的表扬，竟然偷拿家里的钱，这样的爱心捐献其实就变了味，对孩子来说毫无教育意义。

孩子是一个纯消费者，所花的每一分钱都是父母辛辛苦苦挣来的，是什么原因让孩子产生了攀比之心？

表面上看是孩子为了图老师表扬，因为每个孩子都有进取心，都希望通过自己的积极表现，在老师心目中留下美好的印象，这一点是应该给予肯定的。但是孩子的捐款完全可以向家长要，或者拿出自己积攒的"压岁钱"，而孩子为了得到老师的表扬，偷拿家里的钱，这就失去了捐款的意义，其实是孩子的虚荣心在作怪。

如果细细深究的话，我们不禁要思考：在这样一个有意义的"爱心捐款"活动中，学校是否事先应该和家长沟通一下，是否应该教育学生本着诚实、量力而行的原则参与活动？

诚实、量力而行是诚信教育的主要内容，只要有爱心，哪怕捐献一分钱，这一行为也应该得到别人的尊敬和肯定。记得2008年5·12汶川大地震时，全国各地都积极行动起来，支援灾区，有钱者出钱，有力者出力，体现了一方有难、八方支援的民族精神。许多企业老总动辄捐资上千元、上亿元，这种行为理应得到人们的尊敬，因为他们在赚钱同时没有忘记自己应当承担的社会责任。但是，有一位街头乞丐，将每天乞讨的几元毛票也捐献了出来，当时也同样应该赢得了人们的尊敬。

所以，在培养孩子具有爱心的同时，切不可忽视对孩子的诚信教育。孩子在某些行为上如果不能量力而行，一味攀比，不但达不到应有的教育效果，而且也会滋长其他种种不良习气。

德育的核心任务是培养学生的"自我管理、自我约束"能力

德育在教育中的重要性是不言自明的。但是，在现实的学校教育中，德育往往处于"说起来重要，做起来次要，忙起来不要"的尴尬地位。很多老师在谈到德育时，一个基本的观点是："现在社会环境这么糟糕，我们在学校说一千道一万，都比不上社会的影响，学校德育就是一项'5+2≤0'的工作，老师再怎么努力也没有用。"

学校德育工作为什么会形成"5+2≤0"的尴尬局面？除了受家庭和社会不良环境影响之外，学校没有培养学生的"自我管理、自我约束"能力，也是其中的原因之一。

"自我管理、自我约束"能力是指让学生按照道德规范提出的要求，时时处处提醒和约束自己，不突破道德规范的底线，不做有违道德的事情。《论语》中孔子曾说过这样的话："以约失之者，鲜矣"，意思是一个人如果经常用道德和礼制的标准检视自己的思想和行为，严格自律，这样的人很少有过失。

学校德育工作中，通过一系列行之有效的管理措施，培养学生的"自我管理、自我约束"能力，就可以使学生在家庭和社会生活中，自觉运用

道德规范约束自己的行为，从而形成良好的行为习惯，"5+2≤0"的问题也可以得到较好的解决。要让学生形成这一能力，我认为学校德育工作至少要在以下三个方面作出努力：

一是将道德规范的内容根植于学生的心中。学校不仅要让学生知道道德规范"是什么？应当怎么做？"还要让学生理解"为什么这样规定？为什么要这样做，而不是那样做？"从目前的情况来看，某些学校的道德规范之所以发挥不了对学生的自我约束作用，原因就在于他们只做了第一层次的工作，只是将《中小学生守则》《中小学生日常行为规范》等规范挂在墙上，或者作为一项制度印在本子上，学生只知道规范的内容，不理解为什么要做出这样的规定。因为不理解，所以对规范也只是知道个大概，如果老师逼得紧，则会死记硬背。这种囫囵吞枣式的教育方式，怎么能使学生形成基本的道德认知，并按照道德规范的要求严格要求自己呢？因此，要让道德规范根植于学生的内心世界中，学校还要做大量的工作，不是让学生把道德信条背下来就算完事，还要让学生真正从思想上接受它，在行动上践行它。

二是通过开展丰富多彩的体验活动，让学生体会道德规范的深刻内涵。如有的学校开展"道德银行"活动，学生将自己在学校、社会、家庭的优秀道德行为兑换成一定的道德币，存入"道德银行"，如有不良行为习惯，将消费一定的道德币，这一活动的开展培养了学生的道德自律能力。还有一所小学在全体少先队员中开展了"我做合格小公民"五小行动，即"在家做父母的小帮手，在社会做文明礼貌的小标兵，在学校做团结友爱的小伙伴，在社会做遵守秩序的小卫士，在独处时做心理健康的小主人"，活动体现出主动性、互动性和参与性，将道德规范融入学生的日常生活中，培养了学生热爱祖国、文明礼貌、孝顺父母、关心亲人、团结友善、遵守秩序、勇于创新的优秀品质。

三是创设自我管理、自我约束的良好外部环境。学校要在认真调研的基础上，研究制定提高学生自我管理能力的发展目标，并根据发展目标，构建能促进学生自我约束能力提高的学校管理网络、班级运行机制以及科学的评价体系，形成学校、家庭、社会三位一体的育人新格局。同时，学校还要加强人文关怀，强化教师的服务意识，积极开发校本课程，建设有利于学生自我约束、自我发展的课程体系，创设有利于学生自我管理能力提高的校园物质环境和文化环境。

苏霍姆林斯基说："只有能激发学生自我教育的教育，才是真正的教育。"魏书生说得更透彻，他认为："真正的教师应当引导学生进行自我教育，使学生自我认识、自我克制。"学生如果在学校形成了这种用道德规范进行自我约束的能力，就会如孔子所说的那样："以约失之者，鲜矣"，一个人如果能时时处处以道德规范约束自己的行为，他还会干那些有违道德、违法乱纪的事情吗？

第四部分

家庭教育

家庭是孩子温暖的港湾。在全国教育大会上，习近平总书记从"四个第一"的高度对我国新时代家庭教育的重要地位做了深刻论述，指出："家庭是人生的第一所学校，家长是孩子的第一任老师，要给孩子讲好'人生第一课'，帮助扣好人生第一粒扣子。"如何落实"四个第一"要求，是新时代家庭教育应当研究的重大课题。

谁说讲"孝道"就是鼓励孩子发展"假自我"？

　　长期以来，我们的文化都在提倡"孝顺"，孝顺父母、孝顺长辈。但近日微信上流传着一篇文章《孝道是人性的逆袭》。文章指出，孝这个字，其实有点空，真正要命的是"顺"这个字。顺，即孩子"顺"老人的意。这样做的代价是，孩子的真实自我被牺牲了。孝道就是在鼓励孩子发展假自我，不是以自己的感受为中心成为他自己，而是以父母的感受为中心成为父母期待中的那个虚假的人。这与人本主义心理学、存在主义哲学乃至现在的客体关系心理学都是相悖的。

　　"孝"这个字难道真是空的？在儒家看来，"孝"不但不空，而且是做人的根本。在《论语·学而》篇中，有子曾说过这样的话："其为人也孝弟，而好犯上者，鲜矣；不好犯上，而好作乱者，未之有也。君子务本，本立而道生。孝弟也者，其为仁之本与！"意思是：为人能做到在家孝敬父母、尊敬兄长，却喜欢犯上，这样的人是很少的；不喜欢犯上却喜欢造反作乱，没有这样的人。君子致力于根本，根本建立起来了，做人治国的道理就有了。孝敬父母、尊敬兄长，这是为"仁"的根本啊！儒家认为，"孝弟"是人之为人的根本，一个人只有做到"孝弟"，才能够忠于国家，忠于人民。否则，便有可能犯上作乱，做出一些危害国家和人民利益的事情。由此可见，"孝"无论从个人修养，还是对国家、社会的影响而言，都不是一个空洞的概念。

但是，子女在侍奉父母时，对于同一件事情，如果与父母有不同的看法，双方意见发生分歧时，此时做子女的应该怎么办？是一意孤行，与父母对抗冲突？还是对父母百依百顺，不管父母的意见是否正确都要照办？显然，这两者孔子都不赞同，子曰："事父母几谏，见志不从，又敬不违，劳而不怨。"（《论语·里仁》）他认为，做子女的首先要做到"几谏"，即委婉地劝说父母，把自己的意见表达出来；其次，如果父母不听从自己的意见，做子女的也不能顶撞父母，而是对父母恭敬而不违背，替他们操劳而不怨恨。具体说来，这段话揭示的道理在以下两种情况下有不同的处理：

一种情况是对于生活中的"小事"，若双方看法不同，可能是父母的意见正确，也可能是子女的意见正确，此时子女就要把自己的意见委婉地向父母表达出来，父母如果不听，仍然坚持他们的意见，子女就要暂时保留自己的想法，按照父母的要求去做，至于谁对谁错，最终要靠事实来检验。如果最终验证是子女的意见正确，此时孩子也不要怨恨父母，他们自然会意识到自己的错误；如果事实面前父母的意见正确，子女对父母就应当敬而不违，劳而不怨，吃一堑，长一智，把这次经历当作一次学习和提高的机会。从这一角度看，孔子对子女的这一要求是对的，既体现了子女对父母感情上的尊重，也体现了父母和子女人格上的平等。这样的事情在生活中屡见不鲜，比如高考填报志愿，父母和子女之间在选择学校和专业上往往会产生分歧，作为子女最好多听听父母和长辈的意见，因为他们毕竟是过来人，不要凭着自己一时的冲动，造成终生遗憾。

另一种情况是在大是大非的事情面前，父母的意见或者某些做法明显违背公理正义，谁都知道这样做是错误的，做子女的应该怎么办？比如某些贪官污吏，某些作奸犯科者，还有一些不孝之人，他们也有子女，对于他们的行径，做子女的当然也要"几谏"，如果几谏不从，做子女的是否也要敬而不违，劳而不怨？如果这样的话，子女岂不成了父母做坏事的帮凶？生活中也不乏这样的例子：某贪官的儿子在其父亲影响下，飞扬跋扈，变本加厉地搜刮钱财，最终全家人都成了罪犯，父亲更是罪上加罪。当然，也有很多"出淤泥而不染"的子女，对父母"几谏"后，虽"敬"但"违"，有的把父母从违法犯罪的边缘上拉了回来，有的虽然没有拉回来，却在思想和行为上与父母划清了界限，这样做无疑也是对父母的一种"孝"。

无论哪种情况，孔子其实都不赞成子女对父母百依百顺式的"愚孝"，他主张子女在父母面前有话就要说，有意见就要表达，父母有明显做得不对的地方，子女就要委婉地劝谏，最好能说服父母，实在说服不了，就要保留自己的意见，但也不要失去对父母的尊敬，导致互相仇视。由此可见，儒家所倡导的"孝顺"，并非鼓励孩子发展假自我，也不是以父母的感受为中心，成为父母期待中的那个虚假的人。这与"君让臣死臣不敢不死""父叫子亡子不敢不亡"的封建伦理纲常似乎是两回事。

从另一个角度看，要求子女尽孝并不是固执己见，也不是剥夺子女在父母面前说话的权利，要求子女事事都顺着自己。在进行重大决策前，有时候不妨也听一听子女的意见，以尽量少犯错误或者不犯错误，因为做父母的也是人，只要是一个正常的人，难免会犯错误，子女的意见有时候是正确的，尤其是在当今社会，子女掌握的信息要远远多于父母。因此，在家庭生活中，父母一方面要教育孩子学会孝敬长辈；另一方面要创造一个民主和谐的家庭气氛，给孩子表达意见的机会，只要孩子说得对，他们的意见也应当虚心采纳。

"80分好过年"背后是家长评价出了问题

近日，一张试卷图片在微信朋友圈里转发，一名学生在试卷上方写着："老师给个80分吧，80分好过年。"

这个孩子的行为看上去超出常规，其实符合情理。据他的数学老师介绍，孩子的数学成绩都在70分左右。他之所以恳请老师给个80分，很大可能是家长给他定下了本学期考80分的目标，一旦没有实现这个目标，回家之后，要么会被父母指责和批评，要么会被要求去上补习班，正是由于这些焦虑和恐惧，孩子才在试卷上写下这样的留言。

家长应当理性看待孩子的学习成绩，当下的考试分数只代表过去一个时间段的学习效果，不能说明将来。看到孩子成绩不理想，家长要理智地与孩子进行交流，如果感觉自己有情绪，可以等平静之后再和孩子沟通。不要指责孩子，也不要拿自己的孩子和其他孩子做比较，要了解孩子对考试成绩的感受和态度，让孩子感到自己的成绩、情绪、想法都被包容和接纳了。然后顺着孩子的思路，思考下一步如何让孩子以适合的方式投入学习中。每个孩子都有进步的动力和愿望，只有在家长的信任和支持下，他们才能更健康地成长。

当孩子经过一个阶段的努力，成绩有进步时，家长不可置若罔闻，要肯定孩子取得的成果，理解孩子的付出与努力，给孩子充满爱的抚慰和奖励。奖励并不一定是物质的，也许是一次有意义的旅行、一顿美味的饭菜或一个温暖的拥抱。最重要的是要关注孩子的内在需求，让他们充分表达自己的喜悦，看到自身的成长。

外出打工的父母不能"说走就走"

近日，国务院印发《关于加强农村留守儿童关爱保护工作的意见》（以下简称《意见》），这是以农村留守儿童关爱保护为切入点的第一份系统性地明确未成年人保护政策措施和工作机制的国务院文件，其中明确指出到2020年，要使儿童留守现象明显减少。

早在几年前，中南大学文学院教授聂茂和他的课题组成员，在湖南、安徽等省的许多村庄记录下了留守孩子"触目惊心的生存状态"。他把这些内容写成一本书，取名《伤村》。聂教授这样阐释这个充满哲学意味的书名：“人们常说，男人是乡村的脊梁，女人是乡村的乳汁。当男人和女人离开乡村，留下的就是一个没了脊梁和乳汁，受伤的、虚弱的农村。”他语气坚定地做出判断："留守儿童的问题很严重，可能会危及农村的未来。"这一结论并非空穴来风，而是有充分的事实根据。

首先，农村大量的留守儿童患有程度不同的心理疾病。据有关数据显示：由于父母长期不在身边，使得大约60％的留守儿童出现了轻度、中度的心理问题。有学者研究了这类儿童（2.5岁至11岁以上）的情绪表现，结果是一连串让人感到不安的字眼，比如易怒、自我责备、迷惑、焦虑、悲哀、害怕、无助以及攻击性行为等。一个只有10岁被村民称作"小哑巴"的女孩，她和外公、外婆住在一起，老人说，孩子在她的父母外出打工的那一天就哭个没完，之后再也没有见过她的眼泪。她像一个很乖的孩子，一丝不苟地执行着大人的指令，也从不违反学校纪律，只是任何人都别想听到她说话。对待家里来的陌生人，她常用的方式就是钻进床底下，蜷缩在最深处，像一只惊恐的小猫。她还多次用刀片划破自己的手腕，班主任在她的书包里发现了孩子自残的秘密。她用歪歪扭扭的钢笔字在一沓练习纸上写道："我想，如果我的手受伤了，妈妈可能会回家，因为上次我的手伤了，妈妈就回来了，还买了好多好吃的东西。所以，我要经常伤我……""但是，看见妈妈，我说不出话，就是说不出，其实我很想妈妈。"

其次，部分农村留守儿童出现了违法犯罪的现象。没有父母管束的留守儿童，犹如脱缰的小野马，一不小心就会坠入犯罪的深渊。据悉，在一所省辖教管所里，1708名在押未成年犯中有654人为农村留守儿童，如此高的比例让人震惊不已。一些孩子并不懂得什么是犯罪，就犯下了让人无法原谅的罪恶。一个15岁的留守少年，因为没钱上网，用一把菜刀砍死一位老人，从她身上翻出300元，并从死者的冰箱里拿出吃的东西，然后走进了网吧。浙江苍南县曾破获一个号称"七匹狼"的犯罪团伙，7名成员中有6名留守儿童，最大的才16岁，他们涉案300余起，包括收保护费、绑架、抢劫、强奸、盗窃、故意伤害等违法活动。有人用沉痛的笔调形容这些孩子"就像脆弱的星星一样迷失、深陷在黑夜里"。

建设社会主义新农村是我国的一项基本国策，随着大量农村剩余劳动力拥入城市，这些留守儿童中的一部分将来可能成为新农村建设的主力军。但是，这些孩子的生存状况和他们身上表现出来的素质的确让人担忧，是应该引起全社会的普遍关注了。

针对留守儿童的问题，《意见》提出，不得让不满十六周岁的儿童脱离监护单独居住生活，父母或受委托监护人不履行监护职责的，情节严重或造成严重后果的，公安等有关机关要依法追究其责任。这就意味着，陪伴孩子是父母应当履行的法律职责，外出打工的父母，面对幼小的孩子不能"说走就走"。

在留守儿童教育问题上，基层政府应当有所作为。比如，可以利用双休日、节假日把本村留守儿童集中起来，为他们聘请有教育经验编外"父母"，指导孩子的学习和生活。在重庆，当地发展了超过10万名社会各界爱心人士组成的"代理家长"，结成帮扶对子超过7万对；在广西，当地完成创建"儿童家园"超过3000个，有效解决了农村留守儿童校外"管、护、教、娱"问题；在河南，当地要求每月每位留守儿童都能通过"亲情电话"与家长交流……社会各界的关爱虽然能为留守儿的健康成长发挥一定的作用，但无论如何也代替不了父母的陪伴和亲情的呵护。

古训说："养不教，父之过"，陪伴、教育孩子是父母天经地义的职责。父母是孩子感情的第一寄托，也是孩子的第一任老师，父母所付出的一切都是为了孩子将来的幸福，外出打工虽然能够为孩子将来的生活奠定物质基础，但也不能因此忽视对孩子的情感投资，因为一个心理不健康的人将来也不可能生活得幸福。因此，父母不要一味在外赚钱，在重大节日或工作闲暇时要常回家看看，平时要多打电话与孩子交流；如果有可能的话，最好把孩子带在身边上学，使其充分享受到家庭的温暖。一旦发现孩子有心理问题或犯罪倾向，要果断采取措施，宁愿停止赚钱，也要想方设法纠正孩子的不良行为。

构建家庭教育体系需要多方联动

面临当下未成年人犯罪、留守儿童、父母教育缺位等诸多问题，多位人大代表建议尽快构建我国多维度的家庭教育体系，帮助父母完成"自然父母"向"合格父母"的转变，为儿童成长营造一个良好的家庭环境。

教育孩子不仅是家庭的责任，也是学校和社会的责任。全国人大代表、九三学社山西省委副主委张红健说，人一生的教育包括家庭教育、学校教育和社会教育，其中家庭教育的占比能达到35%，另外的65%来源于学校和社会。笔者认为，教育孩子首先要教育父母，要帮助父母完成由"自然父母"向"合格父母"的转变，必须构建家庭、学校、社会三位一体的家庭教育体系。

教育部门在家庭教育方面要发挥桥梁和纽带作用。要督促学校建立家长委员会，定期开展家长培训活动，传播家庭教育的新理念、新方法，同时要加强与工会、妇联、社区居委会的联系，及时了解家庭教育方面存在的问题，有针对性地开展家长培训活动。目前，我县各学校普遍建立了家长委员会，这一组织的设立不仅是监督学校改进各项工作，更为重要的任务是联络社会各界，了解家庭教育方面的信息，及时收集家庭教育方面的成功案例，为学校培训家长提供第一手资料。同时，县教育局联合县工会、共青团、妇联，每月举办一次"圣邻书院公益大讲堂"活动，聘请国内有影响的家庭教育专家，通过讲课、现场答疑等方式，解决家长在家庭教育方面遇到的困惑和问题，产生了良好的社会反响。

培训家长固然重要，但是如果没有一个良好的社会环境，也往往会产生"5+2=0"的教育效果。为此，社会各部门要多方联动，改造成人世界，为青少年的健康成长营造一个良好的外部环境。政府和社会各界要畅通各种教育渠道，宣传家庭教育的重要性和成功案例，弘扬正气，树立正确的舆论导向，引导全体社会成员共同关心青少年的健康成长。各级共青团、妇联、社区等社会组织要通过开展各种形式的社会实践活动，丰富青少年的课余生活，并主动参与对学生良好行为习惯的评价。

同时，学校教育、家庭教育、社会教育要目标一致、和谐统一。社会各界要了解青少年良好行为习惯培养的内容和基本途径，美化、净化社会物质环境和文化环境，纯洁人际关系。全体社会成员都要认真践行《公民道德建设实施纲要》，提高自身思想道德水平，规范自己的言行，做青少年健康成长的表率，同时要自觉抵制各种不良社会风气的影响，敢于同危害青少年健康成长的各种行为做斗争。

另外，还要构建一个良好的监督、引导、反馈机制，每一个社会成员既要当表率，又要成为监督者、引导者和教育者，对于青少年的不良行为，成人要及时发现，及时引导、纠正，并及时与家庭和学校取得联系，畅通信息反馈渠道，形成全社会齐抓共管的良好局面。

有多少父母可以为孩子建一座"疯狂动物城"？

一部《疯狂动物城》电影搅热了大众的神经，看着那些毛茸茸的小动物，是否也有与它们相拥嬉戏的冲动。6岁的晨曦就是这样的幸运儿，他的父母一直坚信大自然才是孩子最好的课堂。他们倾尽所有，在城郊建了所"疯狂动物城"，平时在城市中生活，周末在乡下度过。让孩子与马、羊、狗、鸡、鸭相伴，呼吸清新空气，看花开、听鸟鸣。

为孩子在城郊建一座"疯狂动物城"，让孩子亲近大自然，与动物为伴，对于孩子的成长来说，的确是一个不错的选择。然而对于城市普通工薪家庭的孩子来说，这只能是一个可望而不可即的梦想，因而这样的报道看上去虽然很夺人"眼球"，实则并没有什么推广的"标本"价值。

首先，城市大多数家庭不具备这样的经济实力。报道称，孩子的父母在城市中只能算作中产阶级家庭，2011年他们在离哈市市区50多千米远的城郊，买下了面积有三个足球场那么大的一片地，这里有秀美如画的山村风景，他们在广袤的土地上精心建起了自己的房子。既买地又建房子，房子建成后还要对内部进行装修布置，有多少城市家庭能负担得起？很多人在城区购买一套住房都要花费毕生的心血，还要承担孩子从幼儿园到大学的昂贵学费，还能有多少钱再到农村买地、建房子？

其次，这种做法也不现实。试想，如果所有城市中产阶级家庭都去农村为孩子买地、建房，国家政策允许吗？把农村的土地都变成了一座座

"疯狂动物城"，还能剩下多少土地种田、打粮食，到那时城里人吃什么？

不过，这对父母的做法虽然目前很多城市家庭难以实现，但他们教育孩子的理念却值得我们借鉴。城市工薪阶层中有一部分人来自农村，其父母大多数还都生活在农村，在双休日、节假日，他们完全可以带着孩子回到农村生活一段时间，同样也可以和大自然进行亲密接触，这样既让孩子呼吸了农村的清新空气，还培养了孩子和老一代人的亲情，同样也可以达到相同的教育效果。

另外，教育部门也应当加大这方面的投入，可以通过在农村建立校外社会实践活动基地、开辟第二课堂等方式，定期组织城市孩子到农村体验农耕生活，拉近与自然的距离，还可以让孩子参加一些力所能及的农业生产劳动，体会农民生活的艰辛，培养孩子热爱劳动的思想感情。

网络时代，父母如何增强自身魅力？

> 最近有专家说，网络时代，家长知识权威性的丧失削弱了父母人格的魅力，加大了家庭教育的困难。

不可否认，随着网络时代的到来，孩子接受知识和信息的渠道更多了，家长知识权威性的地位逐步丧失，从而给家庭教育带来许多困难。但这并不意味着父母人格魅力被削弱，笔者认为，只要家长善于学习，不断提高自身素质，照常可以成为孩子的榜样，成为孩子人生道路上的引路人。

网络对传统家庭教育带来的挑战确实不少，比如，家长知识有限，而网络信息无限；家长传递给孩子的是"过滤"后的知识，而网络上的信息鱼龙混杂；孩子上网时间长，和家长沟通的时间相对减少，影响亲子关系；有些家长不会使用网络，不懂网络语言，无法利用网络与孩子沟通，难以有针对性地教育孩子。

面对这些挑战，家长必须从以下四个方面提高自己：

一是要做网络时代的学习者。无论是为了适应学习化社会的发展，还是为了提高教育孩子的能力，家长都必须具备终身学习的品质和能力。孩子在学习，父母也要学习。家长应该紧跟时代，与孩子共同成长，掌握信息技术知识，共享网络带来的求知快乐，引导孩子健康正确地使用网络，甚至要有勇气向孩子学习，抛弃父母的"权威"形象，力争成为孩子的良师益友。同时，家长还可以通过网络家教，学习和了解更多家庭教育的方法，不断提高教育孩子的能力。

二是提高自己辨别网络信息的能力。面对缤纷多彩的网络信息，父母要有正确的是非判断和价值引导能力，多与孩子沟通，了解他们想从网络中获得什么，给他们介绍一些感兴趣的、有特色的、健康的网站。同时，父母也要以身作则，净化上网环境，提高自控能力，绝不接触不健康的色情、暴力网站。

三是营造和谐、民主的家庭氛围。父母权威的树立必须建立在尊重孩子人格的基础上，而不是采取封建家长制的方式。明智的家长懂得树立权威的重要性，但更懂得权威的树立不是靠压制、强求、主观臆断，而是采用刚柔相济的方法。当孩子痴迷于网络或者受到网络不良信息侵害时，家长要放下架子，平等地和孩子进行沟通，或者利用QQ、微信等网络平台，和孩子真诚地交朋友，交流自己对某些问题的看法，引导孩子树立正确的人生观、价值观。国外流行的"亲职教育"的经验值得借鉴，强调父母们有责任参与孩子们的上网过程，对孩子上网不粗暴禁止，而是进行正确的引导。

四是利用网络督促孩子提高学习质量。随着"翻转课堂""慕课"的兴起，孩子的学习已不仅仅局限于学校和课堂，家庭也成为学习的主要场所。家长要有意识地督促孩子完成在线学习任务，帮助孩子充分利用网络资源学习知识，开发潜能，培养创新精神。同时，还可以利用网络的娱乐功能和自由性特征，陶冶孩子的审美情操，减轻心理负荷，培养孩子健康的个性。

教育孩子的方法有很多，威胁是最臭的一个

近日，因孩子在家不肯写作业，江苏无锡一位年轻母亲竟以跳楼相威胁，打算上演一出"苦肉计"逼孩子就范，不料此举没吓住孩子，倒是引来了好心人的报警救助。

每一位父母都爱自己的孩子，但方式不同，导致的后果也不尽相同。这位母亲以跳楼的方式威胁孩子写作业，可谓对孩子"爱之深"，然而走上了极端，又可以说是"威之甚"，这也是父母在教育孩子问题上"本领恐慌"的表现。

《现代汉语词典》对"威胁"一词的解释是：用武力、权势相胁迫；使遭遇危险。也就是说，当孩子不听话时，用威胁的办法，也许能暂时把孩子"镇住"，但当孩子知道自己不会遭遇危险时，这一方法也就不灵了，因此威胁不会产生理想的教育效果。正如报道中所说"此举没吓住孩子"，因为孩子知道母亲不过是吓唬他，根本不会真跳楼。

威胁不仅不是一种教育方法，而且会给孩子带来心灵上的伤害。一位教育专家曾说："不要让孩子的心灵装进恐惧、忧虑、悲伤、憎恨、愤怒和不满，这些情绪和情感不利于孩子的神经，影响身心健康。"威胁容易使孩子形成胆小、懦弱的性格，对周围世界失去安全感，变得异常敏感。父母是孩子最依赖的人，经常威胁孩子，会让孩子觉得父母并不爱他，继而与父母在情感上疏离。同时，威胁还会让孩子形成错误的认知，比如家长经常用鬼、妖怪之类的语言威胁孩子，会使孩子错误地以为世上真有鬼、有妖怪，一些正常的自然现象如黑暗、刮风、打雷、闪电，都会使孩子产生恐惧。

教育孩子的方法有很多种，其中最重要的是正面引导和科学疏导。父母不能只站在自己的角度来考虑问题，武断地认为孩子的要求不合理。当孩子不听话时，父母一定要克制自己的情绪，设身处地地想一想孩子的感受，耐心听孩子解释，看其行为发生的根源在哪里，若是合理的要求可以适当给予满足，不合理的要进行疏导。用跳楼的方式对孩子进行威胁、恐吓，是最愚蠢，也是最无能的做法。

孩子成长需要陪伴，更需要高质量的陪伴

据北京市西城区政协委员程准公布的西城区0～3岁婴幼儿早期教育调查数据显示："每天能花60分钟陪伴孩子的母亲只占

48%，超过50%的父亲每天陪伴孩子的时间不到30分钟。"

每天不足30分钟，一周不足4个小时，父亲的时间到底去了哪儿？微信上曾流传过这样一个段子：爸爸下班回到家时已经疲惫不堪，他只想吃口热饭赶紧睡觉。但5岁的儿子怯生生地走过来问他："爸爸，你工作一小时能赚多少钱？"爸爸强压抑住不高兴："你问这个干什么？快去玩吧！"儿子却坚持说："我就是想知道嘛！""好吧好吧，我一小时能赚30元。""爸爸，那你能借给我10元钱吗？"爸爸有点烦躁，他让儿子不要再缠自己了。过了一会儿又觉得自己对儿子的态度有点过了，拿出了10元钱给儿子送去。儿子很开心地接过钱，从自己的被子下面又抽出一叠皱巴巴的零钞。爸爸一下子又火了，责问道："你不是有钱吗，干吗还要钱？""刚才，我还差10元钱呢。"儿子怯生生地回答，"爸爸，这里有30元钱，我可以买你1个小时，你陪我玩好吗？"爸爸的愧疚感油然而生，顿时感觉自己无颜面对渴求陪伴的孩子。

孩子为什么如此在乎父亲的陪伴？因为父亲在孩子的成长过程中扮演着非常重要的角色。研究发现，孩子与父亲待在一起的时间越长、做的游戏越多，孩子的智商就越高。有父亲陪伴的孩子，人格往往更健康、脸上有笑容、抬头挺胸、精神振作、内心阳光；做事果断，思想活跃，抗挫折能力也较强，人际关系良好。同时，父亲还扮演着纪律教育、情感控制、做人监督等角色，引领孩子形成良好的行为习惯。相反，在孩子的成长过程中，如果父亲经常"缺席"，则会使孩子养成一些不良个性，如害羞、情绪沮丧、自暴自弃、不求上进、少言寡语、不爱集体、厌恶交友、急躁冲动、喜怒无常、害怕失败、感情冷漠等，严重的还可能导致逃课、早恋、离家出走、偷盗甚至喜欢暴力。没有父亲陪伴的孩子，不管是男孩子，还是女孩子，往往会形成胆小、怯懦的性格，没有父爱的男孩更容易成为一个危险的男人。

如何陪伴孩子？中国医师协会儿科医师分会会长朱宗涵认为，高质量的陪伴家长应做好三件事：一是父母参与日常护理，让孩子在健康、情感、观念、能力方面得到发展；二是创造良好的家庭生活环境，让孩子参与家务劳动，与孩子互相鼓励、互相分享生活的点滴；三是注重孩子的体验，在玩儿的过程中，让孩子获得认知规则，锻炼谦让、坚持、做决定以及解决问题的能力。

由此可见，陪伴孩子不仅仅指父母"在场"，不是敷衍了事的"应付"，也不是陪同、看管和物质满足，更不是乏味的说教和监督。陪伴是一种温暖人心的精神力量，是一种对孩子情感上的依靠和信赖，需要父母全身心的投入，需要融入孩子的内心世界，与孩子建立起心理沟通的桥梁，与孩子一起分享快乐、悲伤、苦恼和困惑。当孩子需要帮助的时候父母要给予适当的支持，在孩子倾诉时父母要当好听众，了解他的心理需求，尊重他的意愿，信赖他的能力。

陪伴要有时间作保证，因为与孩子关系的建立是一个长期的过程，非一朝一夕之功，不要拿工作忙当借口，也不要拿赚钱当理由，家长应尽量每天抽出一个小时陪伴孩子。作为爸爸，再忙也要每天回家吃晚饭，每天和孩子玩一次游戏；作为妈妈，再累也要每天给孩子一个拥抱，给孩子讲一个故事。

只要质量有保障，"在家上学"未尝不可

近年来，"在家上学"是我国新出现的一种教育方式，又称为"在家教育"，通常以家庭为主要教育场所，由父母或家庭教师组织开展的教育活动，家长放弃工作，专职在家教育孩子。其存在形式主要有：父母在家教孩子、亲朋把孩子集中在一起学习、小规模的私塾学堂等，其中有些已初具微型学校规模。

"在家上学"最早产生于19世纪末期的美国，近几年才在国内出现，涵盖幼儿园到高中各个阶段。起初因宗教信仰原因，主要产生在美国宗教家庭，后来逐渐发展成为一种得到广泛认可的教育形式。据统计，2011—2012年，3%的美国学生是在家上学的，与1999年的1.7%相比，上升了76.5%。最新数据显示，大概有220万美国学生是在家里接受教育。

国内目前最知名的两个"在家上学"的案例是童话大王郑渊洁和北大

爸爸张乔峰，但无论这种教育方式效果有多好，却因为两个爸爸的特殊背景而饱受争议。有人认为，"在家上学"违法，《义务教育法》规定：凡年满六周岁的儿童，不分性别、民族、种族，应当入学接受规定年限的义务教育。父母或者其他监护人必须使适龄的子女或者被监护人按时入学，接受规定年限的义务教育。适龄儿童、少年因疾病或者特殊情况，需要延缓入学或者免予入学的，由儿童、少年的父母或者其他监护人提出申请，经当地人民政府批准。而实行"在家上学"的父母或者其他监护人既没使适龄的子女或者被监护人按时入学，又没有经过当地人民政府批准，因此有违法嫌疑。

另一种看法认为，《义务教育法》规定父母有送适龄子女入学接受规定年限义务教育的义务，但实行"在家上学"的父母本意并非不送孩子上学，而是为了让孩子更好、更快地接受教育，只要家庭有这样的教育资源，并能按照《义务教育法》要求让孩子完成国家规定的课程学习，选择家庭教育的方式与有关法律并无抵触。

针对"在家上学"的诸多争议，中国教育科学研究院研究员储朝晖此前在接受媒体采访时也曾表示："实际上家庭学校是很复杂的事，不是我想怎么选择就怎么选择。"他认为，对"在家上学"应该持开放、包容、理性的态度，不带成见，不相互排斥，不简单凭情感做选择，另外还要可操作和可检测。

笔者认为，只要能确保孩子的教育质量，无论是"在家上学"，还是其他各种形式的教育，都应该在政策制定上为其提供生存发展的空间，只不过父母要根据自身条件慎重选择。

父母是最了解、最关心孩子的人，他们有权利为孩子选择更适合、更能满足他们特殊需求的教育方式。"在家上学"与"学校教育"的不同在于教育场所和教育方式，这种形式带来了足够的灵活性，有利于孩子的个性发展和特长发展，孩子在这种教育方式下只要达到相应的学业水平，社会就应当承认它的合理性。这就好像考驾照，以前学员必须到公安部门指定的驾校学习，从2016年开始，学员不需要再到指定驾校学习，可以利用私家车自学，只要最后能通过驾考，就可以成为一名合格的驾驶员。"在家上学"与驾驶证考试一样，也应当允许家长有为孩子选择教育方式的权利。

在这一点上，不妨借鉴一下美国的做法，美国的"在家上学"不但合理合法，而且各州还制定了相关法律和配套措施来支持这些"在家上学"的学生：学生需要在当地的特许学校注册，定期汇报课程安排与学习情况，有时需要参加全州的统一考试，提供适合自学的教材，学生可以参加正常学校组织的课外活动，当地社区也有"在家上学"联盟安排定期的社交活动，允许学生随时回到正常学校的系统中来，在家上学的学生一样可以报考大学。

不要过早断言孩子是"鹌鹑"还是"雄鹰"

> 当发现孩子没有按照自己期望的方向成长时，有的家长很焦虑。广州未成年人心理咨询与援助中心一名心理咨询师建议："成功的教育就是让鹌鹑过鹌鹑的人生，让鹰有鹰的翱翔，坚持做一只勇敢的鹌鹑，就是鹌鹑中的雄鹰。"

"鹌鹑"和"雄鹰"都属于鸟类，所不同的是"雄鹰"能傲视苍穹，而"鹌鹑"只能在低空徘徊。"鹌鹑"无论多么勇敢，最终也成不了"雄鹰"，但"雄鹰"如果没有翱翔天空的机会，也可能沦落成一只飞不高的"鹌鹑"。

由此，我想到以前读过的一则寓言：一个人在高山之巅的鹰巢里抓到一只幼鹰。他把幼鹰带回家，养在鸡笼里。这只幼鹰和鸡一起啄食、嬉闹和休息，渐渐地它以为自己是一只鸡。后来这只鹰渐渐长大，羽翼丰满，主人想把它训练成猎鹰。可是由于终日和鸡混在一起，它已经变得和鸡没什么两样，根本没有飞翔的愿望。主人试了各种办法都毫无效果，最后只好把它带到山顶上扔了出去。这只鹰一直往下掉，慌乱之中拼命地扑打翅膀——它飞起来了。

这则寓言故事给我们的启发是，不同的环境造就不同的性格，也铸就不同的能力。主人如果不为鹰提供飞翔的机会，也许它就永远是一只只会啄食的"鸡"。许多家长抱怨孩子不听话、学习习惯差、成绩不理想的同时是否想过，自己到底为孩子创造了一个怎样的学习和生活环境？民间有一句俗语："跟着好人学好人，跟着巫婆跳大神。"有的家长整日忙忙碌碌，一有空闲时间便在家里设牌局、打麻将、喝酒行乐，孩子的学习和生活从不过问；还有的家长则走向了另一个极端，对孩子百依百顺，"含在嘴里怕化了，攥在手里怕飞了"，所有生活起居皆大包大揽，力求让孩子成为一个听话懂事的"乖孩子"。在这样的家庭环境下，孩子会养成怎样的习惯？形成怎样的能力？值得深思。

环境对人的影响是巨大的，有时甚至会改变一个人的前途和命运。顺境可以造就人才，逆境同样也可以，只有相信孩子的能力和潜力，并创造条件让孩子发挥这些潜力，孩子才能最终走出困境，找回自信。鹰由于受环境的影响本来已变成"鸡"，如果继续顺其自然，它一定会摔得粉身碎骨，所幸生命的本能促使它拼命地扑打翅膀，最终飞了起来。

之所以会产生这样的效果，原因就在于猎人知道这是一只鹰而不是鸡，并且适时改变了它的生存环境。在家庭教育中，当发现孩子身上有不良习惯时，家长是否也可以尝试通过改变环境的办法，唤醒孩子积极向上的内驱力，使其改正不良习惯，重新找回自信？

事实上，人在危急环境中能够把自己的潜能发挥到极致。小时候，我尝试学游泳，刚开始时非常胆小，不敢去水深的地方。有一次，一位会游泳的小朋友在水深处边游边露出半截身体，并引诱说："快游过来吧，这儿水不深。"谁知我游到那里，竟然踩不到水底，慌乱之中我手脚并用，身体时而浮出水面，时而没入水下，虽然喝了几口浑浊的水，但最终还是游回了岸边，从此我学会了游泳。

家长教育孩子，应该顺其天性，但也不要过早地给孩子定性是"鹌鹑"还是"雄鹰"，因为孩子小的时候，家长不一定能看清楚。只要为孩子成长创造适宜的发展环境，并舍得放手，说不定每个孩子都有可能成长为一只矫健的雄鹰，在理想的天空中自由翱翔。

教育孩子要摒弃"鹤"式的管教方法

"7点起床，7:40上学，放学后要带好妹妹；要主动搞好个人卫生……违反任何一条打五十大板，考试成绩不能进全班前10名，罚跪1小时。"这是四川省古蔺县双沙镇一村民为教育儿子而专门制定的"学规"，该"学规"被村民称为最严"学规"，在当地引起热议。

俗话说："不以规矩，不能成方圆。"家长为了孩子的学习，在与孩子商量的前提下，制定一些规矩，明确一些必要的惩罚措施，这样做一方面可以培养孩子自主自律的良好习惯；另一方面可以让孩子从小树立"规则"意识，知道违反规则就要受到相应的惩罚，有利于孩子的健康成长。但是也应看到，规则的制定不能仅仅体现家长意志，更不能以牺牲孩子的身心为代价，对孩子的管教应做到"宽严相济"。

由此我想到一则寓言：青蛙国没有国王，看到别的动物都有国王，所以认为自己也应该有一个国王，于是请求神派一个国王给他们。神觉得它们的行为特别可笑，便将一根又圆又粗的木头扔进池塘里。青蛙们听到木头落下的声音时吓了一大跳，全都潜到了深水里。这个由神扔下的木头，被青蛙们认为是神赐予的国王，其实它只是一根普通的木头，没有什么特别的，但当它出现在水面时，整个池塘比平日安静多了。或许是畏于这个一言不发的国王的威严，他们彼此说话的声音小多了，而且每当要爆发一场口角或武斗时，他们会顾及国王的存在，便互相克制，一场战争也就在无声中平息了。

但是好景不长，平静的日子并没有持续太久。青蛙们每天面对这个木头国王，很快就厌倦了。而且当他们做出一些出格的事情时，这个国王没有任何反应，更谈不上惩罚他们。于是，青蛙王国里又恢复了往日的热闹与喧哗。王国里比以前还多了一个游戏的场所，那就是他们的木头国王。经过一段时间的疯狂与混乱后，又有青蛙向神提出他们必须要有一个国王：请重新考虑给我们派一个新国王，我们需要一个活生生的，而且十全强健的国王。

于是，青蛙王国新的国王从空中下来了，竟然是一只强健的鹤。鹤一落到池塘里，连招呼都没打，把一只青蛙吞进肚子里了。

这则寓言故事让我们自然联想到家长对孩子的教育和管理。有的家长采取的是"木头"式的管教方法，对孩子的所作所为不闻不问，任其发展，结果使孩子养成了任性、放纵、无法无天的性格；有的家长片面理解"发展个性"的内涵，对孩子没有规矩，不注重孩子良好行为习惯的培养，当孩子的思想和行为出现偏差时，不进行正确的引导，而是听之任之，让其自由发展，结果孩子不但没有学到促进自身发展的科学文化知识，连起码做人的道理也没有学到。

"木头"式的教育固然对孩子过于放纵，但是正如报道中的村民一样，"鹤"式的管教则走向了另一个极端。这种管教方式不问孩子的需求，不关注孩子的身心接受能力，当孩子的行为出现失误时，不问青红皂白，不是"打板子"就是"罚跪"，这是一种非理性的、强制性的管教。有些家长平时很少过问孩子的思想和学习情况，而一旦考试成绩发布或者孩子在学校里惹了麻烦，则恼羞成怒，大打出手，不仅对于解决孩子身上存在的问题无利，而且给孩子的身心造成了巨大的创伤。

事实证明，无论是家长还是教师，"木头"式的管教方式和"鹤"式的管教方均都不可取，都是对孩子不负责任的表现。正确的方法应当是宽严适度、严慈相济，做孩子的良师益友。家长既要根据青少年成长的规律，从小为孩子立下一定的规矩，规范孩子的做人，使其养成良好的行为习惯，又要注重情感投入，深入孩子的情感世界，了解他们的兴趣和爱好，通过科学的引导，扬其所长，补其所短，使其走上幸福的人生之路。

家长给孩子立规矩就是培养孩子良好的行为习惯

马上就要开学了，一些走出国门参加各种游学、国际比赛活动的孩子也回来了。通过调查发现，虽然孩子们在眼界、学习成果上都得到了提高，但部分孩子在外国学习期间的不文明行为，比如大声喧哗、不知礼让、在课堂上玩手机游戏、逛商场替家长

"血拼"等，让带队老师尴尬不已。再加上家长的各种不放心，带队老师就像带队"保姆"。

对于孩子在外国学习期间的不文明行为，此前有过很多报道，原因大多集中于学校思想品德教育不到位，导致有些孩子缺乏教养。但有专家认为："孩子们出现这些不恰当的举动，家庭教育不当是祸根。要想改变这种现状，应该从家庭教育着手，家长们必须学会给孩子立规矩，比如什么时候能用手机、可以支配多少钱等，孩子学会规矩才能有教养，才能真正走向社会。"

家长学会给孩子立规矩，其实就是培养孩子良好的行为习惯，并非束缚孩子的个性。习惯决定命运，也显示出一个孩子的教养，叶圣陶先生曾说："教育就是培养习惯。"事实证明，孩子养成了良好的行为习惯，不但不会影响自己的个性，反而会促进个性的健康发展。在家庭教育中，如果孩子没有树立规矩意识，没有形成良好的行为习惯，不遵守基本的社会规范和道德礼仪，孩子将来的发展就可能与父母的期望背道而驰，这无疑是在葬送孩子美好的未来。

因此，在家庭教育中，家长要依据学校对学生行为习惯培养的要求，制定必要的家训、家规、家风。家规不仅要包括日常问候、门限时间、关灯时间、玩电脑时间等家庭生活的具体要求，还要包括不给别人添麻烦、不撒谎、遵守公共秩序等社会规范。为了让孩子懂得并遵守这些规矩，在制定家规时，父母要和孩子认真讨论，倾听孩子的意见，并和孩子共同遵守这些家规。

良好习惯的养成绝非一日之功，其主要原则是低起点、严要求、小步子、快节奏、多活动、求变化、勤矫正。有关研究表明，一个良好习惯的养成关键在头三天，决定在一个月。在这一过程中，父母要充分尊重孩子的权利，让孩子在习惯养成中发挥主导作用，要多正向激励，少批评埋怨，多肯定孩子对某一良好行为的坚持精神，培养孩子坚忍不拔的意志力。

为了督促孩子养成良好的行为习惯，在制定家训、家规、家风时，家庭和学校要积极配合，形成教育合力。

一是在条件允许的情况下，家长要学习有关孩子教育方面的新理念、新方法，树立正确的家庭教育观念。家长要首先养成良好的生活和读书、学习习惯，带头遵守家规，不断提高自身思想道德水平，发挥榜样示范作用。

二是家长要明确学校在行为习惯培养方面的一些具体要求，积极配合学校开展工作。家长应主动向学校靠拢，多向老师请教，所制定的家规要与学校同步，有意识地和学校教育保持高度一致。要定期与班主任和任课教师取得联系，反馈学生在家庭中的表现，巩固学生已经形成好习惯，矫正不良行为。同时，要积极参加学校组织的家长会、培训会和专题研讨会，不断提高家庭教育水平。

三是家长要正确评价自己的孩子。人无完人，对于孩子在行为习惯方面的主要优点和缺点，家长要做到心中有数。尤其要清楚自己的孩子在行为习惯方面的弱点，在与学校和班主任共同协商的基础上，制定矫正方案。同时，要配合学校完成每学期对学生进行的行为习惯评价，如实填写各类评价表格，充分发挥家长在评价学生方面的激励作用。

家长陪写作业为何"出力不讨好"？

"不谈做作业时，母慈子孝，连搂带抱。一涉及做作业，鸡飞狗跳，呜嗷喊叫，让路人耻笑，让老人血压升高，让邻居不能睡觉！前一秒如胶似漆，后一秒分道扬镳。"最近，微信朋友圈被这样的段子刷屏。开学不久，"陪孩子写作业"让很多家长苦不堪言，孩子也叫苦不迭。

这个段子十分形象地描绘了家长"陪孩子写作业"前后的尴尬场面。这一方面说明孩子并不喜欢家长陪写作业；另一方面还提醒家长：不正确的陪写作业方式，不仅不能培养孩子良好的学习习惯，还会影响正常的亲子关系。

孩子为什么不喜欢家长陪写作业？原因有三点：一是家长陪孩子写作业时，孩子往往会有一种被监视的感觉，致使孩子心理压力过大；二是有些家长爱唠叨，孩子做作业时，不断打断孩子的思维，且唠叨的多为负面评价，会让孩子慢慢对学习失去信心；三是家长陪孩子写作业时，看到孩子作业中出现的错误，有时会禁不住对孩子羞辱痛骂，甚至拳脚相加，导致孩子精神压力过大。

从学校教学管理的角度讲，教师布置作业的目的有两个：复习巩固当天所学知识和检测学习效果。复习巩固是指孩子在做作业之前要先打开书本，把当天所学知识温习一下，然后再写作业，这一过程几乎不用家长陪伴。检测学习效果是通过做作业，让孩子自己知道哪里学会了，哪里还没有学会，以便于教师及时查缺补漏，对学生进行有针对性的辅导。如果在这一过程中，家长不断给孩子纠错，其实就代替了孩子的自主学习，背离了作业检测学习效果的目的。

这样看来，家长是不是就不能陪孩子写作业了？倒也不是，关键是家长在陪孩子写作业时要拿捏好"度"，把握好以下三个关键词：

一是"提醒"，包括提醒孩子作业时间和作业错误。家长应及时提醒孩子做作业的时间，培养孩子自觉学习的良好习惯；对于孩子作业中出现的错误，家长不宜当场指出，而是等孩子作业完成后，让孩子自我检查、自我发现，主动更正，此时家长可以不说一句话。而对孩子实在发现不了的错误，可以进行简明扼要的启发。

二是"分享"。家长要学会分享孩子的作业成果，孩子做完作业后，如果答案完全正确，家长自然要为孩子点赞；孩子通过自己的努力，发现并改正了错误，家长更要为孩子点赞。另外，对于孩子作业中的书写、表达和创新处，家长不要吝惜自己表扬的语言，以增强孩子学习的信心。此时家长要控制好自己的情绪，切不可对孩子冷嘲热讽，或者一言不合，就对孩子进行羞辱或打骂。

三是"学习"。孩子在做作业的过程中，家长不可随意发表自己的意见，但也并非无所事事，冷眼旁观，或者是玩游戏、语言聊天等，以免分散孩子的注意力。此时可就孩子作业中出现的问题，与孩子共同学习、共同研究，尤其是一些实践性作业，家长要为孩子提供适当的帮助，但不能包办代替。

父母不可把自己的意志强加给孩子

四川农业大学成都校区大二女生李梦洁（化名）从初中起就一直收到父亲的哲理短信，看完信后，还必须给父亲谈学习体会。为此，父女之间多次爆发冲突，"他给我定的人生格局是'为天地立心，为生民立命，为往圣继绝学，为万世开太平'，但是我只想做我自己，简单平凡就好"。

应当承认，这位父亲的初衷是好的，希望孩子从小树立远大理想，像古代先贤那样，确立人生大格局，成为"为万世开太平"的圣人。然而良好的愿望却没有取得良好的效果，女儿对于父亲的这种教育方式非但不买账，甚至产生强烈反感，原因就在于这位父亲在教育孩子的过程中，将自己的意志强加给孩子，没有摆正自己的位置。

我们知道，父母是孩子的第一任老师，在孩子的学习、成长和发展过程中，承担着重要的责任和使命，但据美国心理学专家哈里斯搜罗各种数据和研究，在《教养的迷思》一书中证明，父母对孩子的成长并没有起到那么大的作用，也没有起到那么大的危害，父母们完全可以过得轻松一些。

其实，每一位做父母的都知道，孩子一旦长大成人，就有了自己独立的思想和活动空间，也有了自己的人生目标，此时父母的教育虽然在短期内能发挥作用，但从长远来看，孩子仍会按照自己设定的人生目标发展，并不一定会成为父母所希望的那种人，从这一角度讲，父母对孩子的教育影响的确是有限的。就像一位赌徒爸爸养育了两个儿子，一个儿子可能成了赌徒，他会说："有什么办法，我有这样的一个老爸！"而另一个儿子却可能好学上进，考上名牌大学，他也会这样说："有什么办法，我有这样的一个老爸！"由此可见，无法选择的原生家庭，虽然为孩子的成长提供了很多营养，却并不能成为孩子成为什么样人的决定性因素。

承认父母在孩子教育中的作用有限，我们就不会像报道中的那位父亲一样，自以为是地代替孩子做人生选择，也不会像他一样，幻想通过哲理短信改变孩子的人生。生活的智慧来自生活本身，孩子对人生哲理的感悟，来自孩子的生活阅历和对生命的体察，不能靠父母的硬性灌输。因此，做父母的都要提前做好心理准备，当孩子足够成熟、能力足够强大的时候，他们可能会忘记来问我们的意见，或者根本不需要我们的意见，那不是他们不孝，也不是他们不尊重你，而是他们真正强大起来了。

天下父母，没有不爱孩子的，但是爱孩子首先要做到尊重孩子。"己所不欲，勿施于人"，教育孩子最有效的方法是对孩子因势利导、理解尊重。父母在家庭教育中，在父子、母子的交往中，要放弃自己教育的"制高权""优越权"地位，在生活、学习与教育中把孩子当作具有平等地位的"伙伴"。在日常教育中，要坚持与孩子平等协商，不把自己的意志强加于孩子；要尊重孩子的兴趣与选择，不把自己的兴趣与选择强加给孩子；要将自己的教育要求，真正建立在孩子内心认同的基础上，尊重孩子合理的意愿。否则再好的教育愿望，对于孩子来讲也无济于事。

第五部分

教学教研

教学是学校的中心工作。日常教学工作中，教师时常会遇到一些困惑和问题，把它们当作一项课题进行研究，通过读书或思考找到了解决这些问题的方法，取得了意想不到的效果，你就打开了教育科研的大门。"问题就是课题、分析就是研究、解决就是成果"应当成为一线教师教育研究的常态。

先别忙着督促孩子学习，保护好奇心最重要

英国曼彻斯特大学的安德烈·海姆和康斯坦丁·诺沃肖洛夫，因在石墨烯材料开发领域有"突破性研究"，获得2010年度诺贝尔物理学奖。据说海姆是个充满奇趣想法的"科学怪杰"：他让青蛙在强大的磁场下悬浮起来，结束后青蛙照样可以抓蚊子吃。海姆还曾模仿壁虎爪子的结构，研究出特殊的材料，人如果装备有这种材料的手套和外衣，可以吸附在光滑表面，成为"飞檐走壁"的蜘蛛侠。

中科院院士王迅表示，飞行青蛙和石墨烯的研究属于不同领域，其间唯一关联就是好奇心和探索的乐趣——诺贝尔奖可以这么"玩"出来。据评审委员会介绍，把研究工作视为"游戏"是海姆和康斯坦丁团队的特点之一，"在过程中学习，谁知道或许有一天会中大奖"。海姆和康斯坦丁在"玩"中进行科学探索，他们用铅笔和透明胶带，将一张纸上的铅笔笔迹进行反复粘贴与撕开，从而成功分离出厚度只有0.34纳米的石墨烯。

原来"玩"也可以"玩"出名堂，玩出科学大奖，这的确让我们这些素以严格要求学生自居、严禁学生玩耍的教师汗颜！在我们的意念中，学生进入学校，主要任务是学习，哪有时间去玩？"玩"就是浪费时间和生命，就是不务正业，于是学生们整日被教师捆绑在教室里埋头苦学，到头来，知识是学了不少，可好奇心和创新精神却在刻苦学习的同时被无情抹杀了！

大凡对整个基础教育体系有一点儿了解的人，都会发现这样一种现象：孩子上幼儿园的时候，对一切事物充满了好奇，脑袋里有许许多多的"为什么"。进入小学后，由于环境和学习任务的改变，提问的积极性似乎不那么高了，但在课堂上还能做到积极踊跃地回答老师的提问，没有太多的顾忌，因此小学的课堂气氛还是非常活跃的。而一旦进入初中和高中，情况就大不相同了，学生很少提问题，回答问题的积极性也不高，课堂气氛死气沉沉。尤其到了高中阶段，课堂教学的基本组织形式就是老师讲，学生听和记，课堂上很少看到有提问和讨论的场面。

为什么会发生这种现象呢？原因就在于学生"玩"的时间逐渐减少和教师教学方式陈旧，具体表现为：一是繁重的课业负担和升学压力，使学生不敢玩，更没有时间玩。二是教学内容以知识记忆为主，这决定了教学方法大多采用注入式，上课、作业、考试，这一切都是老师事先设计好的程序，而且每一道程序都有严格的要求，学生就像装载知识的容器，像工人一样，日复一日地重复着机械劳动，不敢越雷池半步，不能提出与标准答案相反的意见。久而久之，学生对知识便失去了探究的兴趣，失去了好奇心，哪里还会"玩"？难怪有人说，教育扼杀青少年的天性，常常会使一个天真烂漫、充满灵性的少年变成一个目光呆滞、循规蹈矩的"蠢材"！这句话虽然说得有点"狠"，但观照时下的教育现状，也不能说没有一点儿道理。

好奇心是一切创造发明的基础，是推动科技进步的动力。古往今来，科学上的每一个重大飞跃，技术上的每一项重大革新，往往都起源于人们的好奇心。人类出于对飞鸟的好奇，发明了飞机等飞行器；由于对水中游鱼的好奇，才有了核潜艇的问世；牛顿对苹果落地产生好奇，才发现了万有引力定律；瓦特更是因为对烧水时蒸汽冲顶水壶盖的好奇，才发明了蒸汽机，从而带来了18世纪新技术革命的飞速发展。

好奇心的产生需要宽松的环境。海姆和康斯坦丁之所以在"玩"的时候产生重大发现，关键是因为他们"玩"的时候心理放松，没有功利思想，没有限期完成任务的压力。在学校管理和课堂教学中，我们是否能以此为鉴，尽量减轻学生的学习压力，让他们在宽松自由的环境中，对学习保持持久的兴趣和好奇心？

好奇心需要教育者精心呵护。教学中，我们不仅要教会学生质疑和提问的方法，更要有耐心倾听学生提出的相反意见，甚至是错误的、听起来可笑的一些想法，不要动辄将学生一棍子打死，使许多学生渐渐丧失提问的积极性。同时，在作业和考试中，我们是否可以设计一些没有标准答案，能激发学生探究兴趣的题目？中考和高考能否进行一些改革，允许一些有奇思妙想的"另类"学生跨进高中和大学的门槛？

好奇心更需要打牢知识的深厚根基。好奇心是创新的前提，但是没有厚重的知识做基础，好奇心只能是一种空想，因为在实现好奇心的过程中，需要大量的知识。海姆和康斯坦丁之所以能"玩"出名堂，首先因为他们是本领域知识的海量拥有者，平常人没有这方面的知识做基础，无论对铅笔和透明胶带多么好奇，也不可能分离出厚度只有0.34纳米的石墨烯。平时我们常常要求学生刻苦学习，但刻苦学习不等于死记硬背的"死学"，更不是拼时间、拼精力，使学生身心俱疲。刻苦学习的含义还应当包括让学生对知识保持持久的兴趣和好奇心，让学生乐学善学，从而最终达到学好的目的。

"自主学习"不等于"自由学习"

一位心理学家做过这样一个实验，把一些身体状况基本相同的学生分成三组，进行不同方式的投篮技巧训练。第一组：20天，每天练习投篮，天天记录，对每天的练习不提任何要求，顺其自然。第二组：时间同上，只要求每天花20分钟的时间想象投篮，投篮不中时，要求在想象中对此做出相应的纠正。第三组：只记录第一天和最后一天的成绩，但在其余时间不再做任何练习和要求。结果第一组进球率增加24%，第二组进球率增加26%，第三组无改变（没有进展）。

为什么第一组进球率低于第二组，而第三组无丝毫长进呢？通过比较，我们不难发现，第三组采用的是一种"放任自流式"的训练方式；第一组好在能够"天天记录"，学生能根据记录的数据，知道自己每天的进步情况，但是"对每天的练习不提任何要求"，这其实也是一种"放羊式"的训练，因此效果并不理想。只有第二组，既提出了明确的训练要求，也注重了训练过程中的反思、反馈和矫正，因而取得了较好的训练成绩。

这一实验和我们当前的课堂教学改革何其相似？新课程改革大力倡导自主、合作、探究的学习方式，不可否认，这一新理念的践行有利于培养学生的自学能力和创新精神，但是"自主学习"不等于"自由学习"，更不是不要课堂教学效率。有些公开课看上去热热闹闹，有小组学习，有讨论，学生在课堂上显得很自由、很放松，个性也得到了张扬，但一节课下来仔细一回味，整堂课似乎没有一个明确的教学目标，教师也没有提出具体的学习要求，学生在课堂上到底学了哪些知识、培养了哪些能力？教师和学生心中没数，课上完了，师生都感到心里空荡荡的。这样的课堂是新课改倡导的"自主学习"的课堂吗？难道"自主学习"不要课堂教学效率？

这一实验给予我们的启示是：自主学习是学生在教师指导下有目的、有要求、有信息反馈、有反思的主动学习，而不是放任自流式的学习。首先，自主学习的课堂要有明确的学习目标。目标具有导航和激励作用，师生在课堂上的一切活动要尽量不偏离学习目标。其次，自主学习的课堂要对学生的学习提出明确、具体的要求。例如，学习时间、速度、效果等，让学生形成积极的心理暗示，以提高学习效率。再次，自主学习的课堂要注重学习信息的反馈。教师要根据学生学习的情况，调整好课堂教学节奏，学生自学能够解决的问题，教师不讲；学生在自学中难以解决的问题，当讲则讲，讲则讲明讲透。最后，自主学习的课堂要通过学生的自我反思，及时矫正学习过程的不足和谬误。学习毕竟是学生自己的事，教师要通过科学的点拨和指导，让学生在探究的过程中自我领会、自我感悟、自我习得。

为何近三成的初中生没有读过四大名著？

一个中国人如果一生中没有读过古代四大名著，不能算是一个完整的读书人。中国古代四大文学名著《三国演义》《西游记》《水浒传》《红楼梦》历来被列为中学生必读书目。那么，实际上有多少学生读过呢？

上海师范大学教育学院"基础教育教材语言资源的建设与运用"课题组前些年组织过一次全国性的初中生课外阅读调查，结果显示：四大名著全部阅读过的学生占被调查人数的27.7%，也就是说每四个学生中只有一人完成了对四大名著的阅读。

恐怕这一数据仅指城市初中学生，如果单独对农村初中学生进行调查的话，比例还有可能下降。为什么会产生这一现象呢？我认为有以下几个方面的原因：

一是没时间读。学生课业负担过重是基础教育难以治愈的一大顽症。学生进入初中阶段，要学习语、数、外、理、化、生等13门课程，为了完成教学任务，学校每天的课程表几乎都安排得满满的；学生放学后回到家里，当天的家庭作业许多学生要做到晚上10点多钟（有的学生可能更晚一些），再加上无休止的周考、月考、期中考、期末考，学生平时疲于应付课业，哪里有时间读课外书？有人说，平时没有时间读，可以利用双休日、节假日读啊，而实际情况是每到双休日、节假日，各科都轮番布置大量的假期作业，家长还要强迫学生去参加各种各样的特长班、补习班，有的学生甚至连老师布置的假期作业都无法完成，更不用说抽出时间读课外书了。

二是没兴趣读。兴趣是最好的老师，如果学生对课外阅读感兴趣，无论平时学习任务多么紧张，也一定能抽出时间读书。但事实并非如此，上面的调查结果还显示：在这27.7%的学生中，读原著的占7.9%，读简缩版的占3.9%，读连环画的占2.2%，观看影视版的占7.8%。可以看出，学生阅读原著的兴趣大大低于阅读影像作品的兴趣；从阅读内容上看，学生最愿意读的是《西游记》，其次是《三国演义》《水浒传》和《红楼梦》，《西游记》因其生动活泼的语言妙趣横生的情节、瑰丽丰富的想象，符合初中生的阅读心理，受到学生的欢迎和喜爱，而《红楼梦》受小说情节和内容的限制，距离初中生的生活稍远一些，因而未引起广泛的阅读兴趣；调查结果还进一步显示：对原著的阅读喜好依次为《三国演义》《西游记》《水浒传》和《红楼梦》，为什么学生对《三国演义》情有独钟呢？专家分析可能有以下原因：语文教材中有《草船借箭》等相关内容；故事情节生动，语言较通俗易懂；生活中有大量和三国故事有关的成语、谚语、俗语等；受易中天《品三国》的影响。

如何培养学生对原著的阅读兴趣？是初中语文教学应当研究的一项重要课题。当前，阅读教学由于受中考、高考狭隘功利目的的影响，教师只让学生对教材上有限的几篇名家、名篇感兴趣，再加上教学中烦琐的语言分析和统一的标准答案代替了学生对文本独特的阅读感受，从而导致学生对语文学习越来越没有兴趣，课外阅读的兴趣也就可想而知了。

三是没能力读。"为什么读名著？"是一个阅读兴趣的问题，而"怎样读名著？"却是一个阅读方法的问题，学生一旦掌握了读名著的方法，兴趣也就自然而然地培养起来了。四大名著由于离中学生年代久远，无论是学生对语言的理解，还是对作品思想内容的把握以及人物形象的分析，都需要教师进行有效的指导。没有老师的指导，学生的阅读只能是囫囵吞枣，或者停留在边读边看热闹的低水平、低层次上，这就是学生为什么愿意读《西游记》《三国演义》，而不愿意读《红楼梦》的一个主要原因。其实《红楼梦》的思想意义和艺术成就远远高于《西游记》和《三国演义》，只要语文教师稍加指导，学生就会对《红楼梦》感兴趣。

美育不是一堂课就能解决的

去年，中央美术学院院长潘公凯指出："审美能力的提升，不是一堂课就能解决的问题，美育既要有课程与知识的讲授，更要有环境与氛围的营造，需要耳濡目染，需要润物无声。当一个正在上幼儿园的小朋友在幼年阶段就已经在公共美术馆中上美术课，在大师经典画作、在高雅音乐陪伴下长大，10年20年之后，他自然能慢慢欣赏高层次的美，欣赏更复杂、更细腻的美。"

"同时，对于开展美育的定位和要求也应当有所提高，不是让公众看到一幅画、一个展览就是开展美育了，而是要强调美育的针对性与有效性，要以真正提高观众的审美品位、审美能力为目标。美育并不是一定要培养出多少个音乐家、画家，但是一定要切实做到帮助受教育者完成审美能力的提升。"

诚哉斯言！美育的确不是一堂课就能解决问题的，课堂仅仅能传授有限的美育知识，而且也只是一些理性知识，至于审美能力的提升，乃至美的创造能力的提高，需要有审美的眼睛和耳朵以及长期的审美实践，更需要有环境与氛围的熏陶。甚至可以这样说，一个没有系统学过美育知识的人，如果具备了后三者，也可以在艺术方面取得较高的成就。历史上有许多父子文学家、书法家，如苏轼父子、王羲之父子等，在艺术方面都取得了很高的成就，这是家庭教育和熏陶的结果。然而也有例外，"大衣哥"朱之文只有小学文化，只了解简单的乐理知识，然而却天生一副好嗓子，几十年来他几乎天天跟着家里那台破旧的录音机练习唱歌，田间地头上，夏日纳凉的场院里，村里人时常能欣赏到他高亢的歌声。功夫不负有心人，他终于在山东卫视"我是大明星"栏目一举成名，近年来他得到国内许多音乐名家的指导，歌唱得越来越好。

然而可惜的是，目前我们很多农村中小学，一堂美育课的问题尚没有解决，更不要奢谈美育环境与氛围的营造。有的学校没有专职美术、音乐教师，只能由语文、数学教师代劳，美术课上成了"信手涂鸦课"，音乐课上成了"听歌课"，有的学校干脆把这两门课程砍掉，改上其他课程。至于按照国家标准应该配备的音乐教室、美术教室、书法教室等，更是缺项，因为配了也没有人会使用。如此一来，许多孩子的艺术天赋从小就被抹杀，整天埋头于语文、数理化这些枯燥的文化课中，当他们走进大学校门或者参加工作后，面对美妙的音乐和意境高远的书画作品，只能充当麻木不仁的看客。

上好美育课，营造美育良好的环境和氛围，是当前中小学教育的一项重要任务，学校要配齐专职教师，配备必要的活动场所，保障美育教学的质量。同时，我们也要意识到，美育不仅是教育部门的事情，更是家庭和社会的责任。许多家庭已经关注到这一点，当他们发现孩子在某一方面有艺术特长时，不惜重金让孩子去上各种各样的培训班。这是好事儿，但不可相互攀比、走极端，家长要尊重孩子的选择和兴趣，因为毕竟不是每一个孩子将来都能成为音乐家、画家、书法家。社会也要为学校开展美育广开方便之门，有条件的学校可以经常组织学生到美术馆、高校艺术馆上课，让学生亲身聆听大师的教诲，欣赏经典、高雅的艺术作品，使他们从小接受艺术的熏陶。

某方面表现突出的学生算不算"优秀学生"？

我们通常把"品学兼优"作为评价"优秀生"的重要指标，目前许多学校仍然使用传统的 "三好学生"称号奖励优秀学生。但在大力实施素质教育的今天，这一评价方式是否有利于学生的全面发展？所谓的"三好学生"，能否在德、智、体三方面全部达到"优秀"？

有这样一则案例：

2002年冬天，美国盐湖城冬季奥运会期间，中国体育代表团曾经到附近一所小学参观考察，受到了这所小学师生们的热情接待。来而不往非礼也，为感谢这所小学的友好接待，中国体育代表团向这所小学赠送了两个大熊猫玩具，玩具的绶带上写着：赠给最优秀的学生。中国体育代表团走后，学校准备按照赠送方的要求，把大熊猫玩具分发给学生。

可是，大家讨论来讨论去，始终难以拿出一个令人满意的方案。原因就在于该校无法找到一个最为优秀的学生。他们的学生各有千秋，各有个性和优势特长，有人考试成绩名列前茅，有人演讲能力很棒，有人运动成绩突出，有人助人为乐，喜欢帮助他人，有人喜欢思考，创造能力令人望尘莫及。由于无法评选出全校最优秀的学生，无奈之下，校长根据大家的意见，把两只大熊猫玩具放在学校陈列室里，让大家共同欣赏。

这则案例反映出中美教育在学生评价方面的差异。毫无疑问，中国代表团这里的"最优秀"，是国内"优秀生"的标准，这类学生要么考试成绩最好，要么德、智、体三者皆优。美国学校对学生的评价却不是这样的，他们认为，考试成绩名列前茅固然可以成为优秀学生，但如果学生在演讲能力、运动成绩、助人为乐、帮助他人、思考创造等某一方面有突出的表现，也可以成为优秀学生。由此引发我们思考的是：学生在某一方面表现突出，是否也应当把他看成优秀学生？

诚然，要求学生遵守基本的道德规范，使之成为一个合格的公民，这是学校教育的首要任务，所谓"德不立者，智不强"，一个品德高尚的学生也一定是一名优秀学生，因此"德"乃学生成人、成才的根本。在此基础上，如果能够做到学习成绩优秀，体育成绩出类拔萃，这样的学生凤毛麟角。

在日常教育中，我们却很难找到这样的学生，大多数学生要么体育成绩优异，但学习成绩平平；要么学习成绩优秀，但不喜欢体育锻炼；要么喜欢帮助别人，但在学习上缺乏热情。世上几乎不存在十全十美之人，所谓的"三好"只是一个模糊的评价标准。我们是否可以借鉴美国评价学生的方式，在强调"以德为首、做人第一"的前提下，鼓励学生发展自己某一方面的特长，将原来的"三好学生"评价变为促进学生个性发展的多元化评价？

采用多元化的评价方式，鼓励学生发展个性、特长，也是实施素质教育的必然要求。素质教育强调学生全面发展，但全面发展不能像工厂那样生产统一的标准件，而是在发展学生特长的基础上，带动其他素质的全面提高。

每一名学生都有自己独特的爱好和兴趣，有时候可能因为我们肯定了学生某一方面的特长，恰好促进了学生其他方面素质的提高，使一名"后进生"转变成为一名"优秀生"。因此，善于发现学生的特长，并通过评价鼓励其发展特长，这是教师教育智慧的集中体现。

原汁原味的"启发式教学"到底什么样子？

孔子是启发式教学的开山鼻祖，时至今日，这一教学法仍然值得我们研究和使用。对于什么是启发式教学，孔子阐述得一清二楚，子曰："不愤不启，不悱不发。举一隅不以三隅反，则不复也。"（《论语·述而第七》）"愤"是学生心求通未得之义，"悱"是学生口欲言未能之貌。孔子认为，教导学生，不到他想求明白而不得的时候，不去开导他；不到他想说出来却说不出的时候，不去启发他。正如《礼记·学记》所云："故君子之教，喻也：道而弗牵，强而弗抑，开而弗达。道而弗牵则和，强而弗抑则易，开而弗达则思。和易以思，可谓善喻矣。""喻"就是启发、诱导的意思，怎样启发诱导？道而弗牵，强而弗抑，开而弗达，因此善教者不应简单地向学生奉送真理，而是引导学生自己去发现真理、探索真理。

孔子认为，实施启发式教学，要善于调动学生思维的积极性。子曰："不曰'如之何，如之何'者，吾末如之何也已矣。"（《论语·卫灵公第十五》）遇事不多问几个"为什么"，这样的学生连孔子都没有办法教好他。因此，教师要善于启发学生善思多问，让学生学会举一反三，若"举一隅不以三隅反"，"则不复也"。他称赞颜回能做到了这一点，子谓子贡曰："女与回也孰愈？"对曰："赐也何敢望回？回也闻一以知十，赐也闻一以知二。"子曰："弗如也。吾与女弗如也。"（《论语·公冶长第五》）

孔子同时还认为，实施启发式教学，必须有明确教学目标，培养学生浓厚的学习兴趣。子曰："射不主皮，为力不同科，古之道也。"（《论语·八佾第三》）他以射箭为喻，射箭的目标是射中靶心，如果射不中目标，即使用了很大的力气穿透靶子，也是做无用功。同样，教学也要围绕教学目标进行，如果偏离了教学目标，则是出力不讨好。兴趣是最好的老师，实施启发式教学，要善于激发学生的求知欲，引导学生乐学、善学，子曰："知之者不如好之者，好之者不如乐之者。"（《论语·雍也第六》）

用孔子启发式教学的一系列思想，反观我们今天的课堂教学，我认为对这一优秀教育传统的继承和发展，还做得远远不够。一是课堂教学目标不明确。一节课下来，教师讲得头头是道，学生却不知道本节课要掌握哪些知识，培养哪些能力？无论是教师的教，还是学生的学，都是一本糊涂账，教学陷入了无目的、随心所欲的状态。

二是课堂教学仍是以讲为主。虽然新课程倡导自主、合作、探究的学习方式，但很多教师仍然习惯于采用讲授法，课堂上进行大量的分析讲解，把现成结论直接告诉学生，不相信学生的自学能力，不去调动学生自主学习的积极性，违背了"道而弗牵，强而弗抑，开而弗达"的启发式教学原则，从而造成课堂教学效率低下，好学生吃不饱，中下等学生吃不了，大大降低了学生学习的兴趣，从而使部分学生产生厌学情绪，造就了一大批差生。

三是问题设计太随意，没有启发性。许多老师对启发式教学理解肤浅，认为课堂上的一问一答就是启发式，整堂课充满了"是不是？""对不对？"的简单提问，虽然学生回答问题的声音很响亮，课堂气氛也很活跃，但没有一点儿思维含量，只是简单的问题填空，这不是启发式教学。启发式教学要求教师精心设计课堂提问和问题情境，使学生通过对问题的独立思考，达到"愤"和"悱"的状态，然后教师再进行精要的点拨，让学生茅塞顿开，享受思维的快乐。

四是作业和训练设计不能做到举一反三。作业和训练的内容许多都是重复性、抄写性和死记硬背的知识，缺乏典型性和代表性，不但浪费了学生宝贵的时间，加重了学生的课业负担，而且束缚了学生的思维，影响了训练效果。

启发式教学是孔子对人类教育的一大贡献，虽然目前国外各种各样的教学法在冲击着我们的课堂，但我总觉得这些教学法有各自的优点，也有缺点，有些可能完全不适合我们的国情，远不如孔子创造的启发式教学这样科学、完备。作为一名在儒家文化熏陶下成长起来的教师，我们切不可崇洋媚外，认为外国的月亮也比中国的好，而是有责任将这一优秀教育传统发扬光大，使中国教育真正走向世界。

体育中考能否由"桌餐"改为"自助餐"？

据悉，广西南宁市各中学最近陆续进行了段考，体育也是中学段考必考科目。随着成绩和排名陆续公布，一些家长坐不住了，"我小孩练了一个学期，体育只考了34分（满分60分）"。部分家长表示，南宁体育中考的标准定得太高了，这会令学生气馁，放弃练体育，达不到鼓励学生锻炼身体的目的。

我认为，问题不在于"标准"定得高低，关键是考了哪些项目。如果硬性规定几个考试项目，即使有的项目制定的标准很低，也可能有大部分学生考不出理想的成绩。比如说长跑，作为体育项目中的一种，如果将长跑纳入中考，有的学生先天有长跑天赋，几乎不用锻炼就能轻松拿高分，而有的学生可能不适宜练长跑，平时无论怎么练也达不到及格线，但在其他项目上可能有特长，如此考试，就对这些长跑没有天赋和特长的学生不公平。

这一现象使我想到了就餐。国人就餐大体上有两种方式：一种是"桌餐"，另一种是"自助餐"。所谓桌餐，是指几个人或十几个人围坐在一张较大的桌子旁，集体就餐。饭菜都是事先规定好的，按照一定的顺序轮番登场，即使满桌子没有一样你爱吃的东西，你也要硬着头皮陪伴到最后。有些爱挑剔的人参加完一次酒宴，酒喝了不少，腹中却空空如也，回到家后还要再加餐，这是"桌餐"惹的祸。

"自助餐"则不然，大厅里摆满了各种各样丰盛的饭菜，客人可以根据自己的饮食爱好，随意挑选，想吃什么就拿什么，吃饱喝足完事儿走人，几乎没有剩余。客人吃得满意、尽兴，一点儿也不浪费，主人也不用费尽口舌劝酒劝饭，省下了大量的时间和精力。

我想，中考体育考试若硬性规定几个考试项目就是让学生吃"桌餐"，而若让学生根据自身特长选择考试项目，就是吃"自助餐"。只要能达到增强学生体质的目的，就要尽量减少共同的"桌餐"，多增加一些让学生根据自身特点自由选择的"自助餐"，甚至可以尝试取消"桌餐"。这样做虽然加大了考试的工作量，但能有效提高学生锻炼身体的积极性和兴趣，即使标准定得高一些，也不会影响考试的公平性。

板书基本功：既要"写得快"，更要"写得好"

2015年22日，"2015年第四届江苏省师范生教学基本功大赛小学教学组"比赛在南京晓庄学院落下帷幕，记者在比赛现场发现，不少"准老师"的基本功还不过关。以前8分钟写70个字，现在要求虽下降，但是仍然有很多学生完不成。有人表示，尽管现在老师上课都用PPT，但是板书是教师的基本技能，教学过程中离不开粉笔字。

"8分钟写48个字"，这一要求不算太高，几乎大部分"准老师"都能完成，但是仅仅以"写得快"来考察教师板书的基本技能，我觉得并不是很恰当，因为"写得快"毕竟不等于"写得好"，既要"写得快"，更要"写得好"，才是教师板书的基本功。

对于学生写字问题，教育部门一直很重视。2012年，教育部颁发了《中小学书法教育指导纲要》，要求义务教育阶段小学三至六年级每周开设一节书法课，目的是规范学生书写，推动学校抓好学生良好书写习惯的培养。从目前情况看，此项工作还没有引起各地学校的高度重视。前段时间，我参加了本地一所小学的作业展，发现大部分学生书写水平非但不高，反而有下降趋势，很多学生的作业字体潦草，看上去写得倒是很"快"，但字形不规范、不美观。

导致学生书写水平下降的根本原因，我认为主要在于教师。有的学校虽然每周开了一节写字课，但写字课老师大多由语文教师担任，有些语文老师的书写水平实在让人不敢恭维，有的甚至还不如学生写得好。语文老师是这样，其他学科的老师就更差了，有些理科教师的板书龙飞凤舞，学生像是读天书。教师的一言一行直接影响学生，老师书写水平差，是导致学生书写水平下降的主要原因。

还有一种现象需引起注意，随着多媒体等现代化教学手段的普遍运用，有些老师上课图省事，干脆不写板书了。课件上的字虽然都很规范，但都是印刷体，不利于学生模仿学习，学生不了解字的笔顺和笔画，往往依葫芦画瓢，自由书写。

教师是学生写字的榜样，教师板书认真，书写水平高，往往会直接影响学生。我曾经询问过日常生活中一些书写水平较高的同事和朋友，他们的回答几乎一致，都是小学或中学时遇到过一位好老师。相反，我也问过一些书写水平差的朋友，他们的回答也惊人的一致，上小学或中学时没有遇到过一位写得好的老师。由此可见，如果不从书法的角度考虑，写字其实是一种习惯，教师就是这种良好习惯的启蒙者和培养者。一个人从小养成了书写不认真的习惯，如果不去刻意纠正，长大后恐怕就很难纠正了。

写好字本来就是老师的基本功，既然教师是学生写字的榜样，那么作为一名"准老师"，不仅字要"写得快"，更要"写得好"；不仅要练一练钢笔字、粉笔字，还要练一练毛笔字，不一定成为书法家，但至少可以把字写得更美观、更漂亮，同时还可以修身养性。更为重要的是，作为学校，必须要求老师在课堂板书和批改作业时，书写规范的正楷字或行楷字，为学生提供学习的范本。

集体备课不能变成了"分段施工"

到很多学校调研，我发现备课组的集体备课变成了"分段施工"：一般在新单元或新章节教学的前一周或几天，备课组长把同学科教师集合到一块儿，分完工，教师各自上网下载教案。最后再将搜来的教案粘贴到一个文本里，打印给每一位教师。教师除了对自己负责的部分较为熟悉外，因为事先没有认真研究其他教案，导致课堂教学磕磕碰碰，效果很不理想。

这种"集体备课"显然有问题。因为网上下载的未必就是优秀教案。即使这些教案是优秀的，也未必适合每一个教师。以前，教师是独立备课，因为每个教师的知识基础、认识水平、教学能力各异，在课堂上面对的学生也不尽相同，对教材的理解和知识点的把握角度不一，所以同一教学内容，一百个教师会有一百种处理方法。

就集体备课的本意而言，同学科教师在课前共享资源，相互启发，可以弥补教师独自备课的不足。具体做法是，首先先由同学科教师各自独立研究将要教学的所有内容；其次集体研讨，分别发表自己对每课时内容的理解和处理建议，在相互讨论的基础上达成共识；最后每位教师在听取大家意见的基础上，根据自己对教学内容的独特理解，设计出适合自身特点的教案。

如果集体备课成了教师分头在网上下载教案，不仅难以发挥集体的智慧，还会让教师养成工作懒散的习惯，最终受害的还是学生。学校管理者应该关注这一现象，督促教研组转变备课方式。

"达标"是衡量一堂好课的标准

外出听课，经常会听到这样的课，教师个人素质很高，课堂上表演得淋漓尽致，教学设计别出心裁，课堂气氛热闹非凡，学生看上去情绪高涨。但是，一节课下来，如果与当堂教学目标比照的话，却令人大失所望，该让学生记住的知识没有记住，该培养的能力没有培养，该训练的知识点没有训练，整节课除了热闹之外就是热闹，达标率低得可怜。

你能说教师没用力吗？为了准备这节课，讲课教师不知查阅了多少资料，请教过多少位名师，熬了多少个通宵。你能说这样的教学没有"穿透力"吗？整节课像是一出精心导演的舞台剧，高潮迭起，令人眼花缭乱。但是正如射箭比赛一样，虽然选手力度很大，却射偏了方向，没有射中目标。

衡量一堂好课的标准到底是什么？我认为，不是老师高超的表演，也不是课堂容量，更不是课堂的"精彩"程度，而是学生当堂学习的达标率。如果当堂达标率不高，无论教师个人素质多么高，课堂上讲得多么精彩，也不论老师传授了多少先进的知识，使用多么先进的现代化教学设备，一律都不能算作好课。

教师教学风格不同，能力有别，因而在教学中采取的方式、方法有时候大不一样，但只要能达到既定的教学目标，我认为这就是一节成功的好课。有的老师口才好，演讲有感染力，同样的问题，经他一讲，学生很快能够理解与掌握；有的老师不善于讲，但善于导，善于设置问题情境，引导学生自主学习，同样的问题，不是由教师讲明白，而是通过引导学生自学"悟"明白；还有的教师善于使用现代化教学手段，善于通过形象生动的课堂教学组织形式，让学生理解与掌握知识。无论哪种风格的教学，最终的落脚点都是让学生学会、会学，最终达成既定的教学目标，否则便不能算作一节成功的课。

强调"达标"是衡量一堂好课的标准，前提是课堂教学目标的制定必须准确无误，就像射箭比赛一样，靶子必须安放在准确的位置，太远和太近都不行。制定教学目标的依据是国家的教育方针和学科课程标准，每节课既要有知识学习目标，又要有过程方法目标，还要包含情感、态度、价值观目标，只有将"三维目标"落实到每一堂课中，才能为"当堂达标"提供准确的依据。

课堂教学要教会学生讲哪些话？

小学数学特级教师刘永宽说，课堂教学要教会学生讲"四句话"：第一句话是"老师，我还不懂"；第二句话是"老师，我懂了"；第三句话是"老师，我不同意"；第四句话是"老师，让我来说"。这四句话可称得上课堂教学的至理箴言。

第一句话"老师，我还不懂"，是鼓励学生说真话、说实话。子曰："知之为知之，不知为不知，是知也。"对于同一个问题，由于学生认知基础和理解水平不同，有的同学可能理解、掌握了，有的同学还没有理解，如果教师为了赶进度，放弃那些还没有理解的同学，就会导致他们在后继学习中产生认知障碍。因此，在课堂教学中，教师要留给学生适当的"反刍"时间，鼓励那些对知识还没有理解到位的学生大胆说出"老师，我还不懂"，教师再对这些学生做适当的点拨，这是教师对学生负责任的表现。

第二句话"老师，我懂了"，是鼓励那些知识面广、接受能力强，有一定自学能力的学生勇敢向新知识、新任务挑战。课堂教学中，总有一部分学生悟性较高，对于所学内容一点就透，一学就会，教师如果仍然按部就班地进行教学，一方面会使这部分学生产生学习的厌倦感，白白浪费时间；另一方面也违背了因材施教的教学原则。对此，教师要鼓励这些学生大胆说出"老师，我懂了"，然后运用分层次教学的策略，为他们安排新的学习内容和学习任务。

这里的"懂"与"不懂"不是表面现象，必须是实实在在的，教师要通过各种途径获得准确的反馈信息。有人说，课堂教学的起点是面向"中上等学生"，而"落点"是"中等学生"，"下等学生"因基础差，无论教师怎样教也学不会。这种认识有失偏颇，我们是否可以这样说，课堂教学面向所有学生，实施分层教学策略的目的是让会飞的学生飞得更高，让刚刚张开翅膀的学生飞起来，让不会飞的学生能够学会跑。

第三句话"老师，我不同意"，是鼓励学生大胆质疑，敢于批判，敢于向课本、向别人、向权威叫板，这是培养学生创新思维、创新能力、创新品质的必要条件。在日常教学中，教师往往喜欢那些听话的学生，习惯于追求标准答案，对于敢于提出不同意见、有奇思妙想的学生常常熟视无睹，或者将其视为"异类"。久而久之，学生对现成知识、教师和课本权威形成崇拜和依赖的心理，他们的思维被禁锢，不敢越雷池半步，这是培养学生创新能力的大敌。

第四句话"老师，让我来说"，是鼓励学生大胆发表自己的想法。"说"是一种表达，需要缜密的思维和较强的口语表达能力作为支撑。只有学生想到的、理解的东西才能很好地表达出来，因此，"说"既是对学生学习效果的检验，也是训练学生口头表达能力的有效方法。杜郎口中学有一种课型叫作"展示课"，课堂上让学生自由汇报自己的学习成果，就是对"说"的最好注脚。

除了以上这四句话外，我认为还可以再加上一句："老师，让我来做"，鼓励学生在"做中学"。即便课上时间有限，也应该让他们课后多动手实践，动手操作。因为通过做，能够有效地检验学生是否已掌握所学的知识，是否形成了独立思考和解决问题的能力；通过做，教师还可以开发和培养学生的想象能力、动手操作能力，有效解决手脑并用的问题，使学生变得越来越聪明能干。（此文发表于2010年第10期《今日教育》）

推行在线作业不可以图省事

近日，2015年全国基础教育信息化应用现场会在广东佛山召开。据统计，佛山市南海区每天有100多所学校的教师在线推送电子作业，每天有5万多人次在线交作业。对于这些做法，家长担心会加重孩子对电子的依赖。

在线推送电子作业，学生和教师的确省了很多事，学生可以不用把作业本带回家，不用一笔一画地书写每一道题，教师也不用一本一本地批改作业。但是，这样做带来的问题也不容忽视。

这种做法不利于培养学生认真书写的习惯。从目前情况来看，很多考试仍然采用的是纸笔书写的形式，如果平时不加强这方面的训练，等学生将来走上考场，很容易产生书写不熟练、不规范甚至提笔忘字的现象，从而影响考试的正常发挥。

书写作为一种能力，要求学生既要写得快，又要写得好。使用电子在线作业，学生仅仅使用鼠标、键盘在电脑上完成作业，长此以往，必然导致书写能力的退化，不利于学生将来的发展。

做作业的目的是帮助学生巩固知识，帮助教师检查当堂课或当天的教学效果，教师可以根据学生作业中反馈的信息，及时查缺补漏，调整自己的教学策略。而推行电子在线作业，很多学生要回到家里利用电脑完成，缺乏老师和家长必要的监督，有些不自觉的学生可能会图省事，上网下载或抄袭其他同学的现成答案。这样一来，学生作业中反馈给教师的信息就是假的，不利于教师改进教学。

由此可见，教师不可以为了图省事而把所有作业一股脑儿全都发到网上，要精心选择作业内容，该让学生当堂或当天完成的作业，最好及时完成；该让学生书写的作业如作文，一定要让学生认真书写，不可以上交电

子稿。（此文发表于2016年第2期《教育家》杂志）

"后三排学生"何以成了课堂看客？

我听课几乎都是坐在教室最后面，专门观察后三排学生如何听课、如何学习。结果发现，后三排往往成为任课教师遗忘的角落，学生很少抬起头来听课或主动举手回答问题，参与课堂讨论的积极性也不高。他们中的大多数人目光呆滞，无所事事，甚至有的学生一直在睡觉，这样的课堂教学效果实在令人担忧。

造成这种现象的原因固然很多，但主要在于教师的思想观念，尤其是班主任老师，他们往往喜欢那些学习好、听话的学生，讨厌那些调皮捣蛋、成绩差的学生，所以在安排位置时特意把后者放在后三排，以防止他们影响其他学生学习。而其他任课教师也喜欢那些思维灵活、善于表现自己、成绩突出的学生，并给他们提供更多回答问题和参与讨论的机会。因此，后三排学生长期得不到老师的重视，对学习渐渐失去了信心，破罐子破摔，久而久之便成了课堂的"看客"。

从实际情况来看，后三排学生并非处处不如人，他们当中也有很多人相当聪明，或者在某些方面有特长。只不过由于他们在知识积累和学习习惯方面的不足，才造成文化课成绩差，或者不爱表现自己，因而得不到教师的重视。

教师要转变思想观念，尊重学生的个性特长，平等地对待每一名学生，相信每一名学生都是一座有待开发的智力宝藏，精心呵护每一名学生的健康成长。在班级管理中，班主任老师要合理安排座次，创设团结向上的班级文化，发挥班集体的整体优势，保证不让一个学生掉队。一旦出现后进生，要耐心细致地做工作，帮助他们分析原因，并采取必要的帮扶措施，而不是把他们放在后三排，不管不问。在课堂教学和课外辅导中，任课教师对于后进生更要关爱有加，信任有加，善于发现他们身上的闪光点，多为他们创造成功的机会，帮助他们树立起学习的信心。

"写论文"不是教师的"主业"

据媒体报道，河南省中小学教师职称评审已开始进行全面改革。在职称评定中，把"讲好课"作为首要条件，取消了"发表两篇论文"的硬指标，将日常教学表现纳入评价标准，强调教师教书育人本位。

我为河南省这一做法叫好！作为一名教师，本职工作是教书育人，理应把主要精力放到"关心爱护学生身心健康、关注学生成长"和"教学工作"上来，这是社会赋予教师职业的神圣使命，舍此而花大力气追求一些与教育教学工作关系不大的写论文、发论文之类的事情上，实则是本末倒置，或者说是不务正业。可以这样认为，凡是教育不好学生，且教学工作一塌糊涂的老师，无论他（她）发表、获奖的论文多么多，层次多么高，也不能说他（她）是一位合格的教师。如果教师只会写论文，不会当班主任，且教学水平一般，那么即使这样的教师被评为高级职称也不会让人心服口服。因此，河南省的这一做法，从某种意义上说回归了教师职业的"本"与"真"，企盼能对全国各地的教师职称评定工作产生很好的导向作用。

说到这里，我们不能不对长期以来流传甚广的"教师是研究者"的提法做一番理性的思考。因为教师是研究者，所以很多地方在教师评定职称时，把获奖、发表多少论文，承担哪级教改实验课题作为一项硬指标。教师缺乏这些项目，无论课讲得多么好，教学质量多么突出，也往往被拒之门外，由此导致基层学校部分教师急功近利，不安心于本职工作，把主要精力用于写论文、发论文上，结果论文发了不少，高级职称也评上了，教育质量却没有带来明显提升。相反，那些踏踏实实搞教学，教学质量一直优秀的教师却一再失去晋级的机会，有的已经到了退休年龄，还只是一个中级职称。

我不反对教师搞研究，但要明确"主业"和"副业"的关系，弄清楚教师的研究是一种什么性质的研究。诚然，当教师的应该认真研究教育教学规律，研究教材，研究学生，唯其如此，才能创造性地做好教育教学工作，完成教师职责所赋予的神圣使命。但是，"研究"并不等于把大量时间用于写论文、发论文上，思考是研究，分析是研究，运用思考和分析的结果改进实践也是研究，这些研究成果有时候不可能写成文章，但在许多优秀教师的心中却形成了一套成熟的经验，他们虽然很少发表论文，也没有什么高深的理论，却能在教学中驾轻就熟，产生很好的教育效果，难道他们就不是"研究者"？因此，我认为"教师是研究者"提法，倒不如改成"教师是实践者"说法更为恰当，因为教师的研究不同于教育理论工作者的研究，其目的是改进教育教学实践，更好地提高教育质量，不是为研究而研究，为写论文而写论文。

但是，我不否认一线教师通过写论文、搞课题研究成为"教育专家"的可能，相反，我真心地希望一线教师中有更多的教育专家涌现出来。我心目中理想的"教育专家"，应该首先是一个优秀的班主任，并在本学科教学领域成绩优异，然后在此基础上，通过系统的总结、研究，形成了一套属于自己的教学思想理论体系，并经过实践、检验产生很好的效果。就像魏书生老师那样，从实践到理论，再回到实践，经过长期的锤炼，最终达到教育的理想境界。

手写教案、板书的教师何以成了"稀缺"资源？

> 66岁的扬州大学教授郭明道先生，推崇"写方正字，做方正人"，在其所教的中国档案事业史、文书学、公文写作等科目中，一直坚持手写教案、板书，还要求学生交手写作业，在其影响下，所教学生练字成风。近日，扬州大学社会发展学院公众微博晒出了郭教授多年来的手写教案，字迹工整，数量众多，引来同学们纷纷感慨："道爷太赞！" 他常常说"字如其人"，从一个人的字能够看得出一个人的品性，要"写方正字，做方正人"。

本来，写教案、写板书是教师的一项基本功，作为一名大学教授，用规范汉字写教案和板书是天经地义的事情，一来可以修身，二来可以给学生提供示范。然而，我们不得不承认，在信息技术高度发达的现代社会，用PPT课件代替板书，既形象直观，又简单易操作，何必再劳心费力手写板书？在众人皆用课件、图像满天飞的大学课堂上，郭教授岂不成了"稀缺"资源？难道他要开历史的倒车？

事实并非如此。郭教授之所以坚持手写教案、板书，来源于他对汉字书写的独特体认。汉字作为中华文化的重要载体，有其固有的点画、笔顺、结构和外形，写好汉字不仅要临摹必要的纸质范本，更要观察他人的书写习惯，有时候教师的示范作用往往是字帖无法代替的。PPT课件无法做到这些，只能给学生提供印刷体汉字，不利于学生观察和模仿。郭教授正是看到了这一点，他现身说法，为学生提供写字的范本，无怪乎他的学生练字成风，把他的板书奉为珍宝，纷纷拍照留存，以便课下临摹。

更为重要的是，郭教授认为"字如其人"，从一个人的字能够看出一个人的品性，所以他要求学生"写方正字，做方正人"。研究书法的人都知道，欣赏一幅书法作品，大体上能看出书写人的品格、学识乃至胸襟，字写得规规矩矩的人，一般情况下也是一个做事认真、态度严谨的人。郭教授不仅自己认真书写教案、板书，他还要求学生交书写作业，课堂上经常特地将学生的手写作业提出来讲解："撇捺要到位，字写得要方阵，不可飘上去或掉下来。"由此可见，写字不仅是一个技巧问题，还可以培养学生严肃认真、一丝不苟的治学态度。

另外，还应当看到，教师课堂上边讲解边板书，学生被教师精彩的板书所吸引，边听边记，还可以使学生聚精会神，集中精力听课，提高课堂教学效率。难怪有同学说："郭老师的板书我们每节课都要记很多，一节课写的字可能比一周都多，对练字确实有很大帮助。"何止对练字有帮助，边听边记还不容易走神，在听和记的同时思考教师所讲解的问题，耳、手、脑并用，可以大大提高听课效率。而使用PPT课件，学生看得眼花缭乱，听得云里雾里，跟不上老师的思路，精力自然难以集中，效果也就差得多。

科学技术的发展在改变人们生活和工作方式的同时，也引发了教学领域的一系列深刻变革。在享受技术给我们带来的方便快捷时，教师要始终把握教书育人的本质。手写板书和运用PPT课件，表面上看是两种不同的课堂操作方式，实则彰显了不同育人理念，手写板书看似浪费课堂时间，实则是促进了学生的发展，教育就应当大力挖掘像郭教授这样的"稀缺"资源，弘扬其敬业爱生的执着精神。

课堂教学为何总是达不到"预期效果"？

近段时间听课发现，有的课堂看似热热闹闹，但容量小，用时多，学生收效甚微；有的课堂容量过大，知识密集，学生如坐针毡，学习反而成了一种痛苦的体验，并没有达到预期的效果。

有效学习是课堂教学追求的理想境界，福建师范大学余文森教授指出：有效学习有三个考量指标，即学习速度、学习效益和学习体验，三个维度必须同时考虑，只注重单一的维度，很难实现高效学习。这给我们带来的启示是：有效的"学"必须以有效的"教"为前提，只有改变教的策略，使学生由被动学习变为主动学习，才能真正提高课堂学习效率。课堂教学要使学生学得快、学得多、学得有趣，应注意以下三点：

首先，教师必须树立课堂教学的时效观念，优化教学设计，兼顾学生的学习速度、学习效益和学习体验，处理好课堂教学预设和生成之间的关系。备好课是上好课的前提和保证，备课要以学生的学为中心，将原来的教案变成学案。备课的时候，教师要认真思考以下几个问题：学生学习哪些知识是适量的、有效的？创设怎样的情境才能激发学生的学习兴趣？应当提出哪些富有探究性的问题？设计哪些课堂学习活动才能使学生学得愉快？各个环节之间的时间分配是多少？课堂上可能出现哪些意想不到的问题？等。

其次，要进行有效的课堂调控，增强课堂教学的节奏感，处理好速度与效果之间的关系。速度过快，学生消化不了；速度过慢，浪费学生宝贵的学习时间。因此，对于课堂上学生独立完成的学习任务，老师都要提出明确的时间要求和目标。教师的解疑释难要做到精当简要、形象生动，并及时通过问题探究、课堂学习活动的安排来调整学生的情绪，使学生以积极的思维状态参与课堂学习。尤其要注意的是，课堂教学不能背离主旨，让学生在一些无关紧要的问题上争论不休，这样的争论看似课堂气氛十分活跃，其实会引起学生思维的混乱。因此，课堂教学应当像一篇优美的散文，做到形散而神不散。

最后，要发挥课堂评价的导向和激励功能，对学生的学习效果进行及时有效的反馈，不断调整预定教学设计，保证学生学得多、学得快、学得好。学习效果是有效学习的显性体现，即通过一节课的学习，学生掌握了哪些知识和方法，形成了哪些技能，陶冶了哪些方面的情操。这一切都必须通过及时的提问、课堂训练等途径来实现，以便教师通过学生反馈的即时信息，重新思考教什么、怎样教，从而合理把握课堂教学的容量。

学习速度、学习效益、学习体验是有效学习的三个考量指标，而时效观念、课堂调控、评价反馈是实现课堂有效学习的基本策略。课堂教学充分运用这些策略，有效学习的理念才能真正落到实处。

培养孩子反思精神是教育万万不能忘的一件事

很多家长和老师忽略了培养孩子自我反思的良好习惯，古人所说的"日三省吾身"至今依然很有教育意义。

孩子回到家后，家长往往以工作忙、时间少为由，只关心孩子是否完成了老师布置的家庭作业，而不去过问孩子当天学了哪些知识，还有哪些知识没有掌握。学校教育也大多如此，受班级集体授课制的限制，教师每日在繁重的教学工作中疲于奔命，关注的只是集体教学的效果，很少有时间和精力对学生个体进行辅导。只是在期中或期末考试后，才以分数的形式将学习效果反馈给学生，平时则很难指导学生进行日反思、周小结，甚至有的教师根本就没有这种意识。

由于没有让学生养成反思的良好习惯和自我监督的能力，久而久之，在一个群体中就造就了一批所谓的"差生"。教育教学实践证明，学生学习任何知识、掌握任何一项技能都是一个循序渐进的过程，如果前面的知识没有学会，就很难进行后继知识的学习。

根据美国教育学家布鲁姆的"掌握学习理论","差生"的形成主要是由"知识的缺陷积累"造成的。所谓"知识的缺陷积累",通俗地讲就是在知识学习过程中每日留下的"夹生饭","夹生饭"积累得越多,学生在学习新知识时就变得越来越困难。布鲁姆还坚信:"只要提供适当的先前与现时条件,几乎所有人都能学会一个人在世上所能学会的任何东西"。我想,这里所讲的"适当的先前与现时条件",也应当包括让学生养成良好的反思习惯在内。(此文发表于2016年第4期《教育家》杂志)

选修大学"先修课",不要"捡了芝麻,丢了西瓜"

清华大学、中国科技大学、复旦大学、南京大学等国内十多所高校于2015年11月28日共同发起的"MOOCAP课程"全面启动,通过网络面向全国优秀的中学生教授大学课程。清华大学率先推出了6门先修课。记者采访获悉,这6门先修课的累计报名听课人数已突破6万。很快,全国多所高校的先修课程将组团"亮相"。让尖子生们颇为心动的是,名校的先修课将与自主招生"挂钩"。

记者在采访中了解到,大学先修课向中学生提前引入大学课程,拓宽了学生的视野,对学有余力的学生开发潜力很有帮助。不过先修课让中学尖子生颇为心动的另一个重要原因,是与高校自主招生"挂钩"。

这里有两个关键词需引起我们注意:一个是"学有余力",另一个是与高校自主招生"挂钩",也就是说,只有学有余力的学生才能选修这些"先修课",并且通过大学考核的学生,还可以在自主招生考试中享受大学的优惠政策。在笔者看来,这是对高中教育的一个错误引导,是在制造新的教育不公平。

哪些是中学里"学有余力"的学生?当然是那些学习成绩前三分之一的少数尖子生,在一般农村学校,这些学生最有希望升入重点大学,是学校重点培养对象。在高中校长看来,学校每年能有一两名学生考上清华、北大,就是自己最大的政绩,于是他们想尽千方百计培养这些学生。有了大学的这些先修课，他们就可以名正言顺地把尖子生集中起来，不惜学校人力、物力，让他们修完所选课程，因为这些先修课毕竟和大学的自主招生"挂钩"。这样一来，尖子生的确得到了重点培养，但那一大批渴望升入一般大学的"中等学生"怎么办？难道他们天生就该被学校歧视？这不是"捡了芝麻，丢了西瓜"吗？

再说与自主招生考试"挂钩"，有教师说这是"自主招生联盟"取消后启动的新一轮"掐尖模式"，"掐尖"本身已造成大学录取的不公平，况且通过这种方式能掐到真"尖"吗？可以肯定的是，这些课程都是通过网络传输的，需要互联网、计算机等一系列终端设备，不仅要求学生在学校里利用课余时间学习，回到家里也要学习。试想，农村普通高中的学生大多数是农家子弟，需住校学习，有几个具备这样的条件？他们中的佼佼者难道天生就不该考上北大、清华？这不是制造新的教育不公平吗？

有校长说："大学在高中开设一些先修课程，大学招收优秀学生，这种方式作为招生制度的一种探索方式值得肯定。但只能面向中学里学有余力的优秀学生，因为我们目前的高考体制还是以分数说话。"这一观点还比较理性。因此，普通高中在实施这一政策时，一定要把握好"学有余力"这一关键词，即使是尖子生，也不可强迫他们去学习先修课程，要尊重学生的意愿，不要因为几个尖子生的培养，忽略了大部分学生的教育。高校最好也不要把先修课的学习和自主招生"挂钩"，但可以作为录取的参考。

培养科学素养不仅仅是知识层面的事情

近日，《中国青年报》发表评论批评电视剧《芈月传》中"芈月生吃土茯苓解毒"的情节。文章认为，当下不少媒体非但没有在健康传播领域对伪科学信息进行及时的筛选和纠偏，反倒为不少伪科学背书，致使不少人将一些无益甚至有害的方法，视为有用的"偏方"。

记得前些年，鼓吹吃茄子、吃绿豆能治百病的神医张悟本被戳穿，现在电视剧中又说"吃土茯苓"能"解毒"。其实，只要稍微具备一点科学常识的人都明白，吃茄子和绿豆根本不能包治百病，吃土茯苓也不可能解毒。这一现象一方面说明电视等主流媒体对公众的引导作用不可小视，另一方面也暴露出了公众科学素养严重缺失的现实。

学校教育是培养科学素养的一条有效途径，让学生掌握必要的科学技术知识，树立科学的思想和精神，学会用科学方法解决实际问题，是科学教育的重要任务。但现实中，不少学生和家长把科学知识视为通向高一级学校的"敲门砖"，学习它们只是为了应付中考、高考，而不是为了解决生活中的问题。由此可见，培养科学素养不仅仅是知识层面的事情。

要想提高学生的科学素养，首先，要让他们拥有坚定的科学信念，树立实事求是的科学精神。其次，在日常教学中，要把科学知识的学习和实际问题的解决有机结合起来，多关注生活中看似奇怪的现象，让学生运用所学知识和方法探究解决。比如，化学中讲到磷的化学反应，就可以引导学生认识"鬼火"这一自然现象。类似这样的例子还有很多，完全可以用科学知识来解释。

当然，科学素养的养成还需要一个崇尚科学的良好外部环境。尤其是电视、电影等主流媒体，只要是与科学有关的事件和情节，无论是编剧还是导演，都要慎之又慎。如果为了需要而编造一些有违科学精神的离奇情节，一定要注明，以免误导观众。

学生"假学""假会"，何谈教学效率？

近期到部分初中学校调研，每天听两节课，学生"假学""假会"的现象引起了我的注意。

学生"假学""假会"的具体表现主要有三种：第一种是教师提前一天布置了预习，下发了预习提纲，第二天上课检查预习情况时，所有人都能对答如流。事实上，只有部分同学按照要求预习了，另外一部分同学只是在复述课本上或者其他同学的答案。第二种是在课堂教学中，教师提出了问题或者出示了当堂检测题，有些学生只是照本宣科地把事先在课本或资料中找到的答案念一遍，其实一点儿也不理解。第三种是有的学生抄袭其他同学作业，他们看似都做对了，其实一点儿也不明白其中的道理。

就拿第一种表现来说，教师通过检查预习情况，可以知道学生已经掌握哪些知识，还没有掌握哪些知识，据此进行二次备课，确定课堂讲解的重点、难点，提高教学效率。如果学生只是抄袭了课本或其他同学的现成答案，那么反馈的学情就是假的，教师的课堂讲解就失去了针对性。要么过难，绝大多数学生难以掌握；要么过简，进行一些重复无效的讲解。

同理，课堂提问、检测以及课后作业，是教师检验教学效果、诊断学习效果的必要手段，如果学生根本没有思考或者亲自做作业，那么教师就很难知道学生到底掌握了哪些知识，哪些知识还没有掌握，从而失去了反馈矫正的意义。

解决学生"假学""假会"的问题，要从以下三个方面着手：

一是要加强对学生的引导和教育，教给学生自主学习的方法。要向学生讲清自主预习、独立思考和独立完成作业的意义，增强学生的自我管理意识和自律意识，同时要教给学生预习和思考问题的方法，让学生感受到自主学习和思考的乐趣。

二是要加强监督和管理，使学生养成自主学习的习惯。对于课下自主学习，刚开始时教师要亲自监督，要求学生在规定的时间内独立完成预习任务。一段时间后，可以发挥小组合作学习的作用，让同学之间相互监督，教师通过小组长及时掌握自主学习的情况，调整教学设计。在课堂教学中，无论是提问，还是当堂检测，要求学生独立思考、独立完成，实在无法独立完成的，可以在小组内交流。对于共性的问题，教师要进行详细的讲解。这样做的目的在于让教师掌握学生学习的真实情况，久而久之使学生养成自主学习的习惯。

三是要强化责任心，真正为学生的学习负责。教学的最终目的是让学生掌握知识、运用知识、陶冶情操，如果学生当堂所学知识都掌握不了，时间长了会越来越跟不上学习进度，所谓的"差生"也就这样产生了。对于学生的"假学""假会"，许多老师并非不知道，只是害怕耽误上课时间，完不成教学任务。比如，某些历史老师把检查学习效果当成了课堂教学的一个并不重要的环节，明明看到学生抱着课本念现成答案，却不加以制止。让学生会学并且学会，是教师责任心的体现，也是提高课堂教学效率的必然要求。

校长执教公开课是角色错位吗？

听评课是校长日常的工作。前段时间，我县一所小学一反常规，改由校长执教鞭，老师来听课，课后集体给校长评课。

对于此举，有人不以为然，认为这种做法会导致校长角色的错位，我不这样认为。不错，校长的主要任务是对学校实施行政管理，但这种管理要建立在精通教育教学业务之上。如同苏霍姆林斯基所说："校长对一所学校的领导首先是教育思想的领导，其次才是行政上的领导。"校长如果对教学一窍不通，不会上课，会有自己的教育思想吗？怎么能领导好学校？

校长执教公开课，一方面可以了解课堂教学的现状和问题，为学校决策积累第一手资料，从而保证学校各项改革措施顺利实施；另一方面可以大大缩短与老师之间的距离，增进彼此之间的理解和信任，以后校长听评课提意见，就能有话可说、有的放矢，老师们会心服口服。既然上了课，就要有人听、有人评，因而老师集体给校长评课，这是再平常不过的事情，不是角色错位。

从现实来看，大部分中小学校长都是某一学科教学的行家里手。特级教师魏书生在担任学校校长期间，每周坚持上课，他的许多成功的教育改革经验都来源于课堂教学，所倡导的科学和民主的管理思想，就是他在长期的教育教学实践中不断探索的结晶。

当然，管理学校也是一门学问，会上课的肯定是一位好教师，但不一定是一位合格的校长。更重要的是，校长在日常工作中，要正确处理好行政管理和业务管理之间的关系，学会双手弹钢琴，从而保证学校的办学遵循教育管理规律。

校本培训有名无实，那是因为方法不对头

很多学校的校本培训流于形式：要么东拼西凑，随便从网上下载几篇文章，供教师学习消化；要么不厌其烦地听课、评课，缺乏一个明确的培训专题；要么放任自流式地让教师读书，没有提出一个明确的学习要求。由于事先没有制订科学的培训计划，不少学校的校本培训有名无实，培训效果大打折扣。

在工作中，据我的观察和了解，我县一所小学开展校本培训的经验值得借鉴。该校设计了"改进一个教育教学问题，完成一个学生成功辅导案例，上一堂表现自己教学模式和风格的展示课，制作一个可供交流使用的电子教案，编制一套高水平的试卷，写一篇教育叙事，研究一位名师并写出研究报告，研修一本教育实践或教育理论的书籍"8项培训内容，将校本培训和教师的教育教学实践相结合，大大提高了培训的实效性。

首先，培训与教师教育教学工作紧密结合。培训要求教师"完成一个学生成功辅导案例，上一堂表现自己教学模式和风格的展示课，制作一个可供交流使用的电子教案，编制一套高水平的试卷"，内容涉及教师备、教、批、辅、考的每一个具体细节。这种以现实教学情境、教学设计为内容的培训，抓住了学校教学工作的中心环节，不仅能大大激发教师自主参与培训的积极性，还能促进教师之间优势互补，提高教师队伍的整体素质。

其次，培训能够督促教师开展教育行动研究，提高教师的自我反思能力。培训要求教师从"改进一个教育教学问题"入手，要求教师"写一篇教育叙事，研究一位名师并写出研究报告，研修一本教育实践或教育理论的书籍"，这既有教师对教学实践的反思，又有紧密结合实践的教育理论学习，通过研究名师，写研究报告，还能为教师树立学习的楷模，提高教师的研究能力。这些设计较好地体现了"学习—实践—反思—研究"的校本培训策略，比单纯、空洞的理论灌输效果要好得多。

最后，培训体现了"基于学校、为了学校"的校本培训理念。事实证明，专业成长和学校发展的长期目标相契合，教师才有自主学习的动力。

学校在制定"八个一"培训内容时，把教师专业发展分为"人格、升格、风格"3个层次，分层要求，分类培训，铺设了一条从"外环（教学基本功）""中环（教学策略）"到"内环（教学思想）"的教师专业发展道路，同时为教师提供了可持续发展的"学习、实践、展示"的三维立体空间。不同层次的教师都有展示自己的舞台，极大地调动了教师参与培训的积极性，促进了教师和学校的共同发展。

提高艺考生文化课成绩是明智之举

近日，教育部办公厅就艺术类专业招生录取行为做出明确规定，进一步提高艺术类专业考生的高考文化成绩要求。政协委员、北京电影学院教务处处长穆德远表示，提高文化课分数线是一件好事，因为不管是艺考生还是非艺考生主要任务就是学习，高考虽然有应试的成分，但它代表了学生十多年的学习成果。教育部提高艺考生文化课分数也绝不会抹杀一个艺术天才，作为一个艺术家谁也埋没不了。

普通高中校园里，艺考生往往被师生视作"异类"，男生通常留着长长的头发，穿着令人扎眼的奇装异服；女生常常抹着鲜艳的口红，打扮得花枝招展，他们以为不这样穿戴就不足以展现自己的艺术气质。更令人可笑的是，学生一旦被确定为艺考生，从高二甚至更早时候开始，他们就不再参加文化课的学习了，正常的语文、数学课也经常借故到画室或音乐室训练，更不用说副科了。临近高考时，他们临阵磨枪，恶补文化课，可惜由于平时落下的功课太多，此时再补已积重难返，无济于事，高考后虽然专业课成绩遥遥领先，文化课成绩却低得可怜，造成终生遗憾。

教育部此次提高艺术类专业高考文化课成绩，实属明智之举。一方面可以引导普通高中学校在抓好艺术类考生专业训练的同时，想尽千方百计抓好他们文化课的学习；另一方面也可以引导普通高中在选拔艺术类人才时，兼顾文化课成绩，以更好地服务于学生的未来。

更为重要的是，从长远看，一个人不具备较高文化的修养，也难以成为一名出类拔萃的艺术人才。古往今来，大凡某一门类有一定建树的艺术家，没有一个不是真正的文化高手。北宋著名文学家苏轼，诗、文、书、画样样精通，他之所以在书法、绘画方面也取得如此高超的成就，原因就在于他具备深厚的传统文化学识修养；达·芬奇不仅是一位杰出的画家，也是一位自然科学家、工程师、机械学家；米开朗基罗不仅是一位著名的雕刻家、画家，还是一位有名的建筑师。因此，一名真正的艺术家只有具备广博的学识，才能"会当凌绝顶，一览众山小"，做到厚积薄发，创作出可以流传后世的艺术精品。

对于人类传统文化知识的学习，还有利于提高艺术家的审美水平和艺术修养。朱光潜说："凡艺术家都须一半是诗人，一半是匠人，他要有诗人的妙悟，要有匠人的手腕。"诗人的妙悟来自哪里？来自艺术家深厚的文化修养。很难想象，一个在"星光大道"节目上张口就念白字的歌手，会成为一名歌唱家；一个下笔题写落款就出现错别字的画师，会成为一名响当当的画家。艺术来源于生活，艺术家只有深入了解生活，并对生活有独特的体察，才能创造出个性鲜明的艺术形象，而这一切必然要求艺术家向生活学习，具备深厚的文化修养。这一文化修养的习得，必须从小抓起，从基础教育阶段抓起。

课堂提问不能"区别对待"

在一堂题为《生活中的小窍门》的科学探究课上，老师提出了一个富有启发性的问题，让同学们思考生活中我们经常遇到哪些难题，有什么解决的办法？学生思考和回答问题的积极性高涨，在教师的引导下，他们找出许多生活中的小窍门，课堂气氛异常活跃。但我却发现第二排的一个女同学举了几次手，都没有引起老师的注意，其中一个较难回答的问题，全班只有她一人举手，老师也没有提问她。从此以后一直到下课，我发现这个小女孩神情沮丧，没有再举过手，也没有发过言，只是坐在自己的座位上发呆。同时，我还注意到另外一个细节，有两名学生回答完问题后，老师一直没有让他们坐下，他俩站着听课，站着写字，等老师发现让他们坐下时，已接近下课时间。

我不知道这位老师为什么不提问这位小女孩？是因为课讲得太投入，以至于没有看到她举手，还是因为这个小女孩学习太差，害怕她一旦回答错了，影响教学效果？总之，这位可怜的小女孩就这样在没有老师关爱的氛围中，浑浑噩噩地度过了一节课，她能学到什么知识呢？还有那两位一直站着听课的同学，虽然得到了表现自己的机会，但好像做错了什么事情需要被罚站一样，弯腰写字，腿脚发麻，这对孩子的健康成长又有什么好处呢？

许多老师在课堂上只关注自己的教，按照自己事先设计好的教学程序按部就班地组织教学，眼睛死死盯住教材、备课本、黑板和少数几个学习好的同学，却丝毫不去考虑大多数学生怎样学，学得效果怎样，不去体会他们的内心感受，结果不仅导致课堂教学效率低下，而且影响了学生身心的健康发展，尤其对其健全人格形成产生了不良影响。

作为教师，一切教育活动的出发点和归宿都是为了学生的健康成长。每位学生都是一个鲜活的生命个体，都有被爱、被关注和自我表现的需要。教师课堂上传授的知识只有落实到每一位学生身上，才能最大限度地发挥教学的育人功能，从而大面积地提高教学质量。课堂应当成为所有学生快乐成长的摇篮，施展才华的舞台，铸就健全人格的阵地，对任何一名学生歧视，都是对生命的践踏。老师，希望您在课堂上眼睛多往下看，因为每一个幼小的生命都需要得到您的精心呵护。

如何引导学生进行"有意义的学习"？

到学校调研，听很多学生反映：对课堂上教师所传授的知识没有多大兴趣，当堂能够听得明白，但很快就会忘掉；对那些自己可以亲自动手的课程，如实验课、信息技术课等，则兴趣盎然，相关的知识也学得快、记得牢。

之所以出现这种差异，是因为后者更能够唤醒学生的求知欲，引导学生进行"有意义的学习"。什么是"有意义的学习"？人本主义心理学家罗杰斯认为，有意义的学习是一种对个人的行为、态度、经验、个性等方面发生影响的学习。在他看来，"有意义的学习"包含四个因素：学习必须有学生自己参与；学习应该是学生自我发起的；学习是渗透性的；必须有学生的自我评价。

为了促使学生更多地开展"有意义的学习"，教师应在以下四个方面做出努力：

第一，加强课前预习。预习开始前，教师要明确告诉学生本部分内容在整个知识体系中的地位和对今后学习的重要性，以增强学生学习的动力。在预习过程中，学生可以对所学内容进行初步的感觉、发现、探索和领会，弄清楚哪些内容可以通过自学掌握，哪些内容掌握不了，可以提出哪些问题，等等。这种提前介入不仅能增强教学的针对性，还能培养学生学习的主动性和参与意识，是促进学生开展"有意义的学习"的有效途径。

第二，根据预习成果，确立课堂教学目标和教学重点、难点。在传统的课堂上，教师往往依据教学大纲和自己对教材的理解制定教学目标和重点、难点，无视学生的学情和需要，从而造成了课堂上无意义的学习。既然有了预习的这一环节，教师就应依据学生的需要设计教学内容，解决大部分学生在预习中遇到的问题。

第三，精心组织课堂教学，运用自主、合作、探究的学习方式，让学生感受知识产生和发展的过程，培养学生科学精神和人文素养。好奇心是人类的天性，学习是一个探究和发现的过程。教师要转变教学观念，激发和保护学生的好奇心和求知欲，向传统的灌输式、接受式学习方式宣战，积极倡导"我的课堂、我做主"，把课堂还给学生。在这样的课堂上，教师不再以知识的拥有者和权威自居，而应成为学生学习的促进者和参与者，随时根据学生自学时遇到的问题和学生思维发展的路径，调整教学思路，设计问题情境，引导学生通过质疑、思考和研究，深入探讨解决问题的方法，让学生在解决问题的过程中，体验成功的乐趣。

第四，改革评价方式，引导学生进行自我评价，激发学生学习的内驱力。传统的学生评价，评价权往往掌握在教师和家长手中，学生从小就失去了自我评价的机会，从而在学习和生活中失去自我。教师要敢于把评价权交给学生，引导学生进行自我评价，让学生清楚知道通过本节课的学习，自己能学到哪些有用的知识和方法，培养了哪些能力，情感上受到什么熏陶，还有哪些知识没有掌握，如何补救，等等，通过这一番深刻的自我评价，学生才有可能实现身心的全面发展。

高考作文为何小学生能夺冠？

据前几年报道称，某省高考作文题目是"好奇心"。语文考试甫一结束，《扬子晚报》就约请了分别处于小学、初中、高中、大学和研究生学习阶段的5名学生，让他们"下水"写这篇高考作文；同时邀请了有许多年高考阅卷经验的一线高三语文教师、省级语文学科带头人为他们打分并加以评析。出人意料的是，那名小学六年级的同学夺得了这5人组的作文冠军。她以美妙的童言稚语和新奇的构思征服了阅卷者，而大学生和研究生叨陪末座。

高考作文小学生得了冠军，这看起来有点不可思议，难道初中、高中乃至大学对学生写作能力的培养就白下功夫了吗？但是细细想来，又似乎在意料之中。单从题目"好奇心"来看，就非常适合小学生的胃口，再加之小学生刚刚开始学写作文，无论思想内容，还是文章的结构和语言，都很少受到条条框框的限制，可以放开胆子、无所顾虑地写，因而小学生夺冠也就不难理解了。

现在想来，这也许仅仅是一个特殊的个案，并不代表所有中学生、大学生和研究生的写作水平。但是，如果这种现象真正存在的话，就不能不引起我们对中学乃至大学作文教学的反思：是不是中学生、大学生的想象力和好奇心萎缩了？我们的作文教学到底出了什么问题？是不是太急功近利了？在写作训练上我们给予学生的条条框框是不是太多，进而扼杀了学生的好奇心和童心？

写作是情感的激荡、真情的流露，是用书面语言文字建构自己的精神家园。古人说得好："我口写我心"，当经历过的人和事触发你的情感，促使你不得不一吐为快时，你就可能文思如泉涌，进而下笔成文，得成佳作，正所谓"文章本天成，妙手偶得之"。很多古代著名文学家写作时是不大讲究章法结构的，苏轼在《答谢民师推官书》中曾说他作文"大略如行云流水，初无定质。但常行于所当行，常止于不可不止，文理自然"。

但是，我们在训练学生写作时却走向了"技巧"的一端，不太注重引导学生写真话、抒真情，尤其到了初中、高中阶段，教师为了应考的需要，往往向学生传授怎样开头、怎样结尾、怎样前后照应、怎样论证等写作技巧之类的知识。同时，对于学生"写什么"也大加限制，要么直击时事，要么深刻挖掘材料的微言大义，要么歌颂好人好事，有的教师甚至要求学生背诵各种类型的范文，以便在考场上借题发挥，总之就是不让学生写心中想说的话，因为说了真话，中考或高考往往得不了高分。据说在某一年高考中，一篇文字优美的作文在阅卷初始被打了零分，原因是考生在作文中对老师破口大骂。但是，评卷细则规定凡是零分试卷都要复评，最后经过反复评定，才勉强给了及格分——36分。

"骂老师"当然不对，但也不至于成为判零分的必然理由。因为一个人的思想素质有高下之分，反映在学生作文中有格调是否高雅、内容是否健康之别，健康的思想情趣需要作者不断提高自身认识水平，丰富人生阅历，大凡历史上流传之久远的作品都是思想和艺术皆佳的精品，都能给后人在做人、做事上以启迪。中小学生由于接触社会的机会相对较少，人生阅历浅，还难以形成正确的价值观和明确的人生追求，思想中良莠并存也是在所难免的事实，还需要他们在未来的生活中不断历练，去伪存真。因此，对于学生作文中暴露出的不健康因素唯一的选择是正确引导，而不能用我们成人的想法去要求他们，更不能因此扼杀他们在作文中表现出来的想象力和创造力。

有人读了很多书却没啥效果，这是为何？

语文教学的主要任务是培养学生听、说、读、写的能力，学生没有一定的阅读积累，就无法用丰富形象的词语进行表达，更谈不上与别人进行深度交流。然而，有的人读了很多书，却写不出一篇像样的文章，与人交谈也往往词不达意，语文表达与写作能力并不高。这是为何呢？

阅读是分等级的。按照美国学者阿德勒的说法，阅读可以分为两类：一类是不超越读者理解力的阅读。"你一页一页地翻过去，就能毫不费力地完全理解，书上的文字往往只是表达了你与作者相遇之前就具有的共同认识，或者是一些资讯。"另一类是能够提高理解力的阅读，即需要读者思考和探究的阅读，书中的内容超出了读者的水平，只有通过研究和钻研，才能逐步从茫然不解到茅塞顿开。

第一种类型的阅读是用来娱乐或打发时间的，如读报纸、看小说、浏览网页等，有时候也可以从中获得一些资讯，但更多是为了消遣。比如，有的人读小说，一天能读几百页，纯粹是为了看热闹，寻求情节刺激。如此，即使一年读一百本书，也难以提高阅读能力。现在很多学生迷恋魔幻小说、新奇的网络作品等，其目的不是提高阅读能力，而是只求当下快意，这样的阅读往往会使人误入歧途，不利于个人成长。

第二种类型的阅读才能够全方位提高自己的阅读能力。不过遗憾的是，只有极少数人愿意进入这个阅读阶段。因为这种阅读，不再讲求趣味性和可读性，而是特别强调内容的品质和理解的品质，所以往往有些无趣、乏味。但是通过边阅读边思考，读者可以开阔眼界和理解，并最终收获了喜悦和智慧。

由此可见，学生的阅读量和语文能力之间并不一定是正比例关系，要提高学生的语文能力，必须引导学生进行第二种类型的阅读。具体到一篇课文、一本书的阅读，并非要求教师把整篇文章分解得支离破碎，去深挖文章的微言大义，而是在引导学生反复诵读、深刻感悟的基础上，涵泳、品味、咀嚼文章的结构以及语言运用等方面的精要之处。

语言学家张志公曾说："带着学生从文章里走个来回。""首先把语言文字弄清楚，从而进入文章的思想内容，再从思想内容走出来，进一步理解语言文字是怎样组织运用的。"曾国藩在给儿子的家书中更是十分透彻地解释了自己读书的经验："涵泳者如春雨之润花，如清渠之溉稻……泳者，如鱼之游水，如人之濯足……善读书者，须视书如水，而视此心如花、如稻、如鱼、如濯足，则涵泳二字庶可得之于意言之表。"这番话就是强调读诗文时口诵心惟，方能知其意、得其趣、悟其神。（此文发表于2016年3月7日《中国教育报》，题为《读了很多书，为何没啥效果》）

学习到底是不是一件快乐的事情？

前段时间，有一篇文章对"快乐教育"进行了批判，有一篇文章甚至说："请严肃地告诉孩子：学习肯定是辛苦的，全世界都一样"，学习到底有没有快乐可言？孔子是如何看待这一问题的？

子曰："学而时习之，不亦说乎？有朋自远方来，不亦乐乎？人不知而不愠，不亦君子乎？"这是《论语》开篇第一章，孔子告诉我们："学习文化科学知识并且经常复习它、运用它，不是一件非常快乐的事情吗？有志同道合的朋友从远方来一起讨论学问，不也是一件非常快乐的事情吗？人家不了解自己，却不怨恨人家，不也是君子所为吗？"在这一章里，孔子不仅教给了我们学习的方法，而且指出学习是一件非常快乐、非常有意义的事情。

作为教师，首先要让学生知道，复习是一种很重要的学习方法。有的学生课堂上听得很明白，但课下不善于复习，所学知识三五天后就被忘得一干二净。知识是有连续性的，由于前面的知识没有掌握，再学习后面知识时自然就产生了学习障碍，于是越学越困难，越学越学不会，厌学情绪就产生了，学习就变成了一件非常痛苦的事情。事实证明，人类学习知识的过程就是在同遗忘做斗争的过程，会不会复习，有没有良好的复习习惯，常常是学生学习成绩优劣的分水岭。教师在日常教育教学工作中不但要在课堂上给留给学生足够的复习时间，还要有意识地指导学生课下复习的方法。

其次，要让学生知道，学习的目的不是死记硬背，是运用所学知识解决实际问题，否则知识就变成了死的教条。有的学生把数学公式、定理背得滚瓜烂熟，但一遇到具体数学问题却束手无策。知识只有在解决具体问题时才能发挥作用，才能在学生头脑中扎根。在这一过程中，学生既掌握了知识，又运用所学知识解决了问题，这样的学习难道不是一件快乐的事情吗？新课改强调开展研究性学习，就是让学生运用所学知识解决现实问题。但是，运用知识解决问题也要掌握一定的策略，需要教师的指点和引导。

最后，要让学生知道，讨论也是一种很好的学习方法。我国著名教育家颜之推说道："《礼》云：'独学而无友，则孤陋而寡闻。'盖须切磋而相启明也。"孔子之所以说"有朋自远方来，不亦乐乎？"强调的就是朋友在一起研究、探讨学问的乐趣。新课改倡导小组学习、合作学习，其出发点就在于让学生通过建立学习上的伙伴关系，达到共同切磋学问、探究问题、优势互补、相互提高的目的。

学生学会了复习、应用和讨论的学习方法，并能运用所学知识解决实际问题，还能结交很多志同道合的朋友，学习难道不是一件快乐的事情吗？至于"人不知而不愠，不亦君子乎？"我的理解是：当别人还不了解你，与你发生矛盾的时候，你不要过多地怨恨人家，不知者不为怪，要学会主动与人沟通，化解矛盾，这就是君子的风范。

学习兴趣不是天生的，要靠自己培养

2015年3月19日，由中国科协生命科学学会联合体评选的"2015年度中国生命科学领域十大进展"在北京举行颁奖活动暨青少年生命科学普及报告会。中国科学院院士、清华大学教授施一公的报告刚结束，来自北京80中学初二年级的女孩儿胡可向他抛出了一个问题："如果您当年被保送的是其他专业，您还会继续研究生命科学吗？"施一公说："能以兴趣为导向选专业当然是好的，但我认为做事情全凭兴趣，其实不太'靠谱'。"他解释道："人是善变的，为什么兴趣不能变呢？没有兴趣也可以培养。""我现在觉得科学带给我的，是一种难以言喻的愉悦。"

人不可能按照自己的兴趣做事，没有兴趣也可以培养兴趣，这是施一公院士对自己多年从事科学研究的总结。学生在学校中的主要任务是学习，这也许是上天的安排，是一个人对个人、家庭和社会的责任。但问题是学习是一件十分艰苦、甚至枯燥的事情，正所谓"书山有路勤为径，学海无涯苦作舟"，当学生在学习过程中遇到困难，对学习失去兴趣的时候，是否也能像施一公院士所说的那样，从单调乏味的学习中找到乐趣，重新振作起来，最终走向成功？

这种可能性是有的，那些在学习上取得突出成绩的学生，并不仅仅因为他们的智力比别人好多少，而是养成了良好的学习习惯，特别是在学习上遇到困难和挫折的时候，他们能始终保持良好的心态，善于总结得失，坚定信念，在逆境中看到希望，从看似枯燥无味的学习生活中寻找乐趣，最终使他们脱颖而出。

世上不如意事十有八九，要想成就一番事业，不仅要培养做事的兴趣，还要靠信念和坚持。一个人一旦树立了某种做事的信念，就能做到在坚持中发现乐趣，在坚持中走向成功。成功之路实际上就是一个从"有趣"到"无趣"，再到"有趣"的波浪式前进之路，谁坚持下来了，谁就能最终摘取成功的桂冠。

西方有一个小故事：大力士西西弗斯因小事触犯了神祇，神祇为了惩罚西西弗斯，要求他把一块近似圆形的巨石推到山顶。巨石到达山顶的一刹那又滚下山去，西西弗斯必须再把巨石推至山顶，不断重复、永无止境地做这件事。他的生命就是在这样一件枯燥单调、无趣无望的劳作中度过的。但是，西西弗斯却在这种重复机械、无希望的生命中发现了意义。他看到了巨石在他的推动下发出庞大动感的美妙，他与巨石的较量所碰撞的力量像舞蹈一样优美。大力士沉醉在这种幸福中，当巨石不再成为他心中的苦难时，有一天，石头被推至山顶岿然不动了，神祇诅咒的力量也突然间消失，西西弗斯从苦难中解放了。西西弗斯之所以能够从苦难中解脱，原因就在于他能面对现实，正视困难，意志坚定，且保持平和的心态，从平凡单调中发现了美并寻找到了乐趣。

我们常说"兴趣是最好的老师"，这位老师其实就学习者自己。学习虽然有时候枯燥乏味，但是一旦培养起了对学习兴趣，树立了学习的信念，学习就会变得非常快乐。有时候，兴趣也需要老师和家长适时的激发和鼓励，因为一个人虽然对某件事有兴趣，如果没有"坚持"的意志力，就很难到达成功的彼岸。比如幼儿园的孩子，可能对一切都感兴趣，但幼儿时期只是人生发展的一个初级阶段，感兴趣的事情并不意味着就是孩子的特长。作为家长和老师，不要一味地满足孩子的各种需求，而是要下一番功夫研究孩子最感兴趣的是什么，然后细心培养和保护。只要鼓励孩子对某一件事情保持持久的兴趣，并坚持不懈地做下去，说不定将来就可能在这方面做出一番成绩。

那些流于形式的课堂讨论可省省

随着课程改革的深入推进，课堂教学的组织形式发生了重大变化，小组合作学习、问题探究、课堂讨论风靡一时。但我在听课过程中发现，许多课堂教学的小组合作学习并没有实质性内容，课堂讨论也流于形式。

有的老师提出的问题没有深刻思考的价值，学生通过看书、自学完全可以独自解决。例如，一位老师在教朱自清先生的《背影》时，先让学生自读课文，然后分组讨论文中写了几次父亲的背影。这样的问题，学生读后一目了然，没有讨论的必要。与此相反的是，有的教师提出的问题难度太大，学生无法找到突破口，最终也使讨论不了了之。还有的老师根本不提问题，只让学生漫无边际地看书自学、分组讨论，学生如雾里看花，一无所获。

课堂讨论要求教师精心预设讨论题目，激发学生的探究欲望，准确把握学生容易产生疑惑和分歧的地方。如果学习同一个知识点，有一半以上的学生思路不清、方向不明，就需要教师设计一系列问题，让学生通过讨论弄清楚知识的来龙去脉。如果学生对同一知识点的意见不同，对同一问题有不同的答案，就需要通过讨论让学生的思维进行碰撞，培养学生的思维发散能力。

课堂教学是学生获取知识、锻炼能力、陶冶情操的关键环节，在实际工作中，老师不能被热热闹闹的课堂讨论表象所蒙蔽，要精心组织有价值的课堂讨论。

在线辅导越来越火，学校不能岿然不动

最近，微信朋友圈流传着一张在线辅导老师的课程清单：2617名学生购买了一节单价9元的高中物理在线直播课。据透露，扣除20%的在线平台分成后，该老师一小时的实际收入高达18842元。

针对这一事件，公众讨论的焦点在于，如果在职教师参与在线辅导，是否应当被禁止？2015年6月29日，教育部出台了《严禁中小学校和在职中小学教师有偿补课的规定》，做出"严禁中小学校与校外培训机构联合进行有偿补课"等6条规定。虽然在线辅导未被列入其中，但据南京市教育局一位负责人称，线上辅导应该属于"在校外社会力量办学机构兼职从事学科类教学、文化补习并从中获取报酬"一类，应当被禁止。

如果在职教师把在线辅导当成主业，把本职工作当成副业，"课上不讲、课下讲，校内不讲、校外讲"，就应该被禁止。但如果教师利用课余时间或在家里录制在线课程，不耽误正常的教育教学工作，为什么要被禁止？况且，在录制过程中，要耗费教师大量的精力和智慧，获得相应的经济回报理所当然。

《第三次工业革命》的作者杰里米·里夫金在《零边际成本社会》里描述了在线辅导的前景。在他看来，传统课堂走向衰落，在线教育正在兴起，成本接近于零的教育将日益成为高等教育的全新教学模式。如果说杰里米·里夫金描述的是未来高等教育场景，那么通过上述事件可以看到"互联网+"已开始向中小学教育渗透。

在线辅导的优势显而易见：一是降低了学习成本。家长只需花几元钱，就能让孩子听到一堂生动有趣且受益匪浅的课，还能享受到几乎一对一的辅导服务。二是满足了家长对优质教育资源的需求。家长可以根据授课者讲课和服务的水平选择孩子喜欢的教师进行辅导，这是课外辅导班无可比拟的。

当在线辅导做得风生水起时，公立学校的课外辅导却仍停留在自习室阶段，这需要我们反思。当前，很多地方的公立中小学，都实现了"校校

通"班班通"，有的学校还为学生配备了平板电脑，正在进行"翻转课堂"实验。公立学校完全有条件、有时间和精力将本校乃至本地区的优秀教师资源集中起来，为学生提供一套优质的在线辅导课程。当然，在不违反收费政策的前提下，本着"谁使用、谁交费"的原则，可以适当收取一些费用，给予教师回报，这样既减轻了家长的经济负担，又为教师提供了专业发展的平台和机会，可谓互利双赢。

课堂教学要服务于学生的学

一位初中数学教师讲"二次根式的加减法"，出示目标后，要求学生自学课本上的例题。在教师的精心指导下，学生的自学非常认真，检查自学效果时，教师照例在黑板上选择了几个和例题相类似的题目让学生做，没想到学生做得既对又快，从做题情况看，全班学生对于本节课的教学目标几乎达到了熟练掌握的程度。

这种效果出乎教师的意料，按照一般步骤，下一步应是学生当堂完成作业，但时间还绰绰有余，怎么办？教师灵机一动，随手在黑板上出示了一道延伸性题目，让两位程度较好的同学到黑板上做，其他同学则分组讨论。由于这道题有一定难度，下面的同学有的会做，有的不会做，但通过黑板上两位同学的板演示范，全班同学几乎都学会了这类题的解法，然后教师顺势转入下一个环节。

这节课虽然知识简单，学习内容单一，但给人一种非常充实厚重的感觉。通过教学环节的灵活处理，我们不仅可以看到教师丰富的教学经验，灵活驾驶课堂的能力，而且可以从中引发一些思考：课堂教学到底是学生围着教师转，按照教师事先设计好的教学程序亦步亦趋地进行？还是教师围着学生转，根据教学实际，灵活调整教学设计？

答案不言而喻。因为学生是学习的主人，也是课堂教学的主人，教师的教理应服务并服从于学生的学，课堂教学中教师是导演，学生是演员，教师教的内容、教的方式必须适合学生学习的需要。不仅数学课要这样，其他学科也是如此。一位语文老师分别在不同班级讲授《卖炭翁》，虽然是同一个教学内容，但面对的是不同学生，学生学习所反映出来的问题自然不一样，教师将教学方案作了适时的调整后，取得了同样理想的教学效果。

由此可见，教学是紧紧围绕教师，还是紧紧围绕学生，既是一个教育思想观念问题，也是一个教学智慧问题。许多课堂教学着眼于教师的教，忽视了学生的学，教师抓住自己的得意之处，大讲特讲，看似教师知识丰富、素质过人，实则丝毫不考虑学情，把"学堂"变成了"讲堂"，这样的课堂教学已到了非改不可的地步了。

课堂教学要实现"打篮球式"的生生互动

最近，听一位教育专家说，课堂教学的信息传递不仅只是师生交流，更应当是生生交流。他打比方说，师生交流是"打乒乓球"，教师面对的是学生个体，只能一个学生受益；而生生交流是"打篮球"，教师是教练，面对的是学生整体，每个学生都是学习活动的参与者，信息传递是全方位、多角度的，每位学生都是受益者。

用这个比喻来形容课堂教学中的信息传递真是再恰当不过了。反观当前课堂教学中的师生活动，大多是打着"启发式"教学旗号的满堂问。当老师提问一个学生时，其他学生都变成了听众，仅仅满足于老师或被提问同学的答案，根本没有主动思考问题。课堂教学信息传递渠道的单一，造成大多数学生对老师存有依赖心理，这不仅影响了学生掌握知识，对培养他们的创新能力也十分不利。

借鉴打篮球的办法，改变课堂教学组织形式，拓宽课堂教学信息反馈渠道，是提高课堂学习效率的有效途径之一。学生学习就像打篮球一样，一旦上场，就要充分发挥自己的能力，无论是知识的掌握，还是学习方法的运用，都需要学生自己去体会、实践。而教师就如同教练一样，帮助学生明确学习目标，制定学习策略，评判学习效果，精心组织学生开展小组合作学习，并为每位学生提供必要的学习指导，使其在课堂教学中发挥自己的主观能动性，这也和课程改革所倡导的自主、合作、探究的教学理念相一致。

课堂学习是学生学校生活的重要组成部分，对于其人际交往能力的培养及健全人格的形成，有着不可替代的作用。而要想在课堂教学中落实"打篮球式"的交流策略，教师不仅要转变教育观念，更要提高教育艺术和技巧。教师应该认识到，每位学生都是一个鲜活的生命个体，只有拓宽课堂教学的信息反馈渠道，张扬学生生命活力，才能实现预期教学目标。

课堂教学要关注结构的整体优化

> 日常听课发现一种现象：许多教师在上课时为了使教学有亮点、有特色，往往专注于某一环节、某一细节的完美，不是从整体上把握此环节与前后各环节之间的联系，不注重课堂教学的结构和程序设计，只抓住课堂教学的某一细节纠缠不清、无限延伸，结果虽然看上去这一环节处理好了，然而却影响了整堂课的教学进度，不能完成既定的教学任务，这样的课堂教学能称得上有效吗？

重视课堂教学的细节固然重要，但如果忽视课堂教学的结构设计，也难以达到预期的教学效果。举个例子说，一个高明的木工要做出一张精美的桌子，他必须首先在头脑中有一张桌子的设计蓝图，然后再精心去做桌子的腿、桌子的面以及联结各部分的枨子，最后再通过卯榫把这些部件联结起来，这张桌子才能最终定型。试想，木工如果没有事先对桌子的整体结构设计和最后用卯榫对各部件的联结，无论桌子的腿、面、枨子这些部件做得如何精美，也难以做成一张完美的桌子。

再譬如写字，每一个汉字都由点、横、竖、撇、捺这些基本笔画组成，这是汉字构成的基本部件。对于每一个练习写毛笔字的人来说，写好、写精美这些基本笔画，也许不是太难的事情，但是为什么有的人能成为书法家，而一般人却终其一生也难以写好汉字呢？仅仅是因为笔画写得不够精美？原因是多方面的，可能与一个人的书写习惯有关，也可能与书写态度有关，而笔者认为，最关键的是书法家和一般人对汉字的结构章法有着不同的理解和把握，结构美则字形美，这就是启功先生一贯坚持的"结构第一"的观点。

其实，看一堂课的教学效果如何，就如同欣赏一幅精美的书法作品，不仅要看每一个字的一笔一画写得如何，更要看字的结构形体如何，整幅作品字与字之间的章法布局如何。有些作品单独拿出一个字来看可能算不上成功，但是如果放到整幅作品中去观察，可能是神来之笔。从这个角度说，结构决定效果，课堂教学不仅要重视细节的设计，更是关注结构的整体优化。

学习"快乐指数"低不仅仅源于"课业负担重"

据中国少先队工作学会基础理论专业委员会课题组一项针对上海市少年儿童的"快乐指数"调查显示：学生的快乐感除了在初中预科班指数略有反弹外，整体上反映为随着年级的升高，"快乐指数"越来越低。调查从学习生活、活动生活、集体生活、家庭生活四个方面展开，引人深思的是，"学习快乐"指数低于平均快乐指数，无论是小学生还是中学生，基本都是随着年级的升高"快乐指数"越来越低。"快乐指数"的排列顺序是"家庭生活""活动生活""集体生活"，最低的是"学习生活"。

据悉，"学习生活"快乐失分的原因主要是课业负担重和考试成绩差。其中，"课业负担过重"占小学总人数的38.2%，"考试成绩差"的占29.5%，其次是"没有时间休息"的占15.8%，"教学枯燥，不吸引人，没有乐趣"的占6.2%。

学习本来是一件快乐事情，孔子曾说"学而时习之，不亦乐乎"，如今学习变成了一件痛苦的事情，这不能不引起我们的深思。"课业负担过重""考试成绩差""没有时间休息"等，给学生增加了额外的身体和心理负担，学习当然没有快乐可言。好在很多地方已经意识的这一问题的严重性，采取强有力的措施规范学生的家庭作业量、考试次数以及在校时间等。但我认为，这些措施治标不治本，要从根本上解决这一问题，还要从学校教育抓起，切实解决学生的学习的动力和学习兴趣问题，使学生感觉到学习本来就是一件快乐的事情。

学习动力主要解决"为什么学习"和"为谁学习"的问题。"古之学者为己，今之学者为人"（《论语·宪问》），教师也没有必要为这些不谙世事的孩童讲一些深刻的理想和人生大道理，只需让学生明白学习个人的事情，是为了自己将来人生幸福和改变的命运即可。这些话说起来简单，而要真正让学生入心入脑也不是一件容易的事情。

学习兴趣主要解决"怎样让学生喜欢学习"和"对学习怎样保持持久兴趣"的问题。子曰："知之者不如好之者，好之者不如乐之者。"（《论语·雍也》）从"知之"到"好之"，最后到达"乐之"，这是一个渐进的过程。因此，教师对学生学习兴趣的培养不可能一蹴而就。"知之"是前提，要求教师把知识讲清楚、讲明白，让学生弄清楚知识的来龙去脉；"好之"是关键，要求教师把知识讲生动、讲形象，并让学生参与知识学习的整个过程；"乐之"是目的，学生一旦对某一学科的学习达到"乐之"的程度，学习兴趣也就形成了。

培养学生的学习兴趣，首先要求教师了解学生，把握学生的知识需求和每一位学生的爱好特长，努力在教学中做到有的放矢、对症下药。其次要从学生的学习兴趣出发，精心设计每一堂课和每一个课外学习活动，让学生在掌握知识、解决问题的愉快体验中，体会学习的快乐。最后要学会运用科学的评价激励手段，善于发现学生身上的闪光点，充分挖掘学生的潜力，保护学生创新的火花，不单纯以考试分数论英雄，不让学生因为暂时的失败而沮丧。

解决了学习动力和学习兴趣问题，学生就能够把学习当作一件快乐的事情，学习也就不是负担了，学习时间的长短也就不是一个定数了。

再好的观摩课都会败在"拖堂"上

开学以来，参加了几个规模较大的教学研讨会。会上都安排了几节能够体现某一教学理念的公开课或观摩课。这些课一般都由某一级别的名师或当地有影响力的教师执教，课堂大多设在舞台上，课后有教育专家评课。

这是一种非常好的教研方式，一则为其他学校的教学改革提供可借鉴的样本，二则受益教师数量庞大。但让我迷惑不解的是，这几个教学研讨会上的公开课或观摩课大多超时了，有的竟长达1个多小时。

小学一节课标准时长为40分钟、中学为45分钟，这一规定符合青少年身心特点和学习规律，有一定的心理学、教育学依据。一节课超过45分钟，别说学生听得心烦意乱，就连坐在台下的老师也会产生厌倦情绪，这样的课堂，教学效果能好到哪里去？如果都拿这样的课作为样本，学校的作息时间表恐怕都得改一改。

公开课拖堂无外乎四个原因：

一是讲课者没有精心设计，没有合理安排课堂教学时间，自恃能力强，脚踩西瓜皮，滑到哪里算哪里。

二是自以为驾驭课堂教学能力强，不把学生放在眼里，事先不了解学情，所提问题要么学生回答不了，要么没有思考价值。殊不知，不同班级学生的知识基础、智力水平有很大差异，同一教学内容在不同的班级讲授会有不同的教学进度。

三是过分追求教学内容的完整、完美，强行将两节课才能完成的内容压缩为一节课完成，忽视学生的接受能力，出现拖堂情况在所难免。

四是缺乏应变能力，不考虑学生和听课老师的内心感受，不根据实际情形灵活增删教学内容，只是按照自己事先设计好的教案进行表演。

我曾多次听过魏书生老师的课，无论事先有无准备，课堂上魏老师都能做到游刃有余，几乎每节课都会留下3～5分钟的时间与学生自由交流，很少有拖堂现象。

蕴含新理念的公开课或观摩课应该依据常规教学要求，严格遵守一节课40分钟或45分钟的规定。如若不然，就失去了公开或者观摩的意义，听课老师反而觉得在实际教学中不好操作。

作文教学要敢于让学生"说真话"

语文老师经常教育学生说，作文如做人，作文要写真情实感。这句话一点儿也不错，但事实如何呢？

> 近日，获得2016年"国际安徒生奖"的儿童文学作家曹文轩在接受媒体采访时说，在写作文这件事上，中国少年缺少足够的自我意识和自主权利，他们预先（通过社会、学校和家庭）被灌注了种种不利于发现自己生活的思想。一套机械的、僵硬的、幼稚的、教条的、程式化的、抹杀个性的写作文的纲领与方式，迫使他们将自己的身体扭转过去，背对自己那份熟悉的生活，而睁大了眼睛，根据几条空洞的思想去寻觅一些所谓崇高的、高尚的、伟大的、光辉的人和事。

事实确如曹先生所言：在写作文这件事上"中国少年缺少足够的自我意识和自主权利"。我记得作家韩寒也曾说过类似的一句话："人生的第一次撒谎是从写作文开始的。"事实上，从开始学写作文的那一天开始，许多学生就迷失了"自我"。

记得上小学的时候，语文老师经常出的作文题是《难忘的一天》《记一次有意义的劳动》《新学期的打算》等。拿到作文题目后，搜肠刮肚，无论怎么也想不出哪一天"难忘"？哪一次劳动"有意义"？新学期到底有什么"打算"？无奈之下，只好向《作文选》或本班写作水平稍高的同学求助，将别人的文章改头换面，匆匆交差。这样的文章能有"自我意识"吗？既然"难忘""有意义"，为什么"那一天""那一次劳动"至今一点儿印象也没有？

后来读初中，老师布置写人物的作文，题目也往往是《难忘的一个人》，要么写"父亲""母亲"，要么写"同学""朋友"，但在进行人物肖像描写时几乎每个同学都会使用"目光炯炯有神""神情和蔼可亲"之类的形容词，难怪老师调侃说：你们全班同学是同一个"爸爸"、同一个"妈妈"！

学生作文为什么会"缺少足够的自我意识和自主权利"，从而导致千人一面、众口一词？我想不外乎以下几个方面的原因：

一是命题作文惹的祸。截至目前，无论是中考，还是高考，几乎都是命题或半命题作文，由此导致平时的作文训练大多也由教师命题，审题成为学生写作前一项基本任务。题目定语多，限制也多，这就框定了学生的写作思路，一些学生在某一选材范围内没有生活体验，为了完成写作任务，必然要说假话，瞎编乱造。比如，让城里的学生写"一次有意义的劳动"，既要写"劳动"，还必须"有意义"，有些学生根本就没有参加过劳动，更谈不上"有意义"，能不说假话吗？

二是作文评价标准出了问题。在过去相当长的一段时间，无论是中考还是高考，命题往往和政治密切相关，强调作文要反映重大历史事件，主题要"崇高""高尚""伟大"，要"立意高远"。记得前些年，每年中考、高考临近之际，语文教师往往要围绕当年发生的重大事件，猜题押宝，大多能猜个八九不离十，结果即使写作水平不高的学生，只要主题不出现什么问题，胡乱编造或者背诵几篇优秀范文，也能拿高分，这样的作文能有真情实感吗？一些有思想的作文偏离了主题，往往被打成"另类"，如此评价标准，作文哪有"自我意识"可言？

三是作文指导课有待改革。通常情况下，中小学每周安排两节作文课，第一节课讲评指导，第二节课学生自由作文。讲评指导课通常这样安排：教师先对上周作文作简要评述；然后板书本次作文题目，接着指导针对这样的题目，应该怎样审题，怎样立意，怎样选材，怎样安排文章结构等，这就无形之中把学生引向了一个思维的套路；最后，教师再读几篇从《作文选》或期刊上找来的范文，让学生仿写。刚看到题目时，学生可能还有一点儿想法，心里还有话想说，经过教师这一番指导，反而不知所措，只好按照老师的要求，添枝加叶，进行一番无中生有的"构思"或"创作"。

如何改变这一现状？笔者认为，可以从以下几个方面着手：

一是写作教学初期教师要敢于冲破条条框框，放开手脚让学生写"放胆文"，学生自己命题，写自己熟悉的题材，写心里想说的话。只要语言通畅，言之成理，感情真实，不管主题是否"崇高""伟大"，教师都应该给予充分的肯定。

二是在中考和高考作文命题和评价标准上，要解放思想，给学生提供写真话、自由发挥和创造的空间。命题的范围要宽泛，让学生有话可说；阅卷老师敢于对那些写真话、抒真情的"另类作文"打高分，而对于那些胡乱编造、改头换面、卖弄文采的作文要敢于"打入十八层地狱"。

三是切实改革中小学作文教学，淡化写作方法指导，"道而弗牵"，让学生多写多练。正如鲁迅先生所说的那样："从《小说作法》学出来的作者，我们至今还没有听到过。""写作之道，除了老老实实、勤勤恳恳下一番功夫，是并无其他捷径的！"

以"喝酒论英雄"的考试荒唐在哪里？

"你们出去是干销售的，就是要会喝酒！"据媒体报道，说这话的是贵州安顺职业技术学院的一位老师。4月11日，该专业的数十名毕业生经历了一场特殊的考试，考场上没有试卷，而是数十个一次性纸杯和散装白酒，考试成绩由喝酒多少来决定。据学生们说，老师称，如能喝完一杯酒，则可得到100分；如喝半杯，则得90分；如只喝一口，则得60分；不喝则不及格。

在我国传统的人情社会中，酒文化大行其道，喝酒似乎成了摆平一切事情的法宝。笔者曾听到过这样一件事：某单位领导去上级部门争取资金，酒桌上，上级领导对他说："你多喝一杯白酒，给你的钱我就在原来的基础上多拨2万元"，这位领导一听，一气喝了满满十杯。上级领导兑现了他的承诺，然而这位满饮十杯的领导，却没等宴席结束就被送进了医院。这种事原以为只是社会上流传的笑话，没想到类似的笑话却发生在教育部门。

"以喝酒论英雄"的考试，其荒唐之处主要表现在以下几个方面：

首先，学校是育人的地方，不是酒店之类的喝酒的地方。在光天化日之下强迫学生喝酒，既违反校园内"严禁饮酒"的规定，也有损于教师"为人师表"的形象。

其次，喝酒不能成为考试科目，学校不是培养"酒陪"地方。由于人的身体素质不同，酒量有大有小，有的人喝一斤、二斤不醉，有的人闻到酒味就晕头转向，把"喝酒"当成考试科目，并规定喝多少给多少分，显然对一些不能喝酒的同学不公平，而且饮酒过量还有害于人的身体健康。

最后，并非酒量大就能摆平一切事情。"多喝一杯酒多拨2万元"，这只是个例，从中也暴露了权力的任性和霸道，在一个法制健全的社会里，绝对不会出现这种情况。若照此逻辑，一些不能喝酒的男士和女士就什么事也干不成了。"干销售"要想取得成功自然要学会喝酒，但只靠喝酒不行，更要靠口才、智慧和灵活驾驭市场的能力，若不具备这些能力，酒量再大也只能是一个酒囊饭袋，什么事也干不成。

这一事件令人反思的是：一名普通教师何以能出台这样"奇葩"的考试规定？是教师不懂教育规律，还是一时头脑发热？教师作为人类知识和文明的传播者，理应"学高为师，身正为范"，做学生的表率，更应当创新自己的教育教学方法，把学生培养成德才兼备的优秀人才，但"创新"不等于胡来，更不是我行我素的标新立异，而是要经得起道德的检验和社会的诘问。

"减少考试次数"不等于"取消反馈矫正"

《山东省普通中小学管理基本规范（试行）》规定：中小学全面推行日常考试无分数评价，减少考试次数，禁止按分数给学生排队。在实际教学工作中，有的老师以此为借口，平常考试不再举行了，学生的日常作业也不再讲评了，这样一来教师的负担是减轻了，但教学效果却大打折扣。

心理学家罗司和亨利曾做过一个著名的反馈效应实验：他们把一个班的学生分成三组，每天学习后进行测验，测验后分别给予不同的反馈方式：第一组每天告知学习结果；第二组每周告知一次学习结果；第三组只测验不告知学习结果。8周后将第一组和第三组的反馈方式对调，第二组反馈方式不变，实验也进行8周，反馈方式改变后第三组的成绩有突出进步；而第一组的学习成绩逐步下降，第二组成绩稳步上升。

　　这一实验告诉我们，"反馈矫正"是教学的一个基本原则，教学中如果没有反馈，则无法促进学生学习，减少考试次数不等于取消反馈矫正。如第三组，后8周增加了反馈，学习成绩有突出进步；而第一组后8周取消了反馈，学习成绩则逐步下降。同时，反馈方式不同，对学生学习的促进作用也不同，只有坚持不懈地及时反馈，才能促进学生有效学习，从而带来学习成绩的稳步提升，如第二组。

　　日常教学中，用以反馈学生学习效果的方式无非这几种：当堂作业、当天作业、周作业、阶段性考试等。当堂作业是用来反馈当堂学习效果的，一般设计一些当堂需要掌握的基础知识，要求学生当堂完成，教师当堂反馈；当天作业是用来反馈当天学习效果的，一般设计一些拓展性知识，要求学生当天完成，培养学生独立分析和解决问题的能力，教师下一节课进行反馈；周作业和阶段性考试，都是用来反馈学生一个阶段学习效果的，设计的内容比较全面，既包括基本知识，也包括基本能力的培养，还有一些学科拓宽性的知识，一般采用考试的方式，教师根据学生卷面上反映出来的问题，确定哪些知识需要进一步强调，哪些能力需要进一步培养，必要的时候还要进行平行性测试。

　　无论哪一种形式的反馈，其目的都在于诊断学生的学习情况，以便教师及时查缺补漏，防止学生知识和能力的缺陷积累。因此，在进行反馈教学时，教师要把握好以下几个主要环节：

　　一是精心设计反馈题。反馈题要与教学目标相对应，兼顾知识与能力、过程与方法以及情感、态度、价值观，同时还要根据学生学习的实际，难易适度，有思维价值。

　　二是全面、准确地收集反馈信息。无论是当堂反馈，还是阶段性考试，教师都要力求做到全批全改，全面、准确地掌握学生学习的信息，认真分析学生在学习中出现的问题，以便下一步改进自己的教学。信息收集不全面、不准确，则会形成一种假象，难以发挥反馈对教学的诊断和改进功能。

三是要及时讲评。要将学习结果告诉学生，在坚持无分数评价的基础上，要通过教师的讲评，让学生清楚地知道自己当前的学习水平，并知道哪些知识已经掌握，哪些能力还有欠缺，采取什么方法补救，下一步努力的方向等。

学生预习之后为何还提不出像样的问题？

学生在课前预习很重要，但在日常教学中，预习环节往往暴露出许多问题。最为突出的是，学生不会预习，不知道预习要完成哪些任务，预习时提不出有价值的问题。如此一来，教师事先难以摸清学生预习的情况，课堂教学中不知道哪些知识该讲哪些不用讲，只能按照预先设计好的教案，按部就班地开展教学，而预习也就流于形式，失去了原有的意义。

造成这种现象的原因有两种：一是教师没有教给学生预习的方法，让学生明确预习任务；二是没有加强对预习的管理和监督，没有认真梳理学生在预习时遇到的问题。

笔者认为，教给学生预习方法是提高预习效率的重要一环，其核心是培养学生的问题意识，提高学生自主探究的能力。预习不仅要让学生知道"学什么""怎样学"，更要引导学生对教材内容多问几个为什么，并带着这些问题参与课堂学习。一般来说，需要记忆的知识，可以让学生在预习时掌握；需要学生探究的内容，如抽象的概念、定理、规律等，可以在课堂上做重点讲解，因为通常情况下理解这些知识不仅需要掌握本节课的内容，还要前后相连，对所学知识进行系统思考，难度比较大。

有位政治教师在指导学生预习时提出如下要求：通过对标题、框题、结论、"议一议""想一想""做一做"等内容的思考，提出问题，并按照自己的理解初步得出结论，用简要的语言记录在课本的空白处；然后思考对大多数课题都适用的一般性问题，如本段文字告诉我们什么，在本节教材中起什么作用，对于本段内容我能提出什么问题，等等，同时把自己整合、提炼的问题用简洁的语言记录在"问题本"上。教师在上课前收取部分同学的"问题本"，通过分析、归纳，确定自己授课的重点；学生则在课堂上通过生生互动、师生互动，完善、充实、验证自己预习时的想法，并生成更富有价值的知识和结论。

培养学生的问题意识，可以通过以下两个途径：一是如上所言，让学生预习时在课本上圈点批注，疑难问题记录在案；二是通过小组合作学习的方式，让学生开展问题竞赛，看谁提的问题更有价值、更有高度，教师则通过小组加分、阶段性评价等方式激发学生提问的积极性。长期这样做，不仅能让学生养成良好的学习习惯，还可以培养他们不动笔墨不读书、不动脑筋不读书的思维习惯，对创新精神的培养可谓"善莫大焉"。

校本教研要以改进"常态课"为主

5月4日，《中国教育报》刊发了一篇题为《校本研修应提高"含金量"》的文章。作者在下乡调研时发现，基层学校的许多研修活动流于形式，仅仅停留在一些事务性的通知或者研讨上，等同于教学任务布置会。

此种情况，笔者也曾遇见过。有些学校的校本教研纯属"走形式"，教师不知道怎么研、研什么。有些偏远农村地区的中小学，个别学科只有一名教师，缺少同伴互助，校本教研更是无法开展，导致教师的专业发展受到影响。针对这一现实，笔者认为，教研部门应发挥主导作用，为基层学校明确校本教研的主要内容，并创新校本教研的组织形式，具体措施如下：

一是实施"常态课改进计划"，明确校本教研的主要内容。其目的是让教师提高备课、观课和评课的成效，养成对常态课质量经常检视的习惯，督促教师时常想一想：我的这节课有没有成效？能不能促进学生发展？帮助教师不断积累有效的实作性经验，稳步提高课堂教学水平。

教学质量的形成既需要量的积累，更需要质的优化。教师平时应该认真备好每一节课，上好每一堂课，而不仅仅只是上好为了展示自己或应付检查而精心准备的公开课、优质课。如果教师的所有常态课都能达到公开课、优质课的水平，那么教学质量的提高就是水到渠成的事情了。

但是，上好常态课既需要教师强烈的事业心和进取精神作为支撑，更需要外部管理机制来推动。"常态课改进计划"就是这样一个督促教师不断提高自己、超越自己的助推器。它有一个简单的操作评价标准，有严密的培训引领机制，同时也有一个对教师全员开放、供其反思和交流的平台。这项计划旨在改变领导随机抽查的"推门听课"制度，促进教师由"要我提高"向"我要提高"转变。

为推进"常态课改进计划"的实施，我们制定了《学科教学改进意见》与《课堂教学评价标准》，对教师的家常课采取"两表三元"评价办法。"两表"即《课堂教学评价表》和《学生评教表》，"三元"即教师"自评""互评""学生评"三种评价方式。县教研中心建立专业引导队伍，筛选并优化"课堂教学实作经验"，设计并组织好乡镇、学校两级培训，让教师自己掌控《评价表》，主动进行成效检测与反思。片内、校际实行全员性开放，相互观摩、交流课堂改进的成效，形成了一个以"制定标准—培训引领—实践反思—交流提高"为内容的校本教研运行机制。

二是实施基于校本的"联片教研、连环改进"策略，创新校本教研组织形式。"联片教研"是一种校际资源合作共享的教研方式，主要形式有校际会课、教学互访、专题合作、同伴结对和回乡支教。"连环改进"是促进教师个体不断改进教学行为的教研策略，从过程上说，是指对特定问题进行连续的实践审视，前一次实践积累的经验、反思，成为后一次实践的起点，环环相扣，前后连贯，直至"问题解决"；从主体上说，这种"连环"可以是个体行为，也可以由群体合作实现；从内容上看，既可以对特定问题的探究，也可以应用于以应用于经验在不同层次上的辐射与传播。

根据"就近、方便"原则，我们在全县建立了六个"教研共同体"。共同体围绕课堂教学的某一个专题，通过专家引领、个体反思和经验交流等方式，展开深入研讨。为了督促教师实施"连环改进"策略，我们采取了"一课连上""同课异构"方式。有的学校还总结出了"一课两议""三课两评一反思"的经验。这些措施的实施，极大地调动了教师参与校本教研的积极性，提升了常态课的教学质量。

再好的活动"脱离实际"也达不到预期的效果

> 体验和探究，是培养学生观察能力和科学精神的有效途径。据浙江广播电视台报道：每年春暖花开的四五月都会让一批杭城家长为之色变，原因是学校给三年级学生布置了一个科学作业，要求学生在家里养蚕，并亲身体验蚕生长、发育、繁殖、死亡的生命历程，写出观察日记。

据学校老师介绍说，养蚕是三年级科学教材的"规定动作"。所谓"规定动作"，就是学生必须要做的动作，不能投机取巧或借故不做。从学科领域讲，养蚕确实可以培养孩子的探究精神，可以引领学生在课外进行有目的的、系统的、持久的观察和实验，提升探究能力。从人文教育的角度来讲，养蚕的过程还可以培养孩子珍爱生命的意识，孩子们亲身体验蚕生长、发育、繁殖、死亡的生命历程，认识生命的神奇与伟大，这也是生命教育很好的一课。那么这样一项对孩子学习和成长都十分有利的活动，为什么会让家长"为之色变"？

原因就在于这一活动脱离了城市教育的实际。有人算了一笔账，按杭城三年级小学生2万多人计算，如果每人养10条蚕，三年级学生养的蚕宝宝就有20多万条。这20多万条蚕宝宝每天要消耗大量的桑叶，有的家长驱车几十公里到乡下摘，有的偷偷去公园摘，还有的在网上购买，这是令家长们"为之色变"的根本原因。若是在以养蚕为产业的农村地区，也许这根本不是一个问题，孩子们回到家里随时随地都可以观察蚕的生长和发育过程，甚至可以亲自动手养蚕，而城市家庭却不具备这样的条件，强而为之不仅增加了家长的负担，而且孩子也会把这样一项烦琐的工作全部交给了家长，自己并没有亲自动手去养，不可能达到预期的效果。

透过这一事例，引起我们反思的是：一是教材的编写要考虑城市和农村的地区差异，对于某些活动的设计，要提出弹性要求，不可搞"一刀切"。城市里的学生养不了桑，同样偏远农村地区的学生也不具备到科技馆参观的条件，若搞"一刀切"，势必会劳师动众，加重家长的身心负担和经济负担。

二是学校要尽量创造条件，满足学生体验和探究的需要。学校能建设物理实验室、化学实验室，难道就不能为学生想办法开辟一方动植物生长发育基地？如果物理、化学实验可以让学生在实验室里亲自动手完成，不需要学生和家长准备实验器材，那么对于蚕的生长发育过程的观察，也不应当由家长亲自动手为孩子准备。事实上，很多学校具备这样的条件，校园内种植了大量花草树木，就地取材，学生就可以学到许多相关的生物学知识。至于观察蚕的生长发育过程，学校实在做不到的，可以联系周边农村养蚕的农家，定期组织学生去体验和参观，这应当也是一个不错的选择。

标准化语文教育是在批量生产书呆子

近日，一篇题为《一生停留在"语文思维"，会变成一个无趣的呆子》的文章引发热议。文中写道，保守的选材心理、"标准答案+中心思想"式的理解训练……标准化语文教育的不足之处日渐凸显，不少人担心它会伤害少年儿童的艺术感受能力、独立思考能力。学校试图提供的语文教育不是文学教育，它不鼓励个体解读，只提供正确答案。

读罢此文，笔者深有同感。长期以来，中小学语文阅读教学存在一种重串讲分析、重标准答案，轻阅读整体感悟的不良倾向。对于一篇文章，尤其是文学作品的阅读，很多老师不引导学生整体领会作者所要表现的主题和运用的表现手法，不重视学生阅读的主观感受，而是依据教学参考书上提供的资料，将文章肢解开来，逐字、逐句、逐段地进行串讲分析，让学生"咬文嚼字"，去深挖所谓的微言大义。老师最后会给出唯一的正确答案，并让学生记住。学生不能越雷池半步，否则考试不得分。诚如文章作者所担心的那样，这种"标准化语文教学"，伤害了儿童的艺术感受能力和独立思考能力。

记得前些年，一篇博文《我的文章成了高考题，而我却不会做》在网上流传。这位博主写的文章《寂静钱钟书》被选为福建省2009年高考语文阅读题，作者提笔试做，总分15分只拿了1分。他说，出题老师似乎比他更好地理解了文章的意思，把他写作时根本没有想到的内涵都表达出来了。比如，其中一道题"请简要分析加点词语'格调'的内涵"，作者说："写到那里，顺手就用了'格调'一词，哪有多少丰富的内涵啊！"无独有偶，一位"80后"作家也做了以自己文章为材料的中学语文阅读题，8道题只做对了3道，甚至选错了"画线句作者想要表达的意思"的选项。

按理说，谁写的文章谁应该最有发言权，还有谁比作者更了解自己的写作意图，更理解文中的每句话、每个词语的含义？作者自己都答不对，不是很奇怪吗？

记得当年我教鲁迅先生的小说《孔乙己》时，就曾引导学生分析文章的最后一句话"大约孔乙己的确死了"，"大约"和"的确"两个意义相反的词为什么同时用在一句话中？现在想来，实在没有这个必要，恐怕鲁迅先生在写这篇小说时，也没有我们考虑得这样周全。

为什么会出现这种情况？我想一个很重要的原因是中考和高考这两根"指挥棒"出现了问题，导致学生形成书呆子式的"语文思维"。中考或高考语文试题中，每年都考现代文阅读，而且分值比重很大。现代文阅读考试往往选择一篇课内或课外语段，或者整篇文章，让学生读后解答问题。问题大多以填空题、选择题、分析题等形式呈现，其中客观题占了很大的比重，大多数考查文学常识、语法以及学生对文中个别词语和句子的理解，答案往往是唯一的，对则得分，错则无分，学生没有发挥的空间。在出题者看来，这样的命题方式符合标准化考试的要求，科学简捷，易于操作。但我认为，这完全是出题者、阅卷者在图省事，这样的考试方式必然将中小学语文教学引进串讲分析的死胡同，而且这也是造成学生阅读水平低下的罪魁祸首。

事实上，无论实用文体的阅读，还是文学作品的阅读，都是学生的一种个人行为，即使针对一篇文章个别词句的理解，不同的人也会说出不同的想法，没有对错之分，只有深刻与不深刻之别。记得一位红学家曾说：一百个人读《红楼梦》，会读出一百个林黛玉。如果阅读过分强调标准答案，我看世界各地的红学研究会也没有存在的必要了，刘心武也不敢在《百家讲坛》中开讲了。

"知识课堂"如何转变为"智慧课堂"？

何为"智慧课堂"？通俗地说，就是充满生命活力和智力活动的课堂，就是让学生越学越有趣、越学越聪明的课堂，而不是让学生越学越麻木、越学越迟钝的课堂。

过去强调"双基目标"，在新课程背景下我们倡导"三维目标"，这一改变印证了知识与技能学习并不是教学的唯一目标。因为学生求知的过程是一个智力因素和非智力因素交互作用的过程，非智力因素为学生求知提供动力，使学生想学、乐学；智力因素为学生求知提供方法和策略，使学生会学、善学、学得好。二者的有机结合，才能使得知识课堂逐步向智慧课堂转变。

智慧课堂需要教师智慧的教学设计。单一的、讲授式的教学或者无目的、放任自流式的学生自学都不能达到智慧课堂的目的。智慧的教学设计建立在对学生、教学内容、教学环境，尤其是对教学内容（即教材）深刻把握的基础之上，教师要挣脱教学参考书或者名师教案的束缚，走进文本和学生的内心世界，以自己对教材的独特理解和感受，沿着学生求知的线路，点燃学生智慧的火花。同时，智慧的教学设计还要求教师设计一系列富有启发性的问题和充满趣味性、生活化、挑战性的问题情境，而不是"一问一答"式的缺少思维含量的简单问题，以开发学生的联想力、想象力和创造力。

智慧课堂更需要教师教学的智慧。课堂教学的组织形式要以能够开发学生的智慧潜能为目的，灵活多变。凡是学生自学能够解决的问题，教师坚决不讲；学生通过小组合作探究能够解答的问题，教师要进行科学指导，并精心组织好小组合作学习；对于学生求知过程中遇到的群体性困惑以及难以把握的规律性、方法性问题，教师当讲则讲，并且要讲出智慧。同时，课堂教学要活泼开放，围绕教学目标的达成，允许学生多提问题，鼓励学生挑战教材、挑战权威、挑战教师。当然，也不能把课堂教学的表面热闹作为一种追求，有时候课堂教学的"静悄悄"可能更利于学生智慧潜能的开发。

智慧课堂还需要学校管理者的智慧推动。对教师课堂教学的评价，不仅要看课堂上学生学到了哪些知识，还要看学生学会了哪些方法，形成了哪些技能，培养了哪些健康的情感和良好的思维习惯。对于教师教学质量的评价，不仅要看教学成绩，还要看教师在培养学生学会做人、学会学习等方面做了哪些工作。在升学率是学校的主要甚至唯一考核标准的当下，这样的评价改革需要学校管理者的胆魄和智慧。事实上，管理者也可以反过来思考：学生的联想力、想象力和创造力提升了，升学率的提高不就是顺理成章的事情吗？

有些"习惯性工作方式"是教师要警惕的

近日，《中国教育报》官方微信推送了一篇题为《老师也要养成好习惯，这30个"黄金习惯"，你还差哪几个？》的文章。编辑为老师们精选了30个教育、教学、学习、生活和行为方面的好习惯：控制好情绪，养成"问课"的习惯，警惕"隐性霸权"，上课决不"拖堂"，学会规划自己……毫无疑问，养成这些好习惯，无论对教师个人专业发展，还是对提高教育教学质量，都具有重要意义。

但也应当看到，不少教师还存在一些"习惯性的工作方式"，不改掉这些"坏习惯"，就无法养成好习惯。这些"习惯性的工作方式"主要有：一是"搬运工式"的备课、上课。教师对教参、教案、教材绝对服从，不敢越雷池半步。备课时，教师只需参考优秀教师的教案设计，将教参和教材内容抄写一遍。课堂上照本宣科，将提前写好的教案复述一遍，即完成教学任务。从教参、教材到备课本，再到课堂，教师只是把教参内容搬了家，挪了地方，故有人将这种工作方式称为"搬运工式的教学"。这种工作方式让教师省事，学校领导检查起来方便。有些老师的备课本写得整整齐齐，内容很丰富，往往会博得领导的好感，其实里面毫无教师的个人思考和设计，看起来好像备课和上课都是做给领导看的。

二是"如来佛式"的教学。这种工作方式表现为教师对学生从思想到行为严格管控，对学生的思维活动、创造性活动进行有力的约束，教师像是如来佛，学生像是孙悟空，永远也跳不出老师的手心。比如，老师准备在课堂上向学生提出一个问题，备课时就要提前设计好问题的基本框架及提问步骤，并准备好"唯一正确的标准答案"。课堂上老师则依据预先设计好的圈套，将学生的思维迅速引导到老师的思路上来，并让学生快速找到"标准答案"，教师根本不去注意课堂即时生成的资源。这样的课堂教学看上去很完美、很热闹，有提问，有讨论，有总结，但学生的思维被牢牢禁锢在老师制定的标准答案上。最典型的例子是一名小学老师在课堂上问学生"雪融化后是什么？"一名学生回答说"是春天"，老师说"不对"；另一名同学回答说"是水"，老师肯定了他的答案，因为备课本上写的就是这一标准答案。

三是"封闭式"的教研。校本教研是教师相互交流、思维互动、提高教学水平的主要途径。有人说"教研组是教师成长的第一进修学校"，但受到传统"文人相轻"观念的影响，有的老师在相互听课时故意降低讲课水准，唯恐别人学到自己的真本事；有的老师参加教研活动时要么"徐庶进曹营——一言不发"，要么高唱赞歌，故意将自己的观点隐藏起来；有的老师在平时考试命题时胡乱凑合，将高水平的训练题留给自己的学生做。这些现象除了影响教师之间正常的人际关系外，还大大降低了学校的凝聚力，影响了教师专业水平的提升。

四是"功利性"的科研。教育科研的目的是解决教师在教学中遇到的现实问题，进而提高教学质量。但是目前很多学校搞科研是为了提高知名度，教师搞科研是为了发论文、得奖励和评职称。教育科研一旦脱离了教学实践，和"功利"挂上钩，就必然变得浮躁，流于形式。许多教师为科研而科研，他们的选题既不符合自己的特长，也无益于自身改进教学，只是为了迎合学校领导或者某些专家的意愿，平时并没有扎扎实实地搞，课题鉴定时只能靠东拼西凑，没有什么推广和实用价值。事实上，教育科研是手段而不是目的，教师的主要任务是教学，科研课题应来自教学实践，并且直接为教学实践服务，从这个意义上讲，"人人有课题，个个搞科研"这种提法值得商榷，因为教师是教育教学的实践者，而不是教育理论的研究者。

改变这些习惯性的工作方式，一是要着力培育敬业奉献、开拓创新、团结协作的校园文化，引导教师认真钻研教材，研究教学设计、课堂教学、教学评价的每一个环节，以开放的心态积极参与校本教研和教育科研，力争做一个既业务扎实，又有自己独特风格的创新型教师。二是要以求真务实的态度抓好教学管理和教师管理。学校管理制度和评价制度的制定要有利于教师钻研教学，有利于教师团结协作，有利于教师发挥主动性和创造性。要通过管理，为教师创造一个既宽松自由，又不断进取的学习和工作环境。三是建设学习型学校和团队，明确学校发展的共同愿景，发挥团队的力量，激励教师创新，改善思维模式，不断超越自我，提升教育智慧。

小心复习课"误区"

前段时间，为指导教师高效复习备考，我深入学校听了不少复习课，发现了许多误区：有的教师把复习课上成了知识回忆课，将复习变成了重教旧知识；有的教师不顾学情，抛开课本，肆意拔高，大讲特讲，学生如雾里看花，无所适从；还有的教师以练代讲，让学生在题海中摸爬滚打，将复习课变成了单调乏味的知识训练课。

读了《中国教育报》近日刊发的《什么是好的复习课》一文后，我对如何复习有了更深刻的认识。复习课离不开专题化设计和专题化学习，教学的基本原则应当是温故知新、提高能力，要有"新的背景、新的任务、新的目标、新的教与学的组织方式"。

"温故"是复习课的首要任务，但绝不是将所学内容重讲一遍，这样做不但费时费力，时间也不允许。"温故"重在查缺补漏，凡是学生已经掌握的知识不需要再补，补的是那些学生容易遗忘和易于出错的知识。其次是"知新"，含义有两种：一是对旧知识进行归纳、概括，纳入新的知识框架，构建新的知识网络，因为系统的知识比分散的知识更易于学生理解和掌握；二是在此基础上，教师凭着高度的归纳概括能力和丰富的经验积累，将知识升华为解决问题的智慧。

做到温故知新，只是完成了一部分复习任务，提高能力才是复习课的落脚点和归宿。能力的提高需要适当的训练，但不能以练代学，让学生不厌其烦地重复做题，而是要联系社会生活，设计一些针对性较强的训练题，让学生运用前一阶段所学的知识和方法，举一反三，独立解决类似问题。学生做完题后，教师要及时反馈，进一步总结和归纳。

这样看来，复习课的教学程序一般可以概括为四个步骤：认定目标—温故知新—典型训练—提高能力。以语文出版社七年级语文（下）第六单元古诗文复习为例，教师首先可以制定复习目标：①积累重点文言词语和名句；②体会诗文中表达的思想感情；③分析诗文中形象生动的表现手法。认定目标后，让学生根据自学提纲复习五篇诗文，温故知新，查缺补漏，时间大约20分钟。然后，教师通过巧妙的设问，归纳提炼本单元重点文言实词、文言虚词和诗文中表达的思想感情，并点拨解决这类问题的思路和方法。最后，进行典型训练。教师可以设计一个课外文言文片段和一首古诗，题目设计紧扣本单元文言知识和解题方法。学生独立完成后，教师对学生的做题情况进行反馈，并进一步对本单元所学知识和方法进行总结。

这样复习以后，学生不仅掌握了相关知识和解决问题的技巧，而且开阔了视野，学会了归纳演绎、举一反三等思考问题的方法。

看一个人的思维方式，就知道他受的是什么教育

近日，我在知乎网上看到一则提问：典型的"学生思维"有哪些？"答主"的回答包括：总是强调自己是来学习的，一直在试图寻找正确答案，潜意识地把各个学科隔离起来，无意识的竞争思维，分不清事实和观点，等等。

由此我想到一件事：一位化学系教授在他新招收的研究生开学的第一天，说要考考这些新进门的弟子。教授随手拉开抽屉，拿出一支香烟用打火机点燃，然后迅速关上抽屉，随口说道："谁能在不打开抽屉的情况下想办法将打火机放进抽屉？"研究生们面面相觑，一下子被这个问题难住了，他们绞尽脑汁想了很多办法，最终都不能解决问题，于是急切要求教授说出答案。教授平静地说道："答案非常简单，那就是根本不可能！"

面对"根本不可能"的事情，不敢于站出来说真话，迷信教师，服膺权威，白白耗费精力，去寻求根本不存在的正确答案，这是一种典型的"学生思维"。

生活中也不乏这样的滑稽事，比如有些人为了讨好上级，明明知道有些事情根本办不到，却挖空心思，不惜违背客观规律和自己的良心，编出一些假话、套话，欺上瞒下，赢得领导的欢心，最终"竹篮打水一场空"。"指鹿为马"的故事，讽刺的就是这些自以为是的人。我想，之所以产生这样的怪现象，不仅与某些人的虚荣心理有关，更与他们的思维方式有关，他们不问客观实际，总是喜欢把简单的问题复杂化，像上面故事中的那些研究生，由于崇拜心理作怪，导致他们不敢讲真话，在真理面前迷失了方向。

生活中说假话最多说明一个人品行有问题，但如果在教育中也让学生说假话的话，就可能影响一代人的健康成长。不可否认，现在的教育很多时候都在有意无意地引导孩子说假话，做无用功。以作文教学为例，小学时，孩子还能说点真话，写出来的语言尽管充满儿童的稚气，却不乏想象力和创造力。但是随着年级的升高、年龄的增长，孩子越来越不会写真话了，许多高考作文套话连篇，捕风捉影，都是些假大空、似曾相识的八股

文。因为写真话，很难让阅卷老师喜欢，所以才会导致学生写了几十年的作文，但大学毕业后连最起码的个人工作总结都写不好。在理科教学中，有些教师对试题不加选择，相信"题海战术"能够提高成绩，于是出现了重复训练、超纲训练的问题，还有的题目本身就是错误的，但教师还是让学生死啃硬砸，白白浪费宝贵的时间。

教师在教学中培养学生的探索精神是必要的，科学探索甚至还需要一点"钻牛角尖"的精神，但任何探索都要以尊重事实、尊重真理为前提，在真理面前，教师要不断纠正学生言不由衷的思维和话语习惯，引导学生敢于说"不可能"。

做一名合格教师到底需要哪些知识？

期末考试就要举行了。近日，某乡镇出台一项新规定，全镇450余名小学、初中教师要和学生一起参加考试，由其他乡镇教师监考，师生试卷混在一起评分。考试成绩按百分制计算，初中教师成绩低于80分视为不合格，小学教师成绩低于70分视为不合格，以后不能参评各种荣誉评选和奖励。

客观地讲，该乡镇的这一做法有利于督促教师认真钻研教材，准确把握教材的知识点和重难点，丰富教师的专业知识，但是如果以此作为教师是否合格的标准，则未免有失公正。因为做一名合格教师不仅需要相关的专业知识，还要具备与之相适应的专业能力。

做一名合格教师到底需要哪些知识呢？

有教育专家称，教师起码应具备三个方面的知识，即本体性知识、条件性知识和实践性知识。本体性知识是指教师从事某一学科教学所应具备的学科专业知识，要尽量丰富和精深；条件性知识是指教师从事教学工作所必须具备的教育学、心理学和教学法等方面的知识，这是教师职业区别于其他职业的一个基本条件；实践性知识是指教师在教育教学实践中逐渐积累起来的用于解决实际问题的知识，这类知识的运用要和具体问题情境联系起来，具有很强的操作性。

该乡镇的这一做法只是考查了教师的本体性知识，没有考查教师的条件性知识和实践性知识，而对于一个合格教师来讲，后两者又恰恰是最重要的。显然，具备丰富的本体性知识是一个合格教师的必备条件，但不一定是必要条件，因为教学的最终目的是让学生学会，促进学生智力和能力发展，教师要把自己掌握的知识转化成学生的知识，还需要有较强的口头表达能力、科学的施教方法以及丰富的教学经验。哑巴即使掌握的知识再丰富，也不会成为一个合格教师；我国已故著名数学家陈景润掌握的数学知识可谓国人之最，但他不是一个合格的中学数学教师。

我曾接触过这样一名教师，是20世纪70年代恢复高考后考入师范院校的第一批本科大学生，毕业后分配到本地一所中学教数学。可是一星期过后，他被学生轰下讲台，原因是不会讲课，学生听不懂、学不会。也许这班学生不适应，那就再换一个班吧！由于提前做了工作，这班学生没有赶他走，但是期末考试时，该班数学成绩全县倒数第一，这下学校领导可坐不住了，本以为一名本科生应当是最好的老师，没想到竟教出这样的成绩，干脆调走吧！就这样这位老师几十年来调来调去，前前后后换了四五个单位，最后一个单位实在不忍心再赶他走，随便给他安排了一项工作——看大门。本科毕业的教师看大门，实在有点滑天下之大稽！

据说，这位教师虽然不会教课，但是解答数学难题的能力却特别强，每次县里组织的教材、教法考试，他几乎都能拿到第一。与上述乡镇的做法相比照，我不禁要问：纸笔考试难道真能够代替教师的能力考核？成绩高于80分或者70分的难道都是合格教师？

教学是一门艺术，一个教师合格与否最终要通过教学实践和教学效果去验证，而不能仅仅以一个"80分"或"70分"的学科考试成绩给教师草草下结论。

教师的地位只有通过终身学习才能稳固

近日，我看到国际劳工组织和联合国教科文组织于1966年发布的《关于教师的地位的建议》中提到："应把教育工作视为专门职业，这种职业要求教师经过严格地、持续地学习，获得并保持专门的知识和特别的技术。"教师作为从事教育教学工作的专门人员，仅仅靠在师范院校里学到的有限的教育理论知识是远远不够的，还需要在教育实践的舞台上不断磨炼自己、丰富自己，逐步使自己具备高尚的职业道德、扎实的专业知识、熟练的专业技能和可持续发展的专业潜力。

终身学习是当今世界教育发展的潮流，也是教师专业化发展的必然选择，它要求教师一生都要持续不断地学习，即我们通常所说的"活到老，学到老"。曾任美国马里兰大学副校长的孔宪铎在他70岁大寿那年考上了北京大学心理学博士生，拜比自己小30岁的王登峰教授为师，因为他非常喜欢心理学，但没有正式学过，所以仍要拜师继续学习。

很多老师说，我日常教学工作繁忙，既要备课、上课，又要批改作业、辅导学生，还要料理家务、照顾孩子，哪有时间学习？正是因为有这样的想法，不少教师教了一辈子书，到头来教学水平非但没有提高，反而随着年纪的增大，工作能力变得越来越差。这种年龄和水平的反差是某些人质疑教师专业化的根本原因。时间对于每一个人来说都是公平的，别人能做到的事，为什么自己做不到呢？因此，只要你有终身学习的信念和意志，总能找到时间。特级教师吴昌顺经常对老师们说："一天不学习，不知道教什么；两天不学习，你要向学生学；三天不学习，你就得离开讲坛，下岗走人。"

教师终身学习的基本途径是"读书—实践—反思—总结"，即向书本学习、向实践学习、向同行学习、向学生学习。读书是教师获取新知识、开阔视野、提高人文素养的基本途径。教师不但要读有关教育理论的书籍，更要读与所教学科相关的社会学、哲学、心理学以及自然科学等方面的书籍。读书的目的是应用，教师要把在书本上学来的新理念、新知识、新方法运用于自己的教学实践中，提高教和学的效率，并在此基础上对实践进行反思和总结，这是教师学习非常重要的环节。

子曰："学而不思则罔，思而不学则殆。"没有对实践的反思，所学的一切知识就只能是死的书本知识，不可能内化为教师自己的知识；同样，没有总结就没有提高，也不可能有新理论、新方法的创生。因此，反思和总结是教师不断提高教学水平、形成自身教学风格的必由之路。除此之外，教师还要向同行学习，向学生学习，努力实现教学相长。学校要浓化学习氛围，开辟学习阵地，通过创建学习型学校、学习型教研组、学习型班集体，让终身学习成为学校每一位成员的价值追求。

语文教师怎样与文本"对话"？

最近听了一节初三语文课，内容是作家周国平的哲理散文《家》。这节课上得并不成功，教师只是帮助学生把课文内容梳理了一遍，告诉他们作者为什么把家比喻为船、港湾和岸。教师缺乏激情，学生似懂非懂，整节课收效甚微。造成这种结果的原因在于教师没有读懂文本，没有与文本深入"对话"。

《语文课程标准》明确指出："阅读教学是学生、教师、文本之间对话的过程。"对话理论认为："作者与读者之间，实际上体现了人与人之间的精神联系，阅读行为也就意味着人与人之间确立一种对话交流的关系，这种对话与交流是双向的、互动的、互为依存条件的关系。"（《语文教学实施指南》赵福祺、李菀主编）教师是联系课程和学生的纽带，只有读懂文本，才能顺利进行教学设计，达成既定的教学目标。

可惜的是，许多教师没有走进文本，迷信"教学参考书"或"优秀教案"，教学设计几乎千篇一律；学生则言听计从，不敢表达自己对文本的独到见解，得到的只是教师灌输的"唯一正确答案"。

与文本"对话"首先要求教师与作者"对话"，包括走进作者的精神世界，了解作者创作的时代背景和思想状况，把握其写作动机，研究其创作风格和艺术追求。有些教师不屑于此，只是满足于粗略的"作者和时代背景简介"，结果影响了对作品的深度理解。

其次，教师要与作品"对话"。教师要精读文本，读懂作品所表达的深刻意蕴，分析作者的思路和表现手法，并在关键处融入自己对文本的见解。在这一阶段，教师要有文学评论家的眼光、作家的情怀、教育家的气质。教师可以广泛占有资料，也可以参考名家对作品的解读，关键是要抱定一种批判的态度，将别人的东西内化为自己对文本的理解。

最后，教师要与学生对话。教师要了解学生初读作品时的感受和想法，并将共性的、有价值的问题进行归纳梳理，然后与自己对文本的理解相比照，发现学生阅读时闪现的火花，并将它们作为教学设计的重要资源。有时候学生对文本的理解比教师还要深刻，一些课堂之所以效率低，原因就在于教师不了解学情，缺乏教的针对性。只有准确掌握学生学的信息，教师的教学才能游刃有余、左右逢源。

学生没有"真体验"，哪能写出"真作文"

前不久，上海市的一次小学生征文比赛收官。比赛以"我最喜欢的古代人物"和"我家的传家宝"为题。让人大跌眼镜的是，在"我家的传家宝"的作文里，很多小学生写的是"外婆留下了一件补了又补的旧衣服"，阅卷老师也不禁感叹，如今到哪里还能找到上千件外婆的补丁衣衫啊。不少同学将"传家宝"聚焦在了传统美德上，但落笔却是"自己的铅笔用到很短很短了还不舍得扔掉"。

就上海市这次作文比赛而言，"传家宝"一词主要在20世纪60年代的新闻报道中使用，比如"炊事班的传家宝""革命传家宝"等。由于时代相隔遥远，如今的小学生几乎不知道"传家宝"一词是什么意思，怎么能体会到"传家宝"意蕴，从而产生感情上的共鸣？于是学生只好到作文选中找灵感，生拉硬扯地找一些与"传家宝"有关联的文章，几乎众口一词地写了"外婆补了又补的衣服"。

由此可见，学生作文能否写真情实感，作文命题是关键。有的作文命题定语多，限制多，无形之中就框定了学生写作的思路。一些学生在某一选材范围内没有生活体验，为了完成写作任务，必然说假话，瞎编乱造。比如，让城里的孩子写"一次有意义的劳动"，既要写"劳动"，还必须"有意义"，哪里有这样的劳动？况且有些学生根本没有参加过劳动，更谈不上"有意义"，能不说假话吗？

除此之外，作文评价标准也有待改进。在过去相当长的一段时间，无论是中考还是高考，命题往往与当年的政治事件密切相关，强调作文要反映重大历史事件，主题要"崇高""高尚""伟大"。2013年，某地中考作文题：是《今天，我想说说心里话》。有一名参加中考的女生在接受媒体采访时表示："因为这是中考，大家都不敢写心里话，真正有写心里话的人，他肯定是考不好的。"不少网友表示这名女生说出了"真心话"。一位老师也对此表示了担忧：万一考生真说了厌学、反思社会乱象之类的心里话，主题一点儿也不"崇高""伟大"，阅卷老师能给高分吗？

如何使"合作学习"不落入新俗套？

> 近日，《中国教育报》一篇题为《课堂教学要避免落入新俗套》的文章中写道：在倡导课堂教学改革的大背景下，很多教师积极探索新的课堂教学模式。但是，由于各学校负责人和任课教师自身水平参差不齐，同时受到当前社会上的形式主义、哗众取宠等不良风气的影响，课堂教学改革出现了一些新的俗套，比如过多使用多媒体、片面追求大活动量、课堂教学娱乐化等。

新一轮课程改革实施以来，合作学习在课堂教学中被广泛使用，无论是在学生学习能力的提高，还是在学生人格塑造上，合作学习都发挥了不可替代的作用。但在具体操作的过程中，其效果却不容乐观，各科课堂教学中出现了许多"假合作""无效合作"现象，合作学习随之也成了课堂教学的"新俗套"。

比如，有的教师不能精心设计合作学习的问题，所提问题没有探究性和思考价值，小组合作乱作一团，既浪费了课堂上宝贵的时间，降低了课堂效率，又影响了学生主体地位的发挥；有的教师组织形式单一，目中无人，小组合作变成了优秀生发挥自己潜能、表现自己能力的舞台，学困生则被忽视，无形中失去了思考、发言、表现的机会。鉴于此，必须在提高课堂小组合作学习实效性上下功夫。

一是要精心设计合作学习的问题。一般来说，浅显的、有明确答案的以及学生自学能够解决的问题，无须进行小组合作，需要合作的是那些富有挑战性和探究性的问题，一般是指学生容易混淆处、知识重难点处和教材空白处，这些地方让学生有思考和讨论的空间。这类问题往往具有思维的深度、广度和跳跃性，答案不唯一，因此需要教师精心设计问题情境，调动学生思维的积极性，鼓励学生发展不同的见解，而不是让学生探究"1+1等于几"之类的毫无思考价值的问题。

二是合作学习中教师要明确自己的角色定位。教师应该是学生合作学习的组织者、引导者和参与者。在学生合作学习的过程中，教师要深入每个小组，认真倾听学生的发言，并适当组织、指导小组成员进行交流，形成一种师生互动的良好合作氛围。当小组成员不足以完成目标任务时，教师应给予适当点拨，以确保学生的合作讨论能够顺利开展、富有成效。

三是要展开学习竞赛，展示学习成果。每一名学生在课堂上都有表现的欲望，都渴望得到他人的称许，因此当合作学习完成后，要让小组展开多种形式的学习竞赛，让学生在课堂上及时展示合作学习的成果。展示的过程就是对学生思维和表达能力训练的过程，即使展示的结论是谬误，对学生来说也是一次不小的收获。在学生展示过程中，教师要及时给予学生鼓励性、针对性、指导性的评价，除评价学生个人表现外，还要对小组集体做出评价，促进小组成员之间互学、互帮、互补、互促。同时，要把过程性评价与终结性评价相结合，除对小组学习结果进行恰如其分的评价外，更要注重学习过程中合作态度、合作方法、参与程度的评价，在肯定、欣赏、激励和引导中，让学生自然生成合作意识和合作技巧，激发学生更大的创造潜能和合作欲望。

四是要多种学习方式交替使用。合作学习是新课程理念下倡导的重要学习方式之一，但并非唯一方式。小组合作学习不否定其他学习方式，也不可能替代其他方式，课堂教学要依据学科特点以及不同的学习内容，宜采用接受式则采用接受式，宜集体学习则集体学习，而不是追风赶潮、千篇一律，搞"一刀切"式的小组合作。

教师课堂上怎样做到"精讲点拨"？

在传统的课堂教学中，教师不问学情，按照事先设计好的教案，按部就班地讲课，造成教学的重复和低效，阻碍了学生智慧和能力的发展。提高课堂教学效率，构建高效课堂，要求教师要以学生为主体，把课堂还给学生，充分发挥学生自主学习的积极性。教师则由主演变为导演，由主宰变为平等中的首席，其主导作用的发挥主要体现在组织学生高效学习和精讲点拨上。

那么，教师在课堂上应精讲点拨哪些内容？怎样讲才算精讲呢？

一是讲疑点。"疑点"是指学生在自学过程中有疑惑的知识。问题的答案似是而非，不同的学生不同的理解，学生吃不透、拿不准，不敢确定最终的结论，此时就需要教师指点迷津，通过讲解分析，给学生一个明确具体的答案。讲疑点并非让教师把现成答案直接告诉学生，而是要求教师事先要知道学生"疑"在何处，产生疑惑的原因，然后在引导学生充分讨论的过程中，适时纠正学生错误的、片面的认识，引导学生的思维朝着正确的方向发展。

二是讲难点。"难点"是指学生在自学过程中无法解决的共性问题，比如一道几何题全班同学都不会做，此时就需要通过教师的讲解，打开学生闭塞的思路，引领学生走进智慧的大门。讲难点也并非让教师唱"独角戏"，而是要求教师事先设计好一系列富有层次的问题，步步启发诱导，开启学生的思维。当问题得到解决时，学生有一种豁然开朗、茅塞顿开的通透感。对于那些抽象的、难以理解的概念、定理，教师则要采取类比、举例、比喻等方法进行深入浅出的讲解，力求使复杂的内容简单化，抽象的内容形象化。有时讲解时，还需要教师做出一些示范，让学生通过模仿学习新知，如教小学生学习汉语拼音，教初中学生学习英语音标等。

三是讲知识拓展点。"知识拓展点"是指教师为了开阔学生的思路和视野，加深学生对某一知识点的理解，提高学生发散思维能力，而适当补充的一些延伸性知识，理科教学则表现为设计一些变式训练题，让学生通过训练，举一反三，达到"会一知十"的目的。这些知识大多教科书上没有涉及，学生在自学的过程中无法涉猎，需要教师在备课过程中，充分挖掘教材，整合课内外资源，适时进行补充。在讲解这类知识时，教师要把握好"度"，切不可为了展示自己的学识，满足学生的好奇心，故弄玄虚，喧宾夺主。

四是讲能力培养点。"能力培养点"是指教师为了培养学生独立分析和解决问题的能力，对一些规律性、方法性和策略性知识的讲解，是教会学生学习的重要一环。这类知识的讲解一般体现在单元总结课和期中、期末复习课上，需要教师具有较高的归纳、概括能力。教师要引导学生将前后所学知识联系起来，形成一个整体的知识结构，并从中抽取一些解决问题的一般规律和方法。此类知识的讲解也需要教师充分发挥学生学习的主动性，让学生在自我归纳和感悟的基础上，通过教师的点拨，达到水到渠成的教学效果。

"精讲点拨"的关键在于一个"精"字，而要真正做到"精"，除了精选讲解内容外，还有以下两点需要引起注意：

一是教师要在充分了解学情的基础上，确立哪些内容是学生最需要的，需要精讲；哪些内容是学生已经理解和掌握的，需要少讲或者不讲，如此才能真正做到有的放矢，提高精讲的实效性。不了解学情，凭自己的想当然随意确定讲解内容，只会导致教学的重复和低效，也根本也谈不上精讲。

二是教师要不断提高自己驾驭教材和课堂教学能力，尤其是对于那些拓展性、方法性和规律性的知识，教师要在吃透教材的基础上，以研究者的态度，提出自己独到的见解，并在与同事广泛研讨的基础上，验证自己的观点，否则以己之昏昏，也难以使学生之昭昭。同时，还要不断提高讲解水平，能用一句话讲清楚的问题，决不用两句话，讲解要生动有趣，紧紧抓住学生，追求科学性和艺术化。

中国大学生为什么"没有问题"？

　　近日，一位英国外教在接受媒体采访时说："在中国，刚入校的大学生最大的问题是没有问题，并且希望老师可以直接告诉答案，需要培养思考能力。""在西方，家庭教育民主、开放一些，小孩敢于挑战权威；东方人从小就被要求听长辈的话、尊重权威，较少尝试去挑战权威。"

　　"学问"这个词本身包含两层含义：首先是学，向书本学习，向老师学习，向实践学习，掌握大量有用的知识；其次是问，指在学习的过程中，遇到困惑和不懂的问题，虚心向他人请教，从而使知识内化为自己的素质，形成解决问题的能力。

　　"善问"是我国古圣先贤们优秀的治学传统，《论语·八佾》中记载了这样一个片段：子入太庙，每事问。或曰："孰谓鄹人之子知礼乎？入太庙，每事问。"子闻之曰："是礼也！"孔子在学习周礼的过程中，不仅系统学习和整理了周朝保留下来的大量文献资料，而且亲身实践，在参加鲁太庙举行的大典时，不耻下问，实地印证自己在文献中学来的礼的知识，以至于遭到周围人的嘲笑，说他不懂礼，孔子不以为然，并且说这正是礼的要求。

　　可惜，时代发展到今天，这一优秀的学习传统并没有在教育中得以很好地继承，正如报道中所说的那样，中国学生进入大学后提不出像样的问题，"并且希望老师可以直接告诉现成答案"。

　　为什么会出现这种情况？是中小学教学理念和教学方法出了问题。日常教学中，我们经常看到这种现象，课堂上教师为了完成既定的知识传授任务，常常采用"满堂灌"的方法，只顾让学生被动地听课、被动地记笔记，没有留给学生"问"的时间，更没有教给学生"问"的方法，学生就像一台装载知识的机器，对教师传授的知识奉为绝对真理。这种没有思考、没有疑问的学习方式，久而久之，使许多学生变成了只会依赖教师、没有主见、读死书的书呆子。进入大学后，这些知识在学生头脑中就变成了一堆毫无生机的死知识，自然不会提出像样的问题，更谈上主动性和创造性的发挥。

学和问是学习活动不可分割的两个方面，我们培养的许多学生走向社会后，之所以有知无识、有知无能，不会运用所学知识创造性地解决工作中遇到的具体问题，与中小学教学没有教会学生"问"的方法、养成"问"的习惯有直接关联。"学"是积累，而"问"是探究，是印证，是更高一级的学习，只有将学和问紧密结合在一起，才能有效地将知识转化为能力。因此，让学生养成善于"问"的良好习惯，教会学生"问"的方法，不仅可以提高"学"的质量，而且可以激活学生的沉睡的大脑，培养学生批判性思维能力和创新意识。新课程倡导自主、合作、探究的学习方式，就是要充分发挥学生主观能动性，培养学生的问题意识，提高学生自主学习的能力。

"问"当然要抱定谦虚谨慎的态度，提问者要在深入思考的基础上，明确提出自己的问题，被问者也要本着知无不言、言无不尽的态度，将自己知道的东西和盘托出，如果双方观点有分歧，可以展开更深入的讨论，这才是对待学问的正确态度。像孔子那样入太庙"每事问"，以至于遭到众人的讥笑，却认为是"礼"，这是一种更为谦虚的态度，也是更高境界的"问"。如果自作聪明，不懂装懂，在有些事情上则往往会"失礼"，比如我们到国外参观考察或旅游，对于某一个国家的风俗习惯或风土人情，凡是看不明白的地方，就要多学多问，如果一意孤行、我行我素，则往往会有失大雅，招来别人的嘲笑。

表达真情实感的作文更值得肯定

近日，在《中国青年报》上看到一篇评论说，文章本是思想和情感的产物。因此，作文训练不应单纯地指导学生掌握和运用写作方法，更要调动学生的思想感情，激发他们的写作欲望。

笔者深以为然。古人说得好："文章本天成，妙手偶得之。"当接触到的人和经历过的事触发你的情感和思考，促使你不得不一吐为快时，就有可能文思泉涌、下笔成文。很多古代著名文学家写作时是不大讲究章法结构和写作技巧的，苏轼在《答谢民师推官书》中曾说，他作文"大略如行云流水，初无定质。但常行于所当行，常止于不可不止，文理自然"。

但现代教学中，尤其到了初中、高中阶段，为了应考的需要，老师们特别注重向学生传授怎样开头、怎样结尾、怎样前后照应、怎样论证等写作技巧；对于学生"写什么"也大加限制，要么直击时事，要么深刻挖掘材料的微言大义，要么歌颂好人好事；有的老师甚至要求学生背诵各种类型的范文，以便在考场上借题发挥。总之，就是不让学生写心中想说的话，因为说了真话，中考或高考很难得高分。

一个人的思想素质有高下之分，反映在学生作文中也有格调是否高雅、内容是否健康之别，健康的思想情趣需要作者不断提高自身认识水平、丰富人生阅历。大凡历史上传之久远的作品都是思想和艺术皆佳的精品，都能启迪后人做人、做事。中小学生由于接触社会的机会相对较少，人生阅历浅，还难以形成正确的价值观和明确的人生追求，"思想不正"也在所难免。因此，对于学生作文中暴露出的"不健康思想"，不能用成人的标准去要求他们，更不能因此扼杀他们作文中的表达自由和创造力。

那么，在日常作文训练中，如何调动学生的思想感情，激发学生的写作欲望？笔者认为，应着眼于以下三个方面：

一是注重培养学生的观察能力。观察是儿童的本性，日常教学中，教师要多引导学生观察周围的一切，可以看看蚂蚁、看看风景，也可以看看潮起潮落、云淡风轻。要鼓励学生静静地看，使眼中之物成为学生心中之物，再引导学生将观察到的、联想到的、感悟到的用文章表达出来。这类写作训练不宜设定条条框框，只要学生能表达自己的真情实感即可。

二是说写并重，培养学生的即时表达能力。日常教学中教师要多鼓励学生参与表达实践，能说就说，想写就写，看到就说，说了就写，要让写作变成学生生活的一部分。长期这样积累和训练，学生就不再视写作为畏途，作文中就有话可说了。

三是将命题作文变成学生独立思考和探究的过程。日常作文教学中，很多老师习惯给学生出命题作文。明确作文题目后，老师不要急于对学生进行写作思路和方法的指导，因为这样做会框定学生思维，要首先引导学生进行独立思考和探究，点燃思想的火花，这样才能很自然地将自己的思考变成文字。

课堂教学中如何让学生保持注意力集中？

《孟子》中曾记载了一个"奕秋诲奕"的故事：弈秋是全国最会下棋的人。让弈秋教两个人下棋，其中一个人专心致志，只听弈秋的教导；而另一个人虽然也在听着，但是他心里总以为有天鹅要飞过来，他想拿弓箭去射它。这样，虽然两个人一起学习，但学习效果却大不一样。

如何集中学生的注意力，这也是现代教育教学研究的一个重要课题。学生只有把全部精力投入学习活动中，才能提高课堂教学质量，收到事半功倍的学习效果。笔者认为，应着眼于以下几个方面：

一是开始学习活动前，要让学生排除无关因素的干扰。比如，上课前要让学生做好课前的物质准备，除了笔、作业本之外，其他东西都撤除，让桌面变得干干净净、清清爽爽，以免物品的刺激分散了学生的注意力。

除了排除这些外部干扰之外，更为重要的是要排除内部干扰，让学生做好情绪上的准备。内部干扰主要指与学生心理相关的一些因素，如有什么事情困扰着学生，使学生感到兴奋、失望、忧虑等，特别是家里发生的事和课间与同学发生的事，以及一些好玩的游戏和好吃的东西等，都会影响学生的注意力。排除这些内部干扰要比排除外部干扰困难得多，需要老师课间关心学生的生活，关注学生的心理变化，发现学生有困难或其他问题时，要及时帮助解决。除此之外，教师上课前还要加一个集中学生注意力的环节，如在正式上课前可以对学生说："请同学们把思想集中起来，专心致志地投入本节课的学习。"这种积极的心理暗示，有利于学生的把心收回来，投入课堂学习状态中去。

二是要加强课堂教学内容的刺激。学生注意力转移的原因除了个人意志力的影响以外，还与学习内容有关，教学无关因素的刺激强度如果超过了教学刺激，就会分散学生的注意力，因此必须加强教学内容对学生的刺激。教师首先要做到充分挖掘教材，精心设计教学内容，增加课堂教学的趣味性。学生对自己感兴趣的东西都会很认真地学，教学内容生动有趣，学生就会自觉地投入课堂学习中。其次要培养学生预习的习惯，增强课堂学习的针对性。经过预习后，学生可以带着问题组织自己的智力活动，有计划、有目的地听课就不容易"走神"。最后要设置限时学习，增强教学内容的挑战性。有学习目标的限时学习是集中注意力的一个有效手段，它要求学生在有限的时间内达到既定的学习目标，学生有了这两个条件的约束，就会努力克制自己，集中注意力投入学习活动中。

三是着力培养学生良好的注意习惯。在学习过程中，要让学生养成自我提问、积极思考的习惯，出现"走神儿"时，要学会"自我暗示"，保持注意的稳定性。学习临结束时，更要使注意保持紧张状态，绝不能虎头蛇尾。同时，要戒除不良习惯，有的同学上课时精力不集中，往往和上课做小动作相关。比如手里玩钢笔或小玩具，在课堂上涂涂画画或者偷偷看手机……这些动作往往干扰了大脑对课堂学习内容的注意。戒除不良习惯的方法是要通过净化学习环境的方式来实现对自我的控制。爱玩东西的同学上课时可以把手放在膝盖上，爱吃零食的同学在做作业前把零食拿开，把桌子上可能分散注意力的报纸、杂志、电子产品等通通收起来，从而净化学习时干扰注意力的环境。

四是注重课堂观察，主动保持学生的注意力。课堂教学中学生注意力不集中，除了学生的自身因素和教学内容之外，还有一个重要的因素是教师的课堂教学组织。教师要注意维持课堂秩序，不能让课堂乱哄哄。课堂教学井然有序，学生也不容易"走神"，反之有的学生就会趁乱起哄。另外，教师要时刻注意学生的注意力保持情况，对"走神"的学生，可以利用暗示，提醒其收回注意力，参与到课堂学习中来。

"真语文"需从传统教育里汲取营养

语文出版社社长王旭明认为，我们国家从1949年到现在，语文学的教育始终处于各种各样争论、学派流派当中，到现在为止有几十种流派。比如一些老师认为诗重要，就提出诗意的语文，要把语文讲得像诗一样；有的老师认为情境重要，就穿插各种情境。其实语文不是流派，它是理念，它不需要这些流派，老老实实讲好语文就可以。他倡导求真务实的语文教学，即"真语文"。

王旭明先生所讲的"真语文"，笔者认为是指"本色当行的语文"，即按照语文教学的本质实施教学。其实，在我国漫长的封建社会里，先人对语文教育的本质已作了许多有益的探索，要解决"真语文"的问题，还需从传统教育里汲取营养。

首先，古代的语文教育特别注重通过诵读来培养学生的语言感受能力。古人在这方面积累了许多宝贵经验，有的已作为格言流传到今天。如"熟读唐诗三百首，不会作诗也会吟""书读百遍，其义自见"等，讲得的是诵读对理解和感受语言所起的重要作用。

有人认为，古代的诵读就是强迫学生死记硬背，是一种僵死的教学方法，应当全盘否定。于是他们又走向另一个极端，课堂上完全由教师包办代替，教师讲得头头是道，学生听得昏昏欲睡，一篇文章学完了，学生几乎没有通读一遍课文，课堂上听不见书声琅琅，只听见教师泛泛的讲解声，语文教学因此失去了生机和活力。

诚然，强迫学生诵读记忆有其不合理的因素，但是假如李白没有做到"五岁诵六甲，十岁观百家"，他也不可能在盛唐诗坛上独放异彩，名垂史册。据说茅盾能背诵《红楼梦》，郑振铎能背诵《左传》，巴金能背诵《古文观止》，范文澜能背诵《文心雕龙》……事实证明，视、听两种感觉器官的相互协调是获取知识的有效途径，况且课堂上教师进行无休止的分析也未必使每个学生都能听得懂，因为还有一个教学方法和教学技巧的问题，那么在这种情况下给学生一些诵读的时间，让学生在诵读中印证教师的讲解，体会课文的思想内容和艺术手法，并在这一过程中规范自己的口语和书面语，阅读和写作能力的提高就是水到渠成的事情了。

其次，重视模仿，强调创新。大凡古代有成就的作家，多是以模仿起步的。《朱子语类》中说："古人作文作诗，多是模仿前人而作之，盖学之即久，自然纯熟。"可贵的是，古人不但重视模仿，而且还强调在模仿的基础上创新。清代学者唐彪在评论韩愈和欧阳修时说："韩师孟，今读韩文，不见其为孟也；欧学韩，今读欧文，不觉其为韩也；若拘以模仿，如邯郸之学步，里人之效颦，所谓师其神，不见其貌，此最为文之真诀。"由此可以推测，古代的语文教学重视让学生通过模仿提高写作能力，进而形成自己独特的风格。

我们今天的作文教学提倡让学生写真话，抒真情，这是天经地义的事情。但是，学生能写出真心话，并不等于会写文章。写文章还要讲究章法、技巧，这就需要引导学生模仿好文章在结构、表现手法等方面的优点。叶圣陶先生对此早有过精辟的论述，他说："课文无非是个例子。"因此，模仿是沟通阅读和写作的一道桥梁。事实上，许多老师也这样做了，但他们只知道让学生机械地模仿，没有做到古人所说的"师其神，不见其貌"，缺乏创新精神，古人在这方面的宝贵经验值得我们借鉴。

再次，注重文道统一，提倡文以载道。早在两千多年前，孔子就认为"不学诗，无以言"，又说："诗，可以兴，可以观，可以群，可以怨；迩之事父，远之事君；多识于草木鸟兽之名。"孔子在这里讲的虽然是诗歌的教化作用，但也可以推测，古代的语文教育是把"文"和"道"紧密地联系在一起的，"文道统一"是语文教学应该遵循的一条重要原则。

所提倡的"文道统一"，就是兼顾语文的工具性和人文性，把语文知识教学和学生的思想品德教育有机地融为一体。可惜的是，有的老师在语文教学中，重"文"不重道，只传授知识，不重视育人，或者人为地把文和道割裂开来，将语文课上成了"思想品德课"，或者在语文课上加一个长长的思想教育的尾巴，搞穿靴戴帽式的对号入座，这些做法有悖于"文道统一"的教学原则，也背离了"真语文"的教学理念。

最后，运用启发式教学，注重思维能力的培养。《论语》中有一篇非常著名的文章《子路、曾皙、冉有、公西华侍坐》，记载的是孔子如何启发他的弟子谈各自的志向，老夫子循循善诱，弟子们畅所欲言。由此可见，启发式教学早在两千多年前就已滥觞，孔子是启发式教学的开山鼻祖。

如今，启发式教学已被写进《义务教育法》，可到底怎样才能做到"启发"，我们并不十分清楚。有人认为，课堂上教师进行无尽无休的提问，把语文课上成典型的"提问课"就是启发，这实在是对启发式教学的误解。

"启发"一词含有打开之意，即通过教师的"启"去打开学生堵塞的思路，让其在积极的思维状态中，自觉地获取知识。简单的知识，学生一看就懂，无须教师再去"启"，需要"启"的是那些复杂的知识。这些知识，学生理解起来可能比较困难，需要教师引路搭桥。学生在教师的引导下，开动思维机器，困难就会迎刃而解。因此，启发的根本目的在于调动学生思维的积极性，培养学生独立解决问题的能力，是"真语文"应该遵循的一条重要原则。

"区域校本研训"是改进农村教学点教师培训薄弱现状的有效途径

近年来，校本研训逐渐成为一些地区教师培训的主要方式，对促进教师专业成长起到越来越重要的作用。然而，校本研训工作在偏僻的农村教学点却很难落到实处，远远落后于城区学校。

校本研训是提高教师专业化素质的有效途径，但是对于一所规模较小的农村小学或教学点，每个年级只有一个教学班，同学科教师只有一人，有的教师担任几个学科的教学工作，要求他们搞校本研训并无多少实际意义。为了改变这一状况，使每一位教师都有参与研训的机会，我们结合本地实际，实施了"区域校本研训"策略。

所谓区域校本研训，是指以乡镇为单位，由乡镇教学研究室牵头，学科教研员挂帅，联合全镇同学科教师，定期开展定地点、定内容、定专题的研训活动。乡镇教研室每学期初制订一份切实可行的研训计划，明确系列研训主题，每周拿出半天时间，集合全镇同学科教师，围绕某一研究专题，通过"说课—讲课—评课"等形式，展开深入细致的研讨，最后对相关教学问题达成共识，在一段时间内由乡镇教研员监督，将研究成果在全镇推广。

这种研训方式有利于整合全镇优质教师资源，并为优秀教师的快速成长提供了展示的舞台。每次研训活动，乡镇教研室都要选定一位专题发言人和研讨课主讲人。专题发言人要围绕研训主题，提前收集有关资料，写出发言稿，对他们来说，这本身就是一个思考、研究和提高的过程。对于研讨课主讲人而言，则要围绕研训主题，制定教学目标，设计教学程序，选择教学方法，并且课堂教学要符合本次研训所提出的新理念。因此，优秀教师都有展示自我的机会，所有教师都可以学习他们成功的经验。

这种研训方式也为全镇教师提高教学水平提供了一个学习和交流的平台，满足了教师培训的欲望。农村学校由于办学经费紧张，许多教师很难有机会参加上级教研部门组织的各种培训活动。这种形式的研训，教师足不出户就可以听到先进的教学理念，并能观摩到相对高水平的研究课，尤其是"评课"这一环节，教师们畅所欲言，交流的过程其实就是对新理念内化和吸收的过程，也是一个相互学习和提高的过程。

另外，这种研训方式还可以降低教研重心，增强教研活动的实效性。教育科研是提高教学质量的第一生产力，但是由于历史的原因，部分农村小学教师素质相对较低，特别是新课改实施几年以来，有的教师知识面狭窄，教学思想陈旧，几乎难以吃透教材，更谈不上搞课题研究。区域校本研训弥补了这一不足，它不需要研究者有多么高深的理论知识，研究专题也不需要哪一级教科研部门立项审批，更不需要组织专家进行验收，而是秉持"问题即课题、分析即研究、解决即成果"的科研理念，把教师教育实践中遇到的现实困惑作为课题进行研究，从而大大增强了教研活动的实效性。

有效的"学"必须以有效的"教"为前提

有效学习是课堂教学追求的理想境界，福建师范大学余文森教授指出：有效学习有三个考量指标，即学习速度、学习效益和学习体验，三个维度必须同时考虑，只注重单一的维度，很难实现有效学习。这给我们带来的启示是：有效的"学"必须以有效的"教"为前提，只有改变教的策略，使学生由被动学习变为主动学习，才能真正提高课堂学习效率。

为促进教师教学方式转变，上学期，我县举行了优质课评选，将有效学习作为评选的一项重要指标。评课中我们发现，有的课堂看似热热闹闹，但容量小，用时多，学生收效甚微；有的课堂容量过大，知识密集，学生如坐针毡，学习反而成了一种痛苦的体验，并没有达到预期的效果。笔者认为，要实现课堂有效学习，使学生学得快、学得多、学得有趣，教师还须在有效的"教"上下功夫。

首先，教师必须树立课堂教学的时效观念，优化教学设计，兼顾学生的学习速度、学习效益和学习体验，处理好课堂教学预设和生成之间的关系。备好课是上好课的前提和保证，备课要以学生的学为中心，将教案变成学案。备课的时候，教师需认真思考以下几个问题：学生学习哪些知识是适量的、有效的？创设怎样的情境才能激发学生的学习兴趣？应当提出哪些富有探究性的问题？设计哪些课堂学习活动才能使学生学得愉快？各个环节之间的时间分配是多少？课堂上可能出现哪些意想不到的问题等。

其次，要进行有效的课堂调控，增强课堂教学的节奏感，处理好速度与效果之间的关系。速度过快，学生消化不了；速度过慢，浪费学生宝贵的学习时间。因此，对于课堂上学生独立完成的学习任务，老师都要提出明确的时间要求。教师的解疑释难要做到精当简要、形象生动，并及时通过问题探究、课堂学习活动的安排来调整学生的情绪，使学生以积极的思维状态参与课堂学习。尤其要注意的是，课堂教学不能背离主旨，让学生在一些无关紧要的问题上争论不休，这样的争论看似课堂气氛十分活跃，其实会引起学生思维的混乱。因此，课堂教学应当像一篇优美的散文，做到形散而神不散。

最后，要发挥课堂评价的导向和激励功能，对学生的学习效果进行及时有效的反馈，不断调整预定教学设计，保证学生学得多、学得快、学得好。学习效果是有效学习的显性指标，即通过一节课的学习，学生掌握了哪些知识和方法，形成了哪些技能，陶冶了哪些方面的情操。检验学习效果必须通过及时的提问、课堂训练等途径来实现，以便教师通过学生反馈的即时信息，重新思考教什么、怎样教，从而合理把握课堂教学的容量。

学习速度、学习效益、学习体验是有效学习的三个考量指标，而时效观念、课堂调控、评价反馈是实现课堂有效学习的基本策略。课堂教学只有充分运用这些策略，有效学习的理念才能真正落到实处。

阅读不仅仅是开列一张简单的书单

放暑假前，很多学校和老师都给学生列了阅读书单，文学类、人文类各式各样，应该说，这对培养学生的阅读能力和思考能力有好处。但不可忽视的是，有的家长和学生将阅读任务简化为背诵内容概要、作者信息，以备考试之需。

学校和老师为了让学生有一个充实的暑假，给学生开列一张阅读书单，对学生而言，得到这样一份阅读书单，为假期读书和学习提供参照，本来是一件好事儿，但是这样一个书单为啥没有得到家长和学生的响应？这样的书单是否适合每位学生？

随着中考和高考改革的不断推进，课外阅读的重要性已引起学校和家长的广泛重视。但是，课外阅读绝不止于教师为学生开出一张漂亮的阅读书单，也不止于可以很方便地借到书、读到书等这些条件和设施。事实证明，仅有书单或书名难以推动学生课外阅读，原因是学生内心深处缺乏读书的兴趣与愿望。就如同一个非常厌食的人，即使你把美味佳肴摆得到处都是，恐怕也解决不了他的根本问题。

长期以来，学校由于受应试教育的影响，使展开人类宏大心灵与精神分享的阅读，被简单化为语文考试的选择填空、标准答案，学生对需要记忆的阅读内容字斟句酌、反复演练。在这样的环境里长大的学生即便面对旷世佳作，脑子里闪现的也多是所谓答题需要的浮泛之语，这就难怪有的家长和学生将阅读任务简化为背诵内容提要和作者信息，因为这些内容往往会成为考试的重点。

人是因为兴趣和求知才去读书，若把读书当成一项与己无关的任务，而与兴趣无关，与满足求知欲和精神愉悦无关，这样的读书必然使人兴味索然，了无生趣，从而变成一种沉重的负担，此时即使怎样强调读书的重要意义，对学生而言也收效甚微。说得简单一点，纵然有再美好的书目，学生寻找不到读书的兴趣，也难以将这一行为坚持下去。

因此，课外阅读应该是以学生的兴趣为支撑，以内在精神愉悦为目标的一种自我完成过程。在这个过程中，教师不可将自己主观愿望强加给学生，而是要帮助学生充分展开并实现这个自我完成过程，过程越有效、越充分，阅读的效果就越好。

其实，真正的书单，是每个读书人依据自己兴趣读出来的，这并非说别人提供的书单没有借鉴意义，但最终写在自己书单中的那些书目，一定是与自己情感交流充分，伴随自己度过生命重要时期、帮助自己产生生命能量的那些作品。对于这类书，学生在掌握了读书的一般方法后，可能不需要教师和家长的监督，也会认真阅读，努力体悟，并读有所得。

阅读需要分享，读书需要"显摆"，开展读书交流活动无疑是培养学生读书兴趣的一条非常有效的途径。学校和教师不能仅仅满足于给学生开列一张简单的读书清单，而是要在假期开始前让学生根据自己的兴趣自我定制一张读书清单。开学后，教师可根据每名学生的假期读书情况，开展一系列丰富多彩的读书汇报活动，可以是专题性的，如名著赏析、故事会等，也可以是综合的，如语文节、校园童话节、科普节等，还可以举办读书笔记展评会，评选最佳读书笔记或优秀小读者。通过活动，为学生搭建交流的平台，让学生将自己的阅读成果展示出来，使他们体验到阅读的乐趣，从而以更高的热情投入阅读活动中去。

作业"神器"横行，贻误学生前程

作业题拍照上传，秒出答案。眼下，各类免费答题软件校园风行，被不少中小学生奉为减轻课业负担的"神器"，甚至还成了考场作弊工具。尤其在暑期作业倍增、又缺乏老师指导的环境下，答题软件备受追捧。

在互联网技术面前，教育工作者应该保持清醒的头脑。答题软件不仅与创新毫不沾边，还会沦为应试教育的帮凶，扼杀学生的思考力和创造力。

学校布置暑假作业的目的是帮助学生巩固上学期所学知识，开学后教师可以根据学生作业中反馈的信息，及时查缺补漏，调整自己本学期的教学策略。而学生利用答题软件完成作业，直接抄袭现成答案，省去了动脑思考时间和过程，这和考试作弊没什么两样。诚如有些家长所担忧的那样："答题软件助长了孩子们应付学习的不良态度，进而扼杀他们独立思考的能力。"学生这样做作业非但达不到巩固的目的，反而对良好学习习惯的养成极为不利。

　　况且，据报道称，这些所谓的"神器"解题准确率并不高，如果上传的题目不在题库中，就会搜不出来或出现答题误差。学生一旦把错误答案当成正确答案，危害就更大了。

　　解决好这个问题，学校必须要在寒暑假作业的设计上开动脑筋。为防止学生利用作业软件抄袭现成答案，学校应根据学科特点，尽量多布置一些实践性、探索性的作业。此类作业鼓励学生动手动脑，不怕学生上网搜索，谁占有的资料多，谁提出观点与众不同，谁自然就是作业的优胜者。

　　答题软件开发商应紧跟形势，从育人的角度对答题软件进行改进。如采用"人机互动"的方式，引导学生在思考的前提下，一步步探索最终答案，而不是直接把解题过程和答案呈现给学生。如此，也就能减轻直接拷贝答案带来的危害。

有效的教师培训是为教师提鲜活的"学习样本"

　　教师培训是提高教师专业素养和专业能力的有效途径。以往的教师培训，要么由教育部门牵头，聘请高校或者某一方面的专家，组织大规模的理论讲座，要么组织一批骨干教师到外地参加某种类型的教学研讨会，要么借助互联网，开展远程培训。

　　无论哪种形式的培训，往往都是专家台上讲，教师台下听，专家们讲得头头是道，内容有理论高度，但也常常"换汤不换药"，观点相似，只是举例不同，其实并没有多少实质性内容，更缺乏操作性。对教师而言，听得云里雾里，有时候觉得很在理，甚至跃跃欲试，一回到学校，走进课堂，面对灵活多变的教学情景，往往又感到无能为力。因此，这种"讲座式"的教师培训，培训效果几近于零。

教师参加培训的目的是希望自己的教学效果好，教学质量高。笔者认为，有效的教师培训，不是"讲座式"的理论说教，也不是热热闹闹的参观学习，而是为教师提供鲜活的"学习样本"，并要求培训者能够率先垂范，以身说法，做出令人心服口服的教学业绩。

某地一所中学有一名普通英语教师，每次考试所教班级学生的英语成绩都远远高于学校其他平行班级，最初大家都认为她机遇好、班级学生基础好，但后来发现无论她执教什么样的班级，教学业绩都非常突出，于是引起了学校同学科教师的关注。

经过观察，老师们发现这位教师没有用翻转课堂，也很少使用多媒体等高科技教学手段，课堂教学方法也不算神奇。但与其他教师相比，这位教师在教法上唯有一点不同：每节课结束前的15分钟内，她都要安排学生听写本节课所学的重要单词、短语，然后将学生的听写本收上来，下课后在办公室批阅统计，对于听写没有过关的学生，则要求他们在课余时间到教师办公室再次听写，直到过关为止。

这位教师年复一年地坚持着自己的做法，教学业绩也年复一年地超越其他班级，同学科教师发现了这一秘密，不再天天高谈阔论高效课堂或者翻转课堂了，也纷纷仿效她的模式进行教学，后来全校的英语教学质量远远高于全县其他学校，再后来县内其他学校的英语教师也纷纷学习这种教学方法。结果每年中考时，在所有参加中考的学科中，这个县唯有英语教学质量在全市排名首屈一指。

其实，这位英语教师的做法并非什么高招，只不过是较好地落实了洋思中学"堂堂清"的做法，从而为自己赢得了较高的教学成绩，也成了同行学习的"样本"。如果这个县没有发现这个样本，而是组织全县英语教师系统学习"堂堂清"理论，或者组织教师到洋思中学参观学习，我想最终不可能达到这样的培训效果。

为教师提供鲜活的"学习样本"，需要教育主管部门和学校具备一双善于发现的"眼睛"，还需要教师具有学习的热情和欲望。事实上，很多培训资源就在我们身边，学校里那些班级管理非常成功或教学成绩优异的教师，其在工作中一定有一套不同于常人的做法和经验，这些做法对于他自己来说，可能再寻常不过了，甚至自己也没有意识到这是经验，但在其他教师看来，这正是他们的"短板"。这就需要管理者站在研究的角度，对他们经验和做法进行挖掘和梳理，然后组织教师进行"现场学习"。相比较而言，这样的经验和做法可能缺乏理论的高度，也不像听专家报告那样热热闹闹，但却是老师们的迫切需要，如果深入研究下去，说不定也可以形成某一个教育流派。

一线教师进行课题研究，不妨从教学实际入手

暑假期间，县教科研中心对全县部分乡镇和学校的"十二五"重点课题和规划课题，进行了结题验收。验收分为三步进行：首先由课题主持人陈述研究报告，其次进行现场答辩，最后集中查看研究过程和成果材料。

从验收整体情况来看，教师进行课题研究的积极性很高，科研意识浓厚，部分学校和教师已取得了较为突出的研究成果，有的成果在一定范围内有推广价值。但是，验收过程中也发现了许多问题，突出表现为：有学校和教师的研究课题定得太大、太空，没有多少研究价值，也不可能取得研究成果。

例如，有老师的选题为"情境教学法研究"，答辩时我问他：情境教学是由李吉林老师创立的，通过你五年的研究，你认为有哪些地方超过了李吉林老师？这位老师一时回答不上来。为什么会出现这种情况？因为李吉林教师的情境教学研究已在国内居于领先地位，无论怎样研究，都很难超越她。显然，这位老师的选题出了问题，做的是重复研究，他可以将课题改为"情境教学法在语文（数学）教学中的应用研究"，这样一来，作为一项推广性研究，研究的空间就大大拓宽了。

有老师的选题太大、太难，凭借教师个人的力量根本做不了。例如，有位小学老师的选题为"小学生良好兴趣的发现和培养研究"，客观地讲，这一选题很有现实意义，教师如果能在小学阶段及时发现学生的兴趣爱好，并进行专门培养，说不定孩子将来能成为某一方面的天才。我问他：

"你是怎样发现孩子良好兴趣的？"他回答说："用观察法。"我又问他："还有没有其他办法？"他一时语塞。其实，发现孩子的兴趣是一个世界性难题，要综合采用观察法、心理测量法等，而且即使发现了学生现有的兴趣，也不一定就是他一生的兴趣，因为学生的兴趣会时时变化，凭借一线教师的力量，这样的课题研究起来难度太大。

但也有老师的选题非常好，如"数学课堂提问技巧研究""预习设计研究""学困生转化研究"等，这些课题切入点小，能结合自己的教学实际开展案例研究，容易出成果。

由此可见，一线教师搞课题研究，不宜好高骛远，应该结合日常教育教学实际，选择一些切入点小、符合自身特点的小课题，进行脚踏实地的案例研究。人们常说："问题即课题、思考即研究、解决即成果"，这种说法虽然有点儿急功近利，但用于一线教师身上，还是有一定指导意义的。因为一线教师不是教育理论家，而是教育理论的实践者，工作性质决定了教师开展的研究必然是实践研究，或者叫作行动研究，这些研究虽然很难带来理论上的创新，但可以解决教育教学的现实问题，提高教育教学质量，这难道不是对教育理论和实践的最大贡献吗？

体育成中考必考科目，"考什么""怎样考"非常重要

日前，教育部印发《关于进一步推进高中阶段学校考试招生制度改革的指导意见》（以下简称《指导意见》），首次在全国范围内提出"体育成为中考必考项目"的要求，根据《指导意见》，中考录取计分科目将由语文、数学、外语加上体育4个科目构成，其他科目均成为选考科目。

体育成为中考必考科目，对于加强学校体育工作和增进学生体质健康具有非常重要的意义。新中国成立以来，从德、智、体全面发展教育方针的提出到素质教育，再到最近提出的核心素养，体育都是学校教育的重中之重。但是由于受到应试教育的影响，无论是家庭还是学校，重分数轻体

育锻炼几乎成为常态。有的学校体育课形同虚设，学生正常的体育锻炼时间被文化课挤占，导致学生体质下降，难以胜任将来繁重的脑力和体力劳动。此次中考改革，将体育提高到与语、数、外同等重要的位置，有利于引导家庭和学校重视学生的体育锻炼，更好地促进学生全面发展。

体育成为中考科目后，不可能像文化课考试那样，将学生编进考场，进行严格的纸笔考试。要达到体育考试的目的，并且做到客观公正，"考什么"和"怎样考"就显得非常重要。

"考什么"指的是体育考试的项目和内容。自2012年以来，我市（山东泰安）就将体育纳入中考必考科目，总分为100分。考试内容由两部分组成：一是学校测试项目（6项，50分），包括体重指数（15分）、肺活量（15分）、50米跑（20分）、坐位体前屈（10分）、立定跳远（10分）、引体向上（男）/1分钟仰卧起坐（女）（10分），6项测试项目原始分数为80分，折合成50分计入中考总成绩；二是全市统测项目（2项，50分），1000米跑（男）/800米跑（女）（30分）和篮球运球、足球运球、排球垫球任选一项（20分）。2项测试项目总分为50分，计入中考总成绩。

这种模式的体育考试，好处是目标明确，好量化，易于操作，不足是对体育考试的项目进行了规定。每个项目都有严格的计分标准，有的项目即使制定的标准很低，也有一部分学生考不出理想的成绩，比如1000米跑（男）/800米跑（女）。有的学生有长跑天赋，几乎不用锻炼就能轻松拿高分，而有的学生可能有先天性腿疾，不适宜长跑，平时无论怎么练也拿不到高分，只好练习乒乓球、跳远、游泳运动项目。

由此可见，"考什么"不仅关涉到学生的体育特长，而且也影响到考试的公平、公正。笔者建议，中考体育考试除了规定的几个体能测试项目外，要多增加一些学生可以自主选择的考试项目，对于在某些项目中曾拿过省、市奖励的学生，可以免考。这样做有可能加大考试的工作量，但能有效提高学生锻炼身体的兴趣和积极性。即使某些项目制定的标准稍微高一些，也不会影响考试的公平、公正。

"怎样考"是指考试的组织。体育考试不可能像文化课考试那样有严格而科学的评分标准，但也应尽量做到公平。就我市体育考试实施而言，由学校组织的测试项目水分较大，几乎所有学生都是满分，这样做对于那些体育成绩优异的学生来说，显然不公平。全市统测项目由各县市区教育局组织实施，由临时选定的评委到学校现场给学生评分。评委在评分时，往往面对来自学校和家长的巨大干扰，不可能真正做到客观公正。

中考一分之差可能会决定学生一生的前途命运，近年来社会之所以对体育考试有争议或诟病，大概就源于考试的不公平。家长有门路，孩子即使身体不健康，体育成绩也能得满分；普通老百姓的孩子只能考一个实实在在的分数。因此，教育部门在组织体育考试时切不可掉以轻心，要像组织中考、高考那样，严格考试的各个环节，选拔那些思想素质高、工作认真、坚持原则的老师担任评委会成员。如果有可能的话，可以县区间交换评委实施考试。

课程是落实"核心素养"的重要载体

2016年9月13日上午，教育部在北京师范大学举行了中国学生发展核心素养研究成果发布会，标志着历时三年的《中国学生发展核心素养》总体框架正式出炉。

核心素养以培养"全面发展的人"为核心，分为文化基础、自主发展、社会参与三大方面，综合表现为人文底蕴、科学精神、学会学习、健康生活、责任担当、实践创新六大素养，具体细化为十八个基本要点。中国学生发展核心素养的落地，对今后一个时期课程标准的修订、课程改革、课程实施、教育评价将产生深远的影响。

笔者认为，落实核心素养，课程是重要载体。无论是国家课程，还是地方课程、校本课程，其实施的权力都在学校，因此学校要依据核心素养提出的要求，进一步统整三级课程体系，重新对课程实施进行设计和规划，构建目标一致的学校课程体系，从而使核心素养在课程实施的过程中落地生根。

一是要完善学校课程目标体系。目标具有导向和激励作用，核心素养的提出，为学校课程建设提供了明确的目标参照系。学校要依据核心素养提出的要求，结合学生的年龄特征和学校实际，重新完善涵盖文化基础、自主发展和社会参与的课程目标体系。

二是要构建系统的学校课程体系。在核心素养体系指导下，学校要制定系统的课程规划，将国家课程、地方课程和校本课程融为一体，并着力抓好国家课程的"校本化"实施。横向上，可以分为诸如语言与人文、数学与现实、探索与实践、体育与健康、艺术与审美等不同的课程领域；纵向上，可以分为基础类课程、拓展类课程和活动类课程，形成层级不同、目标一致的学校课程体系。

三是要积极推进课程实施方式变革。为落实核心素养提出的要求，促进学生自主发展，"自主选课"和"走班制"将逐步成为课程实施的新常态，传统的以学科为主体的课堂教学组织形式，也将被以主题学习为内容的课内外综合学习所取代。同时，随着高考改革的推进，许多省份2017年将执行新的高考方案，不再分文理科，实行"两依据、一参考"的高考招生录取机制，即依据统一高考成绩、依据高中学业水平考试成绩，参考学生综合素质评价，这将给学校课程实施带来很大冲击，同时也为核心素养的落实带来机遇。学校要依据核心素养提出的要求，完善"学生综合素质评价方案"，同时要认真抓好"自主选课"和"走班制"，充分发挥多元化课程的育人功能，促进学生全面、自主发展。

四是要建立健全课程评估制度。在课程评估上，要依据核心素养的要求，从课程设置和实施两个层面进行综合评估。当前，许多学校都进行了"国家课程校本化"实施的尝试，开设了地方课程，开发了各种门类的校本课程。为了保证课程开设的高效，学校要认真做好各类课程实施过程和实施效果的评估，特别是对校本课程的评估，要对照核心素养的要求和课程目标体系，对校本课程的目标、内容、实施、效果等各要素进行评估，该补充的补充，该废止的废止。

第六部分

教育随笔

随笔者，随想随写之意也。我手写我心，抓住自己教育生活中的点滴感悟，下笔成文，日积月累，也能蔚为大观，描绘出一幅教育的宏大气象。这是思想的栖息地，也是行动的加油站。

选择正确的人生道路比什么都重要

在一般人看来，王静的选择似乎有点"叛逆"，放着正儿八经的二本大学不上，却选择到技校学技术，家人好像没有面子，自己在同学面前也失去了炫耀的资本，但一年后的事实证明：王静的选择是正确的，她选择了一条适合自己发展的人生之路，沿着这条路走下去，一定比上二本大学有前途，我为王静点赞！

长期以来，在青年学子们的心目中，高考的首选目标是一本重点大学，上不了一本上二本也勉强凑合，这既是考生的追求，也是大多数家长的心愿。因为这些大学往往拥有全国一流的专业，有大师，有一流的办学条件，走进这些大学的校门，往往意味着成功，将来会在社会上找到一份体面的工作，或者取得一个较高的社会地位。但严酷的现实往往令这些学子们事与愿违，好专业并不是每个人都能上的，大多数人进入大学后也没有进入自己心仪的专业，对学习失去了兴趣；有的人虽被录取到一流大学的一流专业，却对这一专业不感兴趣，沉溺于网络游戏，白白浪费了大学时期的美好时光，三年下来，一事无成。况且，本科大学大多数专业侧重理论学习，注重学术研究，缺乏实践技能的训练，许多大学生毕业后高不成、低不就，找不到一份适合自己的工作，毕业也往往意味着失业。

王静也许看到这些本科大学的弊端，她毅然选择了技校，学习一门自己最感兴趣的技术，正是因为感兴趣，她把全部精力投入学习中，一年后，她因为成绩和表现突出，成为所在班级第一批被选拔到上海的实习生。这说明，一个人只要选择了正确的人生道路，成功的概率就会增大。相反，王静若上了二本大学，被录取到一个自己不感兴趣的专业，家长虽然很有面子，但结果可想而知。这就促使我们思考：孩子是否进入重点大学才算成功？评价一所高中学校的升学率是否仅仅看它升入重点大学的人数？高职算不算？家长能否尊重孩子的选择，让他们学习自己感兴趣的知识？

"杀死校长家的狗"的孩子怎么成了科学家？

英国科学家麦克劳德上小学的时候曾经偷偷杀死校长家的狗，这在西方国家显然是难以原谅的事情。但麦克劳德遇到一位高明的校长，他对麦克劳德的惩罚是画出两张解剖图，即狗的血液循环图和骨骼结构图。正是这个包含理解、宽容和善意的"惩罚"，使小麦克劳德爱上了生物学，并最终因发现胰岛素在治疗糖尿病中的作用而登上诺贝尔奖的领奖台。

如果同样的事情发生在我们国家，许多老师可能会采取以下处理办法：先是班主任老师将学生狠狠地训斥一顿，或者气愤至极，将学生痛打一番；然后把学生家长请来，晓之以理，敦促家长带领学生当面给校长赔礼道歉，请求校长原谅，并照价赔偿校长家的狗；最后再将这件事在全班同学面前大讲特讲，让全体同学引以为戒。这种处理办法看上去就事论事，顺理成章，也许暂时对学生改正错误能够起到一定的警诫作用，但不可能触及学生的内心世界，甚至会使学生产生逆反和报复心理。学生会片面地认为，既然认错、赔偿能够解决问题，那么下次就可以杀死校长家的猫和鸡，甚至毁坏校长家的房子。

未成年学生正处于身心发展、是非观念尚未成熟的时期，出现一些不正确的看法或者做法是难免的。但是，学生向善的本性需要成年人加以保护，教师不能因为孩子犯错误就把他们当成坏孩子看待。麦克劳德偷偷杀死校长家的狗时，可能认为这不过是一场好玩的游戏而已，一定没有意识到自己犯下了一个多么严重的错误，会受到多么严厉的惩罚。如果作为成年人的校长肆意放大这种错误，对麦克劳德当面训斥，甚至用拳脚相加、照价赔偿的办法进行惩罚，那么，诺贝尔奖的领奖台上就很可能少了一位伟大的生物学家。出人意料的是，这位校长独辟蹊径，采取了一个高明的"惩罚"办法，让麦克劳德画狗的血液循环图和骨骼结构图。这一"惩罚"措施与常规做法大不相同，之所以说它高明，是因为这一"惩罚"不但使小麦克劳德认识到杀狗的错误，并懂得了要为自己的行为负责，而且还使他学到了相关的生物学知识，培养了对科学的浓厚兴趣，可谓一箭双雕。

　　由此可以想到，惩罚是教育的一个基本手段，没有惩罚的教育是不完全的教育。但惩罚不等于"体罚"，更不等同于以伤害学生自尊心、侮辱学生人格为表现形式的"心罚"。当学生在思想和行为上出现失误时，教师要详细了解事情的来龙去脉，深入学生的内心世界，理解学生，尊重学生，准确把握惩罚的时机，采取科学的惩罚方法，使学生既能认识到错误，又能在改正错误的过程中学到知识，学会做人的道理。

　　由此可见，爱和尊重是惩罚教育实施的前提。魏巍在回忆小学老师蔡芸芝先生时曾写道："她从来不打骂我们。仅仅有一次，她的教鞭好像要落下来，我用石板一迎，教鞭轻轻地敲在石板边上，大伙笑了，她也笑了。我用儿童的狡猾的眼光察觉，她爱我们，并没有真正要打的意思。"老师们，当您一气之下举起拳头准备打骂学生时，想一想上面的故事和教育家的谆谆告诫吧："你的鞭子下有瓦特，你的冷眼下有牛顿，你的讥笑中有爱迪生。""鞭挞儿童，是教育最不适用的一种方法，因为惩罚会使孩子从良心的责备中解脱出来，把孩子推向教育的另一端。"

大人为什么喜欢教孩子说假话、做假事？

　　"老师说明天有人来听课，大家发言可以不用举手，站起来回答问题即可。大家要争先恐后，别怕答错，也别怕几个人同时站起来，那才显示出咱班同学的学习积极性和主动性呢。" 王旭明日前在微博上实名发起有奖征集："您可能有孩子上幼儿园、小学、中学和大学，请把您的孩子在受教期间，老师让孩子说的假话和做的假事写下来，告诉我们，启迪大家。"该征集引发了网民的巨大反响。

美国《时代周刊》调查过两组人，一组有犯罪记录，另一组事业有成。面对同样的问题——"在小时候，母亲做的哪件事对你一生来说影响最大？"有两人讲到同一件事。

有犯罪记录的人说：母亲端来一盘苹果，其中苹果有大有小，有青有红。弟弟抢着说要大的，遭到母亲的批评。其实，我也挺想要大的，但这样说会挨批评，就反着说，结果母亲很高兴，把大苹果奖励给我。那件事给我的启示是：要想得到最多，就得说假话。

另外一组却说：母亲端来苹果，我说想要大的，可母亲说：你们都去除草，谁除得多就可以得到大的。那件事让我懂得：要想得到更多，就得付出更多的劳动。

这就是有名的"苹果原理"。看看罢，两种不同的教育方式产生了两种截然相反的教育效果，其优劣不言而喻。第一种教育方式显然是母亲鼓励孩子从小说假话，引导孩子用诚实的假象来骗取别人的信任，最终导致的结果必然是既害人又害己。第二种教育方式则鼓励孩子从小懂得要想获得更多的回报，就必须付出更多的劳动，结果，这样的孩子长大后事业有成。

令人担心是，在我们生活中，许多父母和老师却在有意无意地扮演着第一位母亲的角色。孩子不小心摔倒了，或者被什么东西磕着、碰着了，不去指责孩子的过失，让孩子自己承担相应的责任，反而去责骂脚下的土地为什么这样坚硬，物件为什么这样锋利，其实孩子摔倒与这些东西何干？学校教育中，也有类似的现象，有时候我们不顾学生的年龄和心理特征，要求学生在公众场合或作文中说出一些言不由衷的套话、假话，成人却以"聪明、懂事"之类的词语对之进行褒奖，这就在孩子幼小、纯真的心灵里播种一颗"不诚实"的种子，从而导致有些孩子从小善于察言观色、投机取巧，喜欢用虚假的言辞博得成人的欢欣。

难道不是这样吗？电视上，我们经常看到有些小学生面对记者的镜头侃侃而谈、妙语连珠，但仔细一琢磨，哪一句话都不像他们这个年龄段孩子说的话。上级来检查了，学校要求学生既办黑板报，又打扫卫生；有的教师为了应付上级检查，公然让学生替自己补备课、抄学习笔记，孩子们心里会怎么想？有的学生为了当上班干部，公然拉选票、让家长请客送礼，贿赂班主任老师，这些难道不是事实吗？

不可否认，中国社会是一个讲究人情礼仪的社会，许多人在工作和学习中，都渴望得到他人的尊重，喜欢听一些赞扬、誉美之类的词语。但是，我们要始终把握：无论褒也好，贬也好，都不要冲破"事实和道德"这个底线。尤其是对于孩子，他们的身心发育还不健全，心灵还没有成熟，辨别是非的能力还较差，作为成年人应当保护孩子率真、诚实的天性，从小培养他们诚实守信、热爱劳动、敢说真话的美好品质，这是家庭和学校对孩子进行道德教育的重要内容。

教育需要这样的"忽悠"

近日，在首档中国优秀传统文化传扬节目《我是先生》的舞台上，43岁的河南高中班主任梁国顺因全班65名学生57名考上一本，被称为"高考战神"。在节目中，梁国顺亮出了他的教学利器——"跟老梁，有肉吃；信老梁，差生强；顺子班，狼王梦"，正是这三招"忽悠"兵法，把差生"忽悠"强，把优等生"忽悠"得更牛。可以说，每一个优秀班集体的背后，都有一个懂得教育艺术的班主任。

"全国教书育人楷模"——83岁高龄的著名特级语文教师于漪也说过类似的话：一个班教好一二十个学生是不稀奇的，要教好每一个学生，那是千难万难的。当好老师，要有能力走进学生的生活世界和心灵世界。

能否"教好每一个学生"，这的确是判断一个教师水平高低的一项硬指标。梁老师不但能"把差生'忽悠'强"，而且能"把优等生'忽悠'得更牛"，这的确是一个高水平的老师。在高水平的老师手里，学生只有差异，不存在好坏之分，不但能把"好"学生教好，而且也能把"差"学生教好；基础好的班级他能带得更好，基础差的班级经他之手，能在短期内发生较大变化，朝着好的方向发展。

然而，在现实的学校管理中，衡量教师水平高低的标准却与此大不相同。有些被标榜为所谓"名师"的，实际上是被学校刻意包装出来的，他们只能教好学生，教不了差学生。分班时学校为了照顾他们的名声，故意向他们倾斜，将基础最好的学生分到他们的名下。这样，他们就可以不费吹灰之力，将学生教好、带好，年复一日，最终成就了他们自己"名师"的称号。试想，如果平均分班，如果让他们教全年级最差的班，最终结果又将如何呢？

诚然，学生之间无论智力水平，还是学习基础，都是有差异的，正如于漪老师所说的那样"要教好每一个学生，那是千难万难的"，尤其是把差生教好，那更是难上加难。但是正因为其难，才成就了真正的名师。我相信，于漪老师做到了，梁国顺老师做到了，那些真正的名师也做到了。

怎样"教好每一个学生"？于漪老师的宝贵经验是："要有能力走进学生的生活世界和心灵世界"，也就是我们经常所说的"胸中有书、目中有人"。

"胸中有书"是教好每一个学生的前提，是指教师必须具备本学科丰富的专业知识，熟练掌握所教学科的课程标准和教材，并能根据教育教学的规律，灵活运用和处理教材，把教学内容讲清楚、讲明白，高效完成教学目标。梁国顺老师说，他一边研究考试大纲，一边琢磨试题分析，还把一本纯英文版的美国化学教材翻毛边了。

做到"胸中有书"不难，但要在教学活动中做到"目中有人"，却非一日之功，这也是真正的名师和普通教师的分水岭。梁国顺老师借鉴了赵本山小品"抓住观众的心理"的表演精髓，他说："抓住学生的心理，才能知道他们在想什么，然后把孩子们的兴趣和积极性调动起来，接下来帮他们想办法、解决问题，在这种环境下，没有学不好的学生，只有不会教的老师。"有些老师在平时备课时，照抄现成教案，不认真研究教材，不研究学情，不考虑学生的接受程度，一味地求深、求难；在课堂教学中，只顾表演教案内容，拼命灌输知识，不关注学生的听课反应，不过问学生学得如何；考试成绩出来了，只关心学生考分的高低，不去认真分析考分背后隐藏的影响学习效果的心理和习惯等方面的因素；学生的行为出现了偏差，只知道一味地批评、训斥，乃至体罚，不去站在学生的角度考虑问题，把思想工作真正做到学生的心坎上……这种种"目中无人"的教育行为，怎么可能把"所有学生都教好"呢？

"目中有人"要求教师把"教书"建立在"育人"的总体目标之上，"教书"只是手段，"育人"才是真正的目的。在对待学生的问题上，不能把学生当作教师谋取名利的手段，而是要把学生当作教育的目的。正如罗素所说，一个理想的教师必备的品质是爱他的学生，而爱的可靠征兆就是具有博大的父母本能，如同父母感觉到自己的孩子是目的一样，感觉到学生是目的。他强调，教师爱学生应该甚于爱国家和教会。因此，教师只有真正发自内心地爱学生，研究学生的心灵世界，关注每一个学生成长的细节，晓之以理，动之以情，面向全体，因材施教，才能做到"目中有人"，也可能最终成为真正的名师。

"学渣"也可以成为"可造之才"

近日，青年作家蒋方舟表示，自己当年是不折不扣的"学渣"，偏科特别严重，幸亏班主任的"不抛弃、不放弃"，现在还是蛮感激的。虽然她的"学渣"之说有很大的谦虚成分，但现实生活中，的确有一些偏科的"怪才"不受学校和老师"待见"，最终真的沦为"学渣"。

日常教育教学工作中，我们习惯于用统一的教学内容，相同的教育目标和方法要求所有学生，力求让每一位学生都成为全知全能的"通才"。一旦发现某一学生"偏科"，教师要么将这些学生抛弃，使其最终沦为真正的"学渣"，要么想尽千方百计为其补短，力求让学生"全面发展"。这种想法只是一种美好的理想和愿望，不仅理论上讲不通，而且付诸实践后也会制造出一批统一规格的标准件，使大部分学生成为没有专长的平庸之才。

盖洛普咨询公司名誉董事长唐纳德·克利夫顿曾经讲过一个非常经典的故事。大意是：小兔子被送进了动物学校，它最喜欢的是跑步课，并且总是得第一；最不喜欢的是游泳课，一上游泳课它就非常痛苦。但是兔子的爸爸和妈妈要求小兔子什么都学，不允许它有所放弃。小兔子只好每天垂头丧气地到学校上学，老师问它是不是因为游泳太差而烦恼，小兔子点点头，盼望得到教师的帮助。老师说，其实这个问题很好解决，你的跑步是强项但游泳是弱项，这样好了，你以后就不用上跑步课了，可以专心练习游泳……其故事的结果是不言而喻的。

兔子的爸爸妈妈对小兔子的要求，与时下许多父母对孩子要求何其相似！看到别人家的孩子练钢琴，自己也不惜重金买一架放在家里，强行要求孩子没日没夜地训练；看到人家的孩子学画画，自己也想方设法让孩子上美术训练班；看到别人家的孩子进奥数班，自己也托关系、找门子，强迫孩子就范……据统计，有的小学生寒暑假期间同时上过的培训班竟达三四种之多。我们不禁要问，难道你的孩子样样都是天才？你了解你孩子的智力优势吗？

父母对孩子"望子成龙"，怕孩子"摔倒在起跑线"的心情可以理解。最令人担心的是学校和教师，他们借"全面发展"之名，要求学生门门功课全优，不允许出现偏科，可能吗？

根据加德纳的多元智能理论，每个人身上都有一种优势智力，如果能及早发现它，并创造条件发展它，几乎每个人都可以在某一领域成为出类拔萃的人才。全面发展不等同于平均发展，特长发展也不等于片面发展。孩子的特长如果一旦被家长或老师发现，在打好最基本的科学文化知识基础的同时，扬长避短，并精心呵护和培养这一特长，也能为孩子的未来开辟一番新天地，这是尊重孩子天性的表现，也是全面发展应有的题中之义。从这一理解看，学生在学习上有偏科现象，不仅是允许的，也是必然的。

这样看来，无论是父母，还是学校和教师，首先要做的事情是做一个聪明的"伯乐"，及早发现孩子的优势和特长，并制订计划，细心培养，而不是将学生某一方面的特长斥之为"不务正业"。

如何了解孩子的智力优势？唐纳德·克利夫顿告诉了我们一个很简单的方法，用来辨别孩子是否具有某一方面的优势。比如，当孩子看到别人在做某件事时，他心里是否会有一种痒痒的召唤感——"我也想做这件事"；当孩子完成一件事时，他是否会有一种满足感或欣慰感；孩子在做某件事情时非常快，很少需要别人指点，甚至无师自通；当孩子做某类事情时，不是一步一步去做，而是如行云流水般一气呵成。很多人发现，有些孩子在做某些事情时需要学习，需要不断地去修正和演练，而在做另外一些事情时却几乎是自发的，不用想就本能地完成这些事情，这就是孩子的优势。

教育口号反思：再苦不能苦孩子

曾经有一个时期，"再穷不能穷教育，再苦不能苦孩子"作为一个宣传口号，引起了全社会对教育的高度关注。在这一口号推动下，举国上下掀起了捐资助教的浪潮，促使政府也加大了对教育的投入。如今，学校办学条件改善了，即使在广大的农村地区，许多学校也盖起了漂亮的楼房，各种功能教室配备齐全，现代化教学设施几乎实现了全覆盖。教师的工作和生活条件发生了较大改善，成了社会上令人羡慕的职业，教育已告别了"黑屋子、土台子"时代，正大踏步向现代化的目标迈进。

办学条件的改善，也刺激了家长"望子成龙、望女成凤"的过高期望，对孩子的教育投资已成为每个家庭最大的一笔开销。不仅如此，对孩子精力和感情上的投入也远远超过以往任何一个时期。现在很多家庭都是独生子女，有些家长见不得孩子吃一点儿苦，家务活一点儿也不让孩子去做，生怕孩子累着，孩子则成了甩手掌柜，衣来伸手，饭来张口；上学和放学的路上，本来路程很近，途中也没有什么危险，却让年迈的爷爷、奶奶驮着、背着；学校组织户外活动，家长忙里忙外，全程陪伴，一点儿苦也不让孩子吃；有的家长甚至代替孩子完成家庭作业。这样教育出来的孩子，没有经历过风雨的考验，没有失败的教训，就像温室里的幼苗，将来怎么会长成参天大树？

据说世上有一种叫作"帝王蛾"的蛾子，以"帝王"来命名这种蛾子，你也许会说，这未免太夸张了吧？不错，如若它仅仅是以其长达几十厘米的双翼赢得了这样的名号，那的确是有夸张之嫌。但是，当你知道了它是怎样冲破命运的苛刻设定，艰难地走出恒久的死寂，从而拥有飞翔的快乐时，你就一定会觉得那一顶"帝王"的冠冕真的是非他莫属。

帝王蛾的幼虫时期是在一个洞口极其狭小的茧中度过的。当它的生命要发生质的飞跃时，这天定的狭小通道对它来讲无疑成了鬼门关。那娇嫩的身躯必须拼尽全力才可以破茧而出。太多的幼虫在往外冲杀的时候力竭身亡，不幸成了"飞翔"这个词的悲壮祭品。

有人怀了悲悯恻隐之心，企图将那幼虫的生命通道修得宽阔一些。他们拿来剪刀，把茧子的洞口剪大。这样一来，茧中的幼虫不必费太大的力气，轻易就从那个牢笼里钻了出来。但是，所有因得到了救助而见到天日的蛾子都不是真正的"帝王蛾"——它们无论如何也飞不起来，只能拖着丧失了飞翔功能的累赘的双翅在地上笨拙地爬行！原来，那"鬼门关"般的狭小茧洞恰是帮助帝王蛾幼虫两翼成长的关键所在，穿越的时候，通过用力挤压，血液才能顺利送到蛾翼的组织中去；唯有两翼充血，帝王蛾才能振翅飞翔。人为地将茧洞剪大，蛾子的翼翅就失去充血的机会，生出来的帝王蛾便永远与飞翔绝缘。

"帝王蛾"之所以成为能够真正意义上的帝王蛾，原因就在于在它成长的过程中，经历了一段凤凰涅槃般的痛苦磨炼，没有这一磨炼，它要么死在茧中，要么失去飞翔功能，拖着累赘的双翅，在地上艰难地爬行。由此我想到对孩子的教育，在孩子的成长过程中，只有让他们经历必要的挫折，才能掌握各种本领，锻炼各种能力，将来一飞冲天，成为国家建设的栋梁之材。

现在经济发达了，每个家庭都能为孩子提供充足的物质条件，有些家长往往有意无意地充当了"剪洞人"的角色。他们容不得孩子受一丁点儿委曲，许多本来孩子能自己独立完成的工作，大多数都由家长包办代替。

学校教育也是如此，许多老师在课堂教学中，不相信学生的能力，本来通过学生自学可以掌握的知识，教师总是不放心，大讲特讲，害怕学生听不明白，这样做既浪费了学生宝贵的时间，又让学生养成了依赖老师的习惯；当学生在学习中遇到困难时，教师不是去引导学生通过独立思考自己解决问题，而是直接把现成答案告诉学生；必要的劳动技术课、社会实践课往往也以安全为由，被许多学校取消。学生就像一个装载知识的容器，没有自由的思考，没有经历过挫折的体验，久而久之，思想逐渐变得懒惰，聪明的学生也变得平庸起来。

古往今来，凡成大事者，年轻时几乎都经历过一番挫折的考验。许多在事业取得辉煌成就的人，有时候可能不是最聪明的人，但大多都是在生活中经历过挫折的人，是挫折教会了他们坚强，是挫折给了他们战胜困难的勇气和智慧。春秋战国时期越王勾践被吴国打败，无论是对个人，还是对国家，都遭受了空前的挫折，为了保存力量，勾践用范蠡的计策，向吴国称臣乞和。勾践归国后，卧薪尝胆，时时不忘灭吴雪耻。他任用范蠡、文种等人，改革内政，休养生息，训练军队，最终一举打败吴国，这就是历史上著名的"卧薪尝胆"的故事。如果勾践因失败而消沉下去，自暴自弃，就不会成就以后的霸业，最终必然走向灭亡。

德国天文学家开普勒，从童年开始便多灾多难，在母腹中只待了七个月就早早来到人间。后来，天花又把他变成了麻子，猩红热又弄坏了他的眼睛。但他凭着顽强、坚毅的品格发愤读书，学习成绩遥遥领先于他的同伴。后来因父亲欠债使他失去了读书的机会，他就边自学边研究天文学。在以后的生活中，他又经历了多病、良师和妻子去世等一连串的打击，但他仍未停下天文学的研究，终于在59岁时发现了天体运行的三大定律。他把一切不幸都化作了推动自己前进的动力，以惊人的毅力摘取了科学的桂冠。

再富也要"苦"孩子，作为家长和老师，我们绝不能以爱的名义剥夺孩子受挫折教育的权利，在孩子遭遇挫折时，我们绝不能做"剪洞人"，而是要正确引导，鼓励孩子坚定信心，培养他们吃苦耐劳的精神和做人、做事的坚定信心，以及战胜困难的顽强意志，这些优秀的品质都是孩子将来从事任何一项事业必须具备的素质。

学校建设要拒绝"土豪思维"

原清华大学校长梅贻琦在就职演讲中曾提出"所谓大学者，非谓有大楼之谓也，有大师之谓也"的著名论断。可实际上，有很多学校办学喜欢摆阔气，处处显示着"土豪"思维。一些大学入不敷出，几乎靠贷款维持运转，却修建了器宇轩昂的大门，鳞次栉比的楼堂馆所。

不仅大学，中小学也存在类似情况。然而，不同的是，大学除了政府拨款外，还有一些由科研成果转化而来的经济收入，一些三本院校还可以通过收取学生学费来支付办学开支；中小学办学通常只能依靠国家划拨的经费，那是一个定数，学校需要建设用款，还得单独申请。因而，校长对经费的使用必须精打细算。奇怪的是，有些学校没有一个像样的操场、篮球场，学生只能在狭窄的道路上或者楼顶上做课间操，却不惜重金挖掘了大面积的人工湖，修建了漂亮的亭台楼阁，还美其名曰"环境优美"。环境的确变优美了，却牺牲了学生的身体健康！

还有一些城市中小学，因空间受限，面积本来就狭小，十几名教师挤在一间不足30平方米的办公室里办公，微机室、实验室等功能教室也不健全，然而走进校长办公室，却是另一番景象：四五十平方米的宽阔空间，富丽堂皇的装修，办公桌可当乒乓球台，名人字画满墙挂。这样的差别，正是没有合理利用办学资金的表现，与校长的"土豪思维"有关。

学校建设必须量力而行，在经费允许的情况下，首先必须满足教育教学的基本需求。没有操场，体育课就开设不好，还谈什么素质教育；没有实验室，理、化、生实验就没法做，如何培养学生的动手能力和创新精神？其次，学校要精打细算，把每一分钱花在刀刃上，不搞重复建设。有些校长喜欢标新立异，去年刚建好的学校大门，今年不知受哪路神仙蛊惑，横看竖看都不顺眼，于是推倒重建；将树木全部砍伐，老建筑全部推倒，用水泥硬化路面，整个校园给人一种荒凉之感。学校是育人的场所，校园里保留一些高大树木或者老建筑，既能见证学校发展的历史，又富有文化底蕴。因此，校长对学校建设要做好统筹规划，合理利用好每一分钱，不要只顾打造光鲜的外表，还要注意保护好学校的文化，充分发挥环境育人的功能。

好校长未必一定要是好教师

"好校长首先应该是好教师",教育界很多人将这句话视为定论。但在我看来,好校长未必都是好教师,但一定要懂教育,懂学校管理。

一般情况下,业务水平高、教学成绩优秀的教师往往会被提拔。在走向领导岗位后,有些教师很快就适应了新岗位,在教育管理岗位上脱颖而出,成为优秀校长。然而,也有一些教师由于性格、气质、禀赋等原因,不适合领导岗位,不会处理人际关系,工作思路不清晰、措施不力,在管理岗位上成绩平平。

出现这种差异,主要还是因为管理和教学是两个不同的领域。在学校管理中,能够把握全局,有思路、有气魄,知人善任,充分调动教职工工作的积极性,非常恰当地处理各种内外关系,为学校发展创造优良的环境,把学校办成远近闻名的好学校,这些才是校长的责任。

其实,校长不一定要从优秀教师群体中选拔,因为培养好教师的目的并非是让其当校长、搞管理,而是做好教学工作。教育行政部门鼓励教师潜心教学研究,努力让教师走一条"专家型教师"之路,从而造就一支德才兼备、业务精湛的教师队伍,这是提高教育质量的根本保证,也体现了以人为本的管理理念。

很多教师之所以"争先恐后"当校长,原因就在于当校长可以"名利双收"。如果教育行政部门能够让教师感到当名师比当校长更"实惠",对教师队伍建设而言肯定大有好处。(此文发表于《中国民族教育》杂志2015年第12期)

在尊重差异的前提下理解教育公平

中国教育学会名誉会长顾明远先生曾说:"在追求教育公平时,不仅应该允许差异,而且要承认差异、重视差异、培养差异。教育不能因讲求公平而把人才削平。"他还强调，"教育公平并不能保证教育结果的公平，原因在于人的天赋有差异，环境有差异。"我很认同顾明远先生的说法。

谈教育公平，一定要以人的差异为前提。根据加德纳的"多元智能理论"，个体身上都有相对独立存在的，与特定的认知领域或知识范畴相联系的智能。每个人都是不同于他人的生命个体，都是一座有待开发的矿藏，需要适当的教育帮助其实现各自的人生目标。

认识到人的差异，还要尊重差异，如果教师在教育教学过程中用相同教育的目标和评价标准要求所有学生，这对学生来说显然是不公平的。在日常教育实践中，有些教师不认真研究学生的智力差异，要求所有学生功课全优，这是一个不可能实现的目标。还有些学校管理者认为，学生的主要任务是学习文化科学知识，音、体、美等学科是"副科"，可以少开或者不开，结果不但影响了学生的身体健康和全面发展，而且埋没了一批在这些方面有特长的学生。只有学校开全课程，教师重视学生的智力差异，学生才能得到公平对待，他们的潜在智能才会得到充分的挖掘。

在具体操作过程中，教师要针对不同学生提出不同的要求，采取不同的教育策略；教师要善于发现学生身上的闪光点，尤其是那些所谓的"差生"身上表现出来的闪光点，扬其所长，补其所短，使其在自己擅长领域得到最大限度的发展。学校则要开全课程，开足课时，为每一名学生扬长发展创造一个宽松的环境、适宜的土壤。另外，还要适时改革中考和高考评价办法，实施多元化评价，让学生多一些成功的机会。

最后需要强调的是，尊重差异并不是任由学生片面发展、单一发展，也不是要求学生单科发展。基础教育阶段，学生仍然要努力学好每一门功课。这些功课是为学生一生发展奠基的课程，失去了对基础学科的学习，学生未来的发展就成了无源之水、无本之木，教育公平自然也就成了空中楼阁。

教育为什么是"农业"而非"工业"？

吕叔湘先生在20世纪80年代初曾指出：语文教育类似农业而非工业。在我看来，不仅语文教育像农业，整个教育都像农业。二者的相似之处主要表现在以下四个方面：

首先，教育要为每位学生的健康成长创造良好的外部环境。在农业生产中，每一粒种子从发芽到苗壮成长，必须具备土壤和适宜的温度、水分、气候等外部条件，否则不管种子多么优良，农民多么勤劳，种子也只能烂在地里，化为泥土。教育也是如此，学生的健康成长离不开学校的科学培养、家庭的感染熏陶和社会的正确引导，哪一个环节出了问题，都会影响孩子一生的发展。

其次，教育是一项讲究奉献的事业，教师只有像农民那样辛勤耕耘，对每一位学生倾注满腔的爱，才能得到丰硕的回报。农业生产中，一粒种子从播种到开花、结果，不仅需要良好的外部环境，更需要农民辛勤浇水、施肥、除草等一系列艰苦劳动，他们要像对待自己的孩子一样，精心呵护每一棵庄稼的成长。教师对学生的培养也需要倾注全部的心血和全身心的爱，以促进学生在品德、智力、身心等方面健康发展，使其成为国家建设的有用之才，而不是听之任之，任其自由发展。正如苏霍姆林斯基所说的那样："教育者最可贵的品质之一就是人性，对孩子们深沉的爱，兼有父母的亲昵温存和睿智的严厉与严格要求相结合的那种爱。"

再次，教育要遵循自身发展和青少年成长的规律，科学施教。农业生产中，每一种农作物何时播种、何时施肥、何时收获都有各自的规定性，早了不行，晚了也不行，农民绝不会为了快速提高粮食产量，拔苗助长，随意缩短农作物的生长期。但是，有些家长和教师却在不知不觉中做了这类违背教育规律的蠢事儿，如让幼儿园的孩子提前学习小学课程，肆意延长学生的在校时间，为了应付考试提前结束功课等，这些做法不但难以实现预期的效果，而且会严重损害青少年的身心健康。因此，教育不可能像工业生产那样，通过延长工作时间多出产品、快出产品，教育只能在尊重规律的前提下，通过科学施教多出人才、出好人才。

最后，教育要尊重每位学生的个性差异，在促进学生全面发展的基础上，因材施教。农民绝不会使用一种固定的方法管理所有农作物，如小麦、玉米、大豆等农作物因习性不同，播种季节、所施肥料、浇水时间等田间管理办法也必然各异，农民只有根据每一种农作物不同的生长特点，采取不同的管理办法，才能确保粮食的丰产丰收，从而为我们带来了丰富多彩的食物享受。同样，学校也不是工厂，也不可能按照同一规格、同一生产流程制造标准件，因此教师也要向农民那样，运用多元智能理论，认真研究每位学生的个性特点、兴趣爱好和认知基础，充分挖掘其潜能，为学生提供适合其特点的教育。对此，叶圣陶先生有过类似的论述："请老师们时刻想到，学生跟种子一个样，有自己的生命力，老师们能做到的，只是供给他们适当的条件和照料，让他们自己成长。"

"教育就是服务"的提法并不过时，关键是怎样落实

有人认为，"教育就是服务"的提法过时了，容易把教育引入庸俗化歧途。而笔者以为，在经济全球化、网络信息化和科学技术高速发展的现代社会，"教育就是服务"的提法不仅不过时，而且应当成为教育发展的价值追求，并认真抓好落实。

落实"教育就是服务"的理念，首先必须明确教育服务的对象是谁。这就好像一座规模宏大的商场，经营者必须了解所经营的商品主要面对哪些顾客？有哪些层次的消费者？根据教育在社会生活中发挥的作用，教育服务的对象可以从两个层面考虑：第一个层面是整个社会，教育作为一种公益事业，服务的对象自然应当是学生家长，他们是教育的"买方市场"，整个教育系统也就成为一个"卖方市场"；第二个层面是教育内部，学校作为教育的一个个子系统，服务的对象是教师和学生，教师既是教育产品的经营者和制造者，同时也是教育产品的服务者，学生则是一个个富有灵性的、有待开发和制造的"产品"。这样看来，学校就好像一个巨大的人才加工厂，既要为全体"工人"（教师）提供优质的服务，又要对"产品"（学生）的质量负责，保证让作为"客户"的学生家长满意。

其次，要了解服务对象有哪些需求，据此确定服务目标。对于家长而

言，无非想为自己的子女选择一所好学校，希望他们能接受高质量的教育，将来既成为一个人格健全的人，又有一定的工作能力，成为某一行业的佼佼者。对于教师而言，他们希望学校能够为自己提供一个快乐舒心的工作环境，能多一些自身提高业务水平的机会，并获得与自己所付出的劳动相当的工作报酬和奖励。同时，他们也希望能够尽最大努力，使自己的劳动成果（学生）都成为"优等品"，并且出类拔萃、卓尔不群。对于学生而言，他们最大的愿望是能够在求学期间通过教师的谆谆教诲，不仅掌握终身发展所需要的系统知识，而且学会做人的道理、工作的技能，并希望自己通过学校"大熔炉"的冶炼，最终成为一块"好钢"、一件"精品"，将来走向社会或参加工作，能够实现自己的人生价值。这样看来，无论家长的需求也好，还是教师的需求也好，最终的落脚点和归宿都是学生。可以说，教育最终服务的对象是学生。

在明确教育服务对象和服务需求和基础上，我们要进一步思考的是怎样为服务对象提供优质的服务。政府和教育主管部门作为教育市场的主要经营者，在提供优质教育服务方面发挥着主导作用，要通过有效的宏观调控，合理配置教育资源，解决好教育水平的地区差异和薄弱学校建设问题，最大限度地促进教育公平，尽量让家长降低教育成本的付出，从而使他们少一些对学校的选择，多一份对教育的放心。学校作为人才的"加工厂"，要树立"顾客（家长和学生）第一"的思想，面向社会办学，增进学校与家庭、社会各界的联系和沟通，准确掌握他们对学校管理的意见和建议，及时调整工作思路，不断提高办学水平和教育质量。更为重要的是，学校还要为教师提供优质服务，既要坚持以人为本，紧紧依靠全体教职工办学，满足他们在生活、工作等方面的合理需求，又要加强对教师的管理和培训，满足他们精神方面的需求和自我发展的需要，促使他们更好地为学生服务。

需要指出的是，教育不仅要为家长、学生、教师提供优质服务，而且还要引领社会服务，引导全体社会成员都来关心、支持教育，从而通过学校自身的努力，不断改善办学条件，提高办学效益，为教育发展创造一个良好的外部环境。众所周知，教育是一项社会公益事业，不会走向市场，不可能成为产业，学校也不会成为工厂，但是教育经费短缺、部分学校办学条件差却是一个不争的事实。教育引导服务并非要求每一所学校都去兴办第二产业，更不是巧立名目乱收费，增加学生的经济负担，而是在国家政策允许的情况下，抢抓改革和发展的大好机遇，充分挖掘内部潜力，将学校办出特色、办出质量、办出名声，以引起政府和社会各界的广泛关注，吸引有志之士投资兴办教育，并在此基础上，积极向上级争取加大对学校的投入，改善办学条件。事实证明，凡是有鲜明办学特色且教育质量较高的地方名校，其办学经费大多比较充裕，学校发展速度也比较快。像江苏的洋思中学，十几年前还是一所名不见经传的农村薄弱学校，但它创造了全国闻名的办学经验，各地来此参观者络绎不绝，不仅为学校带来了可观的经济效益，而且政府也舍得为这样的学校投资，从而使学校走上了一个良性循环发展的快车道。

就学前教育而言，没什么比"有意义的玩耍"更重要

近年来，很多地方要求幼儿园一律不得使用幼儿教材、课本等，强调严格按照幼儿身心成长规律开展保育工作，严禁幼儿园小学化。

我认为，幼儿园不使用教材，只是解决了教育内容的载体问题，要真正实现按照幼儿成长的规律开展保育工作，需要解决的是家长和教师的教育观念问题。不要教材，并不意味着幼儿园不能提前介入小学知识的教学，家长和学校照常可以通过其他途径，设计读、写、算之类的教学内容。所以，只要观念不变，用不用教材产生的后果大致相同。

怎样才能做到按照幼儿成长规律开展保育工作？幼儿园提前学习小学内容对孩子到底有没有好处？针对这一问题，国外早就开展了研究，并取得了一些有价值的成果。20世纪70年代，德国政府赞助了一项大型研究，在一段时间内，比较了50个以玩耍为主的幼儿园和50个以知识教导为主的幼儿园，发现虽然一开始直接教导会带来孩子学习上的增进，但到了四年级，无论用哪种方法比较，这些来自直接教导幼儿园的儿童的成绩，都低

于来自玩耍型幼儿园的孩子。特别需要指出的是，他们在阅读和数学方面都更为落后，在交友和情感方面的适应也更差。

美国也进行了类似的研究，取得了大致相似的结论。其中一项由莉贝卡·玛肯负责的研究，专门关注了来自贫困家庭的儿童，大多是非裔美国人。不出所料，她在343个学生的抽样调查中发现，那些曾上过以知识性教学为主的幼儿园的孩子，在学习上一开始比那些接受玩耍型教学的儿童更有优势。但是，到了四年级期末，这些先前的优势就被扭转了。比起那些来自知识性教育学校的孩子，来自玩耍型幼儿园的儿童学习成绩更好，在校分数高很多。

为什么不同类型学前班会造成这么明显的差异？一个可能的解释是：一个人幼年的学校经历是今后行为的准备和设定。在以玩耍为主的幼儿园里，儿童学会了自己设计游戏、和别人共同玩耍、自己解决争执，这些孩子可能在个人责任感和社交等方面培养了终身行为模式，在他们的童年和青少年期间会发挥很好的作用，表现在知识学习上则是主动性和探索精神的增强。而那些来自强调学习知识的幼儿园的孩子，则培养了注重成就和竞争的终身行为模式，而这种行为模式，特别是在贫困状况下，会引起和他人的摩擦，甚至犯罪，表现在知识学习上则是学习动力和兴趣的下降。由此可见，让孩子在幼儿园提前介入小学知识的学习，看上去好像是对孩子负责，实则是揠苗助长，结果很可能使孩子的感情和心理受到挫折，学习成绩也不见得会特别优秀。

因此，学前教育的目标不是让孩子提前学习知识，而是在有意义的玩耍、游戏中，让孩子主动学习，帮助孩子在感情、人际交往等方面发育成熟，完成初步的社会化过程，这是幼儿教育应当遵循的一般规律。

"幼升小"试题难倒家长说明了啥？

"6岁的孩子，要考这些？疯了吧？！"近日，"2015南京小学'幼升小'面试真题汇总"引发热议。其中的题目有："切豆腐切三刀，最多切几块？""汽车上坐了7个人，还有2个空位，下去1个人，上了6个人，问上去的6个人有几个站着的，有几个坐着的？"

不少家长质疑，"说是面试，但很多题目连家长都要用笔算算，这样包含'笔试'环节的面试难道不算考试？""绝大多数孩子连加减乘除都没学，考这么难有什么意义！"

这样的"幼升小"面试题目真让人匪夷所思，成人"都要用笔算算"，孩子怎么能当场回答？这是在面试，还是在难为孩子？按要求，孩子在幼儿园并没有学过系统的算术知识，没有接触过的知识又怎能作为考题？如果"幼升小"都出这样的面试题目，不是倒逼幼儿园阶段提前学习小学知识吗？

"幼儿教育小学化"长期以来为人们所诟病，许多幼儿园以"不让孩子输在起跑线上"为由，让幼儿过早地接触小学知识，不仅加重了幼儿的学习负担，而且导致许多孩子上了小学后，对这些知识失去新鲜感，渐渐丧失学习兴趣，甚至产生极度厌学情绪。

教育孩子就像培植树木，不同阶段有不同的管理方法。孩子的学习也有一定的规律，过早过晚都不行。有研究表明，幼儿时期是以游戏、活动为主要内容的学习阶段。过早地让孩子学习小学知识，超出了孩子身心和智力发展阶段，表面上看是"不让孩子输在起跑线上"，是为孩子好，实际上是好心办了坏事。

再说考试，考试有两个方面的功能：一是诊断，二是甄别选拔。诊断性考试通常用于学生学习过程中，教师就像医生诊断病情一样，看一看通过一段时间的教学，学生学会了哪些知识，还有哪些知识没有掌握，需要采取什么方法补救。这样的考试都是按照教学目标来命题的。甄别选拔性考试通常指用于中考或高考等选拔人才的大型考试，这类考试的命题往往兼顾基础和能力，为了区分好、中、差，个别试题可能有一定的难度，但也不会超出学生的学习范围。"幼升小"不是甄别选拔性考试，因而不宜命制一些偏题、怪题。

现实情况是，许多学校的命题者，无论是诊断性考试，还是甄别选拔性考试，往往喜欢出偏题、怪题、难题，认为试题出得不偏、不怪、不难，就不足以显示自己的能力和水平。还有的老师喜欢用"脑筋急转弯"的方式来代替试题，这是对考试功能的异化。无论哪种类型的考试，命题都要综合考虑教学目标、教学内容、学生的实际学习能力等。如果一套试题80%以上的学生都不会做，甚至有的试题难倒专家学者，这样的考试肯定是失败的。

什么样的学生才是"好学生"？

> 哈佛毕业生Lee说，哈佛要找的是最好的学生。关于最好，除了成绩外，还有你能够给周围社区带去的影响力。你是否做了一件事情，真正地让你所处的人群、学校、社区，甚至国家都变得更好了，也会是一个很重要的指标。并且，很多人都认为哈佛寻找的是最全面的学生，其实这是误区。学校要找的其实是最全面的一个班级，这个班级里的学生能够代表不同的才华、不同的能力。个人是否全面，并不重要。

在我国，德、智、体、美、劳全面发展是衡量"好学生"的标准，尤其是文化课学习成绩，几乎是所有大学录取新生的唯一依据。哈佛大学对"好学生"标准的界定，对我国基础教育"如何培养好学生"有一定的借鉴意义。

首先，培养"好学生"不是生产"标准件"。在中小学阶段，有些老师眼中所谓的"好学生"，道德品质没有什么问题，学习成绩也很优秀，身体也很健康，高中毕业后如愿以偿地考上了重点大学，但这些学生将来走向工作岗位后却表现平平，并没有创造出一流的工作业绩，这样的学生不能算作"好学生"。相反，有些在中小学阶段学习成绩一般，在老师眼中被看作所谓的"中等生"学生，因为从小对某一方面的知识和技能产生了浓厚兴趣，可能没有把主要精力用到文化课的学习上，但在课余时间却专注于自己的兴趣和爱好，大学毕业后又很顺利地从事了自己喜欢的相关职业，在平凡的工作岗位上创造出一流的工作业绩，这应该才是真正意义上的"好学生"。

其次，要正确理解全面发展。全面发展不等于各方面表现都好，也不等于各学科均衡发展。每一名学生都有自己感兴趣的领域和学科，对于智育领域各科文化知识的学习，要求学生门门功课全优，几乎是不可能的。然而，许多班主任却往往把这一要求理想化，为了让学生在中考、高考中取得优异成绩，要求学生平时学习不能偏科，门门功课全优，这样做不但常常事与愿违，而且也无形中抹杀了学生的个性，挫伤了学生学习的积极性。

明确了"好学生"的标准，要求我们在家庭和学校教育中，既要关注学生的全面发展，又要关注学生的个性和特长发展。而关注学生的全面发展，不仅要关注学生文化课成绩是否优秀，还应该把道德品质和良好习惯的培养放在第一位，培养学生的社会责任感、健康的心理素质和审美情趣以及不断进取、执着追求的精神，为学生将来的可持续发展提供不竭的动力。更为重要的是，我们要倾注更大的精力，关注学生的个性特长，通过开设一系列彰显学生个性的选修课程，开展研究性学习，建设健康向上的家庭文化和学校文化，为每位学生健康发展创设优良的外部环境。

教育不是"拟长补短"，而是"扬长避短"，作为家庭和学校，有责任把学生培养成一个既全面发展，又有一技之长的"好学生"，这是素质教育的要求，也是创新型社会对人才的需要。同时，也企盼我们的大学像哈佛大学那样，尽快改变"以成绩论英雄"的现状，为那些有一技之长的"好学生"提供施展才华的机会。

都什么年代了，还有人在搞"差生档案"

近日，某乡镇教办主任在总结2015年工作时，介绍了这样一条经验：他们要求全镇中小学在本月24日前对所有6周岁至15周岁的在校学生进行一项全面排查，分年级建立"差生档案"，目的是全面摸清具有不良行为和严重不良行为学生的底数和现状，为下学期实施因材施教打下基础。

我听了很是不解：学生的哪些行为是"不良行为"，哪些行为是"严重不良行为"，有没有具体的标准？按理说，如果某一名学生行为不端，当老师的应该进行一番深入细致的调查，然后对症下药，对其进行耐心的说服教育，促其改正错误，为什么要给他贴上"不良行为"的标签？

　　由此可见，所谓排查"具有不良行为和严重不良行为的学生"，实质上就是在搞"好学生"和"坏学生"的甄别，把那些有不良行为的学生从全体学生名单里拉出来，让他们亮相示众。这样做会出现两种结果：一些意志坚强者可能由此受到触动，在老师的教育下，痛改前非；而一些意志脆弱者由于背负了"不良行为"的恶名，从此一蹶不振，破罐子破摔，成为真正的"问题少年"。

　　青少年正处在身心发展的关键期，他们辨别是非的能力还较差，容易被社会上的各种不良行为所诱惑，如果过早地把他们某些违反常规的行为定位为"不良"，就可能走向教育的反面。比如在校园内打架斗殴，这应该算作严重不良行为吧，可如果学校不问青红皂白，不分析具体情况，把所有的参与者都视为"不良少年"，通通作开除处理，把他们推向社会，这样做不仅有失公允，也违反了《义务教育法》，是对学生不负责任的表现。

　　教育意味着对学生的尊重和爱。当教师的，不仅要喜欢和尊重好学生，更要善待那些成绩不好的学生。老师给学生贴标签，其实是不尊重学生；教育主管部门要求学校这样做，则是对学校和教师极大的不尊重，是对教育公平的亵渎。学校和教师要少给学生定性，不然他们会背负着沉重的精神枷锁。

　　教育就是改变，学生身上这样那样的缺点，为教育工作者施展才能提供了广阔的空间。能把一个先天各种素质俱佳的学生教育好其实并不难，难的是把一个"差生"转变成一个好学生。也正因为其难，教育工作才更富有挑战性，成为一项不断探索、不断创新的事业。（此文发表于2016年2月3日《中国教师报》，题为《"标签思维"须从心底删除》）

"腌萝卜"式的教育好在哪里?

近日，我看到一篇旧文，全国人大教科文卫委员会副主任委员王佐书在谈到素质教育的有关问题时曾说："我主张，对学生进行'腌萝卜'式的教育，而不是'刷色'教育。""要让教育的内容真正能渗入学生的头脑，使之真正理解教育内容的深刻含义，理解问题的本质并在真正理解的基础上融入思想之中，形成一定的知识结构，形成稳定的心理特征。"

教育如同腌萝卜，是一个十分形象的比喻。如果教育不做表面文章，不图形式，润物无声，表里如一，像腌萝卜一样，里外全是咸的，素质教育也就成了现实。

在腌制萝卜的过程中，不同人采用不同的腌制方法，腌出的萝卜味道大不一样。同样，学校、教师和教育方法不同，培养出来的学生也会有很大差别。平时我们经常见到这样一种现象：在一定区域内，从学生的言行表现中，能够一眼辨认他是哪所学校培养的。

腌萝卜还要有一套科学的程序，加多少盐要根据萝卜的多少和品种，加少了不行，腌出的萝卜没有味道；加多了也不行，萝卜太咸不能吃。对学生的培养和教育也要根据受教育者特点，制定一套完整的程序和方法。我认为，学校培养学生要经历一个从规则到习惯，再到素质，最后形成文化的过程。

规则就是规矩，俗话说："没有规矩不成方圆。"学校要根据素质教育的要求，制定相应的制度，规范学生的行为，这是第一步。有了规则，学生对规则内容却不理解，也没有认真去执行，这样的规则就成了一纸空文。只有加强过程管理，认真执行规则，不断强化学生对良好言行的认同感，才能使规则转化为学生自觉的行为，从而逐步养成良好习惯。规则一旦上升到习惯层面，变成学生自觉的行动，并能影响学生的一生，习惯也就沉淀为素质了。

真正对学生起作用的，是一所学校长期形成的校园文化。文化的力量是巨大的，它可以深入人的骨髓，影响人的精神，自觉规范人的言行。像传统的儒家文化，虽然它发端于两千多年以前，但是至今仍然影响着国人的思维以及处理问题的方式。一所学校如能在长期的办学中形成积极向上的学校文化，其对学生的"腌制"效果是不言而喻的。（此文发表于2016年第2期《云南教育(视界综合版)》）

每个人都可以成为我的老师

"三人行，必有我师焉"是孔子流传千古的名言，非常贴切地概括了孔子谦虚好学的精神。在《里仁》篇里，孔子曾说："见贤思齐焉，见不贤而内自省也"，孔子之所以成为学识渊博的"大成至圣先师"，与他善于向他人学习的这种虚心态度密不可分，他曾经拜郯子、师襄、老聃为师；进入太庙时，"每事问"，还曾以乡里人为师。他甚至认为，路上有三个人行走，其中每个人都可能成为我的老师：善者，我要学习他美好的品质，自然可以成为我的老师；不善者，其不善的行为也可以成为我的借鉴，为我提供一个反面教材，当然也是我的老师。

学习是人的先天本性，一个人从呱呱坠地的那一刻起，几乎每时每刻都在向周围的人和环境学习，不学习的人就会永远停止在婴儿状态。但是可惜的是，一个人随着年龄的增长，知识和经验的增多，大多数却忘记了这一本性，认为自己什么都比别人强，不需要再向他人学习了，很多人也就因此不再进步。这种现象在知识分子群体中表现尤为突出，有一个词叫"文人相轻"，指文人们相聚在一起，侃侃而谈，你不让我，我不让你，甚至相互攻讦，反目为仇，此种现象不仅影响了个人的发展，而且阻碍了学术和思想的进步。

教师作为知识分子群体，文人相轻的现象也不同程度地存在。有的教师把自己封闭起来，不参加学校组织的教研活动；有的教师听了别人的课，不是虚心学习别人的长处，而是专门"肉里挑刺"，让人家下不来台；还有些教师到外地学习时，横挑鼻子竖挑眼，以客观条件达不到为由，拒绝学习别人成功的经验。

教师要想在事业上取得较大进步，唯一聪明的办法就是像孔子那样，时时处处以他人为师，珍惜每一次学习的机会，不断积累各种成功和失败的经验教训，相互取长补短，促使自身不断进步，舍此别无他法。比如学校开展教研活动，无论是老教师，还是青年教师，都要积极踊跃地参加。听了别人的课，无论是成功，还是失败，也无论讲课老师比自己强，还是比自己差，都要尊重人家的劳动，虚心学习别人成功的地方，从别人失败的做法中吸取经验教训。只有这样做，教师才能在较短的时间里脱颖而出，成为教育教学的行家里手。

对于学生，我们更要培养这种虚心好学的良好习惯。未来的社会是一个既充满竞争、又需要合作的社会，只有团队成员密切协作，才能创造一个又一个的奇迹。在学习上，也需要同学之间相互合作，《礼记·学记》中说："独学而无友，则孤陋而寡闻，盖须切磋而相启明也"，学问需要切磋，问题需要讨论，新课程倡导自主、合作、探究的学习方式，自主不是把自己封闭起来读死书，而是在合作基础上的自主，探究也不是一个人异想天开、冥思苦想，也是在合作基础上的合理探究，合作是其中的关键环节。有一位专家说得非常好，学生的道德教育是在班集体中完成，学生的学习是在小组合作中完成。事实证明，凡是学习成绩优异的学生，他们几乎都具备这样一个良好学习品质：善于向老师提出问题，善于和同学讨论问题，正是抱着这种虚心的态度，他们的学业才一天天胜过他人，成为一个群体中的出类拔萃者。

面向家长普及幼教知识很有必要

近日，海南省陵水县陈先生表示，孙子上了一年幼儿园，居然还不会写字，也不懂加法和减法之类的算术。记者随机采访了几家幼儿园，几乎所有的幼儿园都曾被家长"督促"教娃娃写字。这令幼儿园的老师们感觉相当苦恼。因为，在上岗前的培训中，禁止学前教育小学化倾向，都会被再三强调。

禁止学前教育小学倾向，是教育部近年来对幼儿教育提出的基本要求，符合幼儿成长和发展的规律。对于这一要求，家长并不买账，或者具有某种习惯性思维，认为幼儿园就应该教孩子写字或加、减法之类的算术。这一现象一方面说明家长不了解当前幼儿教育发展的趋势；另一方面也说明教育部门和学校对家长普及幼教知识不到位。

学校发展不能仅仅追求"物质文化"

到一所学校参观学习，第一眼看到的可能是漂亮的教学楼、优美的环境、现代化的教学设施、五彩缤纷的校园文化。但是如果再深入一步，看一看学校的教学管理、课堂教学、学生行为习惯、教师精神面貌、学校教研气氛等，可能会使人得出完全相反的结论。事实上，有的学校仅有漂亮的外观，但缺少深厚的文化内涵，就像一位没有文化底蕴而身着艳装的少妇，虽然外表看上去很漂亮，一经接触，但给人一种浅薄之感。

学校是育人的场所，学校文化的真正内涵是以提高育人水平为核心的学校管理文化、教师文化、学生文化、课程文化等，而这些往往又不是直观外显的，经常蕴含在学校管理的方方面面和师生的一言一行中。有的学校看上去花花绿绿，到处是格言警句，处处是花草树木，其实这并不是学校文化的全部，只是学校外显的物质文化。真正的文化是学校长期积淀的、为全校师生共同接纳的办学理念、办学风格和办学特色，是一种精神层面的文化。把学校打扮得花里胡哨，只要有钱，任何一位校长几乎都能做到，但要真正使学校办出特色、富有文化底蕴，却并非一朝一夕之功。

学校文化的形成不可能一蹴而就，而是一个渐进的过程，即学校在发展过程中，通过长期的文化积累，逐步使办学思想现代化、学校管理科学化、课堂教学特色化、教师队伍专业化、学生发展个性化、教育质量全优化的过程。洋思中学就是这样一个富有深厚文化内涵的学校，他们确立了"尊重主体、面向全体"的办学思想，并以让"每个学生都合格，每一个学生都学好"作为办学理念，坚信"只有不会教的老师，没有学不会的学生"，探索了"先学后教、当堂训练"的课堂教学模式，促进了教师和学生的发展，实现了教育质量的全优。洋思经验至今在华夏大地广为传播，其生命力经久不衰。

以文化人，将优秀文化根植于教师和学生的精神世界中，使"教书育人"的教育行为成为一种自觉，正是学校真正形成办学特色和办学品牌的基准之一。校长作为学校发展的领头人，在积极争取上级支持，努力改善办学条件的同时，要把主要精力用于铸就学校精神文化上来，追求全面发展的教育质量，把学校办成教师快乐工作、学生健康成长的理想乐园。

"颜回"式的学生真的可爱吗？

颜回是孔子最喜欢的学生，孔子曾这样评价他："吾与回言终日，不违，如愚。退而省其私，亦足以发，回也不愚。"意思是："我整天给颜回讲学，他从来不发表不同的意见，像个笨蛋。等他退下来之后，我考察他私下的言论，发现他还能对我讲授的内容有所发挥，颜回一点也不笨呀！"透过孔子的这番话，颜回给我们留下了的印象是：一个非常听话的学生，却不善于在课堂上发表自己的意见，但又是一个很聪明的学生，课下对老师讲授的内容能够举一反三，有所发挥。

日常教学中，我们经常见到这样几种类型的学生：

第一种类型的学生是头脑灵活，反应快，课堂老师提出问题后，不管是否正确，怎么想就怎么说；当堂所学知识能够当堂掌握，但不注意课下巩固，学得快，忘得也快，这样的学生善于表现自己，看上去很聪明，其实成绩并不理想。

第二种类型的学生就是像颜回那样，课堂上认真听课，老师提出问题后，从来不主动发言，表情看上去很木讷，其实脑子在不停地转，精力高度集中，生怕漏听老师讲过的每一句话。课堂上没有听懂的知识，课下请教其他同学，并经常与同学讨论问题，直到把问题弄清楚、弄明白为止。这样的学生学得扎实，对知识理解得深刻，成绩往往很突出，是典型的"真人不露相"。

第三种类型的学生是课堂上听不明白，大脑一片空白，自然就产生不了什么疑问，课下也不善于复习，破罐子破摔，不思进取。

尽管孔子对颜回喜爱有加，但对他的"不违"也并非持完全赞同的态度，说他"如愚"，他也希望学生在接受教育的时候，能够开动脑筋，提出不同的意见。正如我们今天所倡导的一样，"颜回"式的学生固然让人喜欢，但看上去总缺少一点儿创新思维和创新精神。

当今教学已不同于孔子时代的老师讲、学生听，老师充当真理的代言人。教师的角色已发生重大变化，由传道、授业、解惑者，已变成学生学习的组织者、引导者和参与者，课堂上教师要充分调动每一个学生思维的积极性，把没有问题的学生，教出问题来，教给学生探索真理的方法。"颜回"式的学生看上去固然很听老师的话，能对老师的思想加以发挥，学习成绩也很优异，但说到底他崇拜的是教师，而不是真理。

寻找开启心灵的"钥匙"

有这样一则关于"铁棒与钥匙"的寓言：一把坚实的大锁挂在大门上，一根铁棒费了九牛二虎之力，还是无法将它撬开。钥匙来了，瘦小的身子钻进锁孔，只轻轻一转，大锁就"啪"的一声打开了，铁棒奇怪地问："为什么我费了那么大的力气也打不开，而你却轻而易举地就把它打开了呢？"钥匙说："因为我了解它的心。"

教育是什么？教育不就是寻找一把把"钥匙"，去开启学生心灵的"大锁"，引导学生走进智慧和成功的大门吗？但是，在许多情况下，教师开锁的方式却不尽相同，有的教师采用"铁棒"似的简单方法，死撬硬砸，其结果要么无法将锁打开，要么虽然打开了，锁却变成了一把废锁；有的教师则开动脑筋，积极寻找开锁的"钥匙"，深入学生的内心世界，话语不多，也不用费太大的周折，便能四两拨千斤，使学生茅塞顿开，顺利开启学生的心灵之"锁"。

每一名学生都是一把不同型号的"锁"，自然也会有不同类型的开启"钥匙"。这则寓言给予我们更深一层的启示是：教师要相信每一位学生都能通过教育走进成功的大门，对于不同的性格的学生，要采取不同的教育方法，尤其是对于那些的所谓的"差生"，不能一棒子打死，更不能弃之不管，要千方百计寻找适合他们个体特点的教育方法，打开他们不同的心灵之"锁"，使他们同样享受成功的欢乐。

由此还使我想到，教师要真正担当起教书育人的崇高使命，必须摈弃师道尊严的传统观念，做学生的良师益友。教师要善于走进学生、研究学生、关爱学生，把握学生的思想脉搏，了解学生的现实需求和发展走向，寻找教育每位学生的最佳方法。唯其如此，教师才能真正做到因材施教，才能把以生为本、全面发展的教育理念落到实处。

如何让孩子度过一个轻松而有意义的暑假？

> 暑假到了，一名记者在某知名学生网站上看到，有中学生发帖呼吁广大中学生暑假"戒颓"，100名学生跟帖回复，其中82名表示自己暑假比较颓废，26%承认自己沉迷于网络，包括聊天和游戏，21%承认自己将多数时间浪费在看电视上，而睡觉的则有18%，泡吧的有11%。

根据教育部门有关要求，假期要还给学生，让学生充分放松。但是，令人担心的是，长达近两个月的暑假如果学生在网络和游戏中"放松"，我们将培养一批只知道上网的"网虫"和一群不学无术的"懒虫"，学校教育的效果也将随着学生暑假的"颓废"而消解为"零"。我并非反对学生假期上网，也不想阻止孩子们看电视、听音乐，更不希望把孩子送进辅导班或禁锢在家里埋头啃书，但我认为不能因为过度放松而影响了孩子的身体健康，孩子的假期生活应该过得丰富而有意义。

如何让学生度过一个有意义而又轻松愉快的假期？首先，需要学校和家长配合，拿出一个适合孩子特点的"假期规划"，这一规划要征求孩子的意见，让孩子感兴趣。其次，家长要加强孩子假期的管理和监督，制订一张作息时间表，该睡觉的时候睡觉，该学习的时候学习，该玩的时候就让孩子尽兴地玩。

那么，什么样的"假期规划"才能让学生感到轻松愉快而又学有所得呢？在这一点上，美国布置课外作业的做法似乎对我们有一些启发。"美国式"的课外作业总是不拘一格，包括读书、听广播、看电影、听邻居讲故事、假日旅游或者去乡村做调查等。打开《美国学生课外作业集锦》，我们不禁为美国老师的创造力和想象力喝彩：设计校园，设计小镇宣传牌，设计旅游线路图，制作冰激凌促销单，评论总统的政府工作报告，评判儿童电视节目的优劣，制作"糖骷髅"，讨论比萨斜塔会不会倒，探索中国飞速发展的原因和影响，比较各种防晒霜，分析薯片松脆的原因，了解海平面上升的影响，解析"9·11事件"受害者的经济补偿……种种富有创意的问题让人眼前一亮。

这些作业的最大特点是贴近生活，让学生在生活中运用课堂上所学知识解决问题，他们对这些知识的理解就会特别深刻；学生一旦意识到所学的知识"有用"，他们今后学习的积极性就会更高。当面对一个"真实的问题"时，学生就会调动和统合自己所有的知识全力以赴，这种深入探索的精神是极为宝贵的。孩子天生好动，如果课外作业不是将他们束缚于书桌前，而是给他们更为广阔的天地，这无疑会让他们感到兴奋。

由此可见，制定"假期规划"，让孩子拥有一个愉快的假期，并非强迫孩子参加各种特长班、培训班、提高班或补习班之类，而是让学生健康地生活、快乐地学习。假期应该成为学校素质教育的延伸，而不应当成为应试教育的避难所，更不能因假期而让孩子变得"颓废"。

警惕"模具化"教育

近日，北京大学考试研究院院长秦春华在《中国青年报》发文写道：今年上半年，我去上海面试学生。……在感叹上海学生综合素质高的同时，我也隐隐有一丝遗憾：他们看上去太完美了，似乎看不出有任何缺点；他们看起来也太像了，就像是一个模具打造出来的一组"家具"一样。

记得儿童教育专家孙瑞雪曾说过："每个孩子都是独一无二的。我们总希望他和别人一样，平庸就产生了。你的孩子不像其他孩子那样喜欢表现，他喜欢在一旁观察，但你希望他更活泼、更大胆，于是一个伟大的思想家消失了；你的孩子不像其他孩子那样安静听话，他喜欢上蹿下跳到处探索，但你希望他更加谨慎有礼，于是一个天才的科学家就消失了……"

　　应当承认，上海在推进素质教育方面走在了全国的前列，他们培养的学生在国际比赛中拿过不少大奖，综合素质高是不争的事实。然而，恰恰是这些高素质的学生被作者比喻为"一个模具打造出来的一组'家具'"，这不能不引起我们对当下教育培养模式的一些反思。

　　教育——无论是家庭教育还是学校教育，不应过早把目标锁定在考名校上，而是要按照自然法则，让儿童学习文化科学知识和做人做事的道理，最终成为个性鲜明、有创造力的人，成为真正的自己。人没有个性就容易变得平庸，更谈不上有创新精神，教育就是要张扬孩子的个性特长，并以其个性的生动发展带动整体素质的提高。正如秦春华所言："教育的价值就在于唤醒每一个孩子心中的潜能，帮助他们找到隐藏在体内的特殊使命和注定要做的那一件事情。"

　　但在家庭教育和学校教育中，许多人往往忽视了这一点。看到人家的孩子学钢琴，不管自己的孩子有没有音乐方面的特长，也让自己的孩子去学；看到人家的孩子练书法、学美术，也让自己的孩子去练。人云亦云，攀比跟风，许多家长在教育孩子时都会走入这个误区。学校教育也存在这样的倾向，用相同的教学内容、统一的教学进度要求所有学生。为了提高升学率，教师要求学生各科平衡发展，不能偏科，本该让学生发展个性的校本课程和课外活动被许多老师上成了单纯的文化课。

　　暑假期间，我们聘请山东泰安市某家庭教育专家做报告，他介绍了自己教育两个孩子成才的经历。他儿子从小喜欢推理、思考，就注重发展孩子这方面的特长，日常生活中直接称呼他为"科学家"。受这一理想鼓舞，儿子从小学到中学、大学，理科成绩一直很优秀，现在美国维克森林大学攻读理论物理学博士，他的奋斗目标就是将来成为一名真正的科学家。女儿从小喜欢和大人辩论，口才特别好，理想是从政、当部长，大人就呼她为"部长"。女儿也受到了鼓舞，在中小学学习期间，较好地发展了这一特长，除文科成绩优秀外，还一直担任班干部，现在韩国高丽大学读心理学硕士，正朝着"部长"的目标努力。就像秦春华在文中所说："人生就是一段发现自我的旅程，路要靠孩子自己一步一步走出来。孩子认识到自己未来会成为一个什么样的人，就像是远方的一座灯塔，能够不断照亮前进的道路。"

很多人都知道一句话："教育是根雕艺术，不是泥塑艺术。"根雕就是按照树根本来的样子，进行精雕细刻，使其成为独一无二的精美艺术品；泥塑则不然，是按照预先设定好的模式，塑造出一批和原型一模一样的艺术形象。教育不能成为泥塑，否则家庭和学校就成了生产标准件的加工厂，这是孩子的悲哀，也是教育的悲哀。（此文发表于2016年08月31日《中国教师报》）

孔子确定了哪些教育内容？

春秋时期，孔子兴办私学，为社会培养人才，教学中他确定了哪些内容？对今天的教育有何启发？

《论语·泰伯第八》中有这样一段话，子曰："兴于诗，立于礼，成于乐。"由此可见，孔子教育的主要内容集中在诗、礼、乐三个方面，三者对于受教育者发挥着不同的作用。孔子认为，诗可以启迪性情，启发心智，使人形成健康的思想情感；礼可以约束人的行为，规范人的言行，使人在社会上站立；音乐可以陶冶人的情操，促进健康人格的形成和完善。

按照传统观点，孔子确定的教育内容还有"六艺""六书"之说。所谓"六艺"，是指礼、乐、射、御、书、数。礼是奴隶社会的典章制度和道德规范；乐是有关音乐方面的知识和技能；射是射箭，属于军事武功；御是驾车，也是军事武功；书是刻字，即写字；数是关于天文、历算等自然科学方面的知识。孔子进行六艺教育的基本教科书是"六书"，即《诗》《书》《礼》《乐》《易》《春秋》六部儒家经典。"六书"是孔子亲手编订的中国历史上第一套，也是最著名的教科书，除《乐经》亡佚之外，其他五本经典成为汉代以后中国封建官学和私学使用的基本教科书，它们与四书一起成为隋唐之后科举考试的主要内容。

在六项教育内容中，孔子非常重视诗教、礼教和乐教。子曰："小子何莫学夫诗。诗，可以兴，可以观，可以群，可以怨。迩之事父，远之事君；多识于鸟兽草木之名。"（《论语·阳货第十七》），孔子认为，学诗可以激发情感，可以观察天地万物、世间万象，可以团结众人，可以讽谏上级，近处可以用来侍奉父母，远处可以用来侍奉君主，并且还可以知道一些草木鸟兽的名字，总之学诗不仅可以培养人健康向上的情感，还可以学到很多知识，孔子曾告诫儿子："不学诗，无以言。"礼是做人行事的规矩和标准，一个人如果不学礼，就无法在社会上行走立足，他也曾告诫儿子："不学礼，无以立。"音乐对人的感染力是无比强大的，孔子非常重视音乐的教化作用，他不仅精通音律，而且亲手整理《乐经》，并时常被优美的音乐所感染，"子在齐闻《韶》，三月不知不知肉味"，由此可见乐教的目的在于完善人格，进而实现社会和谐。

时至今日，文学、音乐以及行为规范、法制教育，仍是学校教育的重要内容。在中小学语文教材中，精选了古今中外一大批优秀诗歌、散文、小说和戏剧，引导学生阅读这些文学作品，不仅可以让学生掌握必要语言和文化知识，更为重要的是培养学生健康向上的思想情感。可惜，文学教育的这一功能发挥得并不好，许多语文教师只关注了语文知识的学习，忽视了学生健康情感的培养，淡化了语文教学育人功能。在行为规范教育方面，有些学校重说教、轻体验，重理论、轻实践，导致学生走向社会后，不懂基本的文明礼仪，不会处理人与人之间的关系，甚至有些学生不懂国家法律，干出一些违法犯罪的事情。音乐教育的现状更是令人担忧，在偏远地区的农村中小学，由于缺乏专职音乐教师，导致音乐课形同虚设，孩子们只好跟着录音机听听乐曲、学学唱歌。

诗教、礼教、乐教从小处看是三门独立的学科，其实它们关涉智育、德育、美育三大教育内容，我们培养全面发展的学生，首先要培养学生具有良好的德行，学会生存的技能，遵纪守法，具有高度的社会责任感；其次要发展学生的心智，陶冶学生的情操，让学生在学习科学文化知识的同时，培养学生独立分析和解决问题的能力，因而智育的目的不仅是把大量知识装进学生头脑中，更为重要的是提高学生的思维能力和培养学生的人文精神，二者相辅相成，在学校教育中缺一不可。有德无才固然不好，不会对社会有太大的贡献，但总比有才无德对社会造成危害要强，而美育恰恰能够调和二者之间的关系，让学生在对美的欣赏和创造中，体验生命的价值，从而促进学生健全人格的形成。

传统私塾教育并非没有闪光点

近日，《人民日报》"品书札记"栏目刊发了一篇文章《换个眼光看私塾》，作者认为，从内容和体系着眼，传统的私塾教育存在明显的缺憾。事实上，源远流长的私塾教育包含了若干我们迄今也未必完全意识到的价值与奥妙，很需要重新辨识、认真发掘和深入总结。

作者列举了传统私塾教育的要点：一是"详训诂，明句读"，弄通《说文解字》，夯实"小学"基础；二是重视对句和背诵，在"涵泳"和体悟中练就童子功；三是勤动笔，多作文，发散情思，疏通理路，远离"郁塞"。笔者认为，除了这些经验之外，传统私塾教育还有以下一些做法值得我们借鉴。

一是注重学生良好行为习惯的培养。私塾学生多六岁启蒙，在蒙养教育阶段，私塾十分重视蒙童良好道德品质和生活习惯教育。《礼记·学记》云："不学杂服，不能安礼。"所谓"杂服"，就是指"洒扫、应对、进退"之类的琐碎之事，像着衣、叉手、作揖、行路、视听等，私塾都有严格而具体的规定。传统教育认为，孩子如果不在课外学会这些琐碎之事，就学不好课内的功课和礼仪，会影响孩子一生的发展，这其实就是我们现在所强调的生活教育和习惯养成教育。这种教育是学生健全人格形成的保证，孩子小时候没有养成良好的习惯，长大后就难以形成不怕困难、百折不回的坚强意志。

二是教学上注重因材施教。私塾规模一般不大，学生多则二十余人，少则数人，对学生的入学年龄、学习内容、学业程度等，均无统一要求和规定。但私塾先生能针对不同年龄、水平的学生，分别教读不同的内容，比如有十个学生，可能让其中三个读启蒙读物如《三字经》《千字文》等，两个读《论语》，两个读《孟子》，三个读《诗经》。不同年龄、不同水平的学生可以在同一个老师的教导下，在一个房间中高声朗读，这有点类似于早些年的复式教学。

对于同读一种书的学生，先生常常按照他们的记忆力和理解力，给出不同数量、进度、难度的学习内容。这种教读办法，既不限制聪明学生的读书速度，又保证了智力较差的学生能踏实地慢慢掌握学习内容，照顾了学生之间的智力差别，真正做到了因材施教。

三是重视写字教育。孩子进入私塾后，临摹古代优秀碑帖几乎是每天必做的功课，不但要会写大楷、小楷，而且为了参加科举考试还要练习馆阁体等艺术水平较高的书体。虽然从书法艺术的角度讲，馆阁体不是最高水准，但从端庄秀丽的角度看，这种字体颇有美感。能写这种字的人，一般具备细心、认真、一丝不苟的作风和态度，对其从事任何工作都会有很大的影响。

目前，我国中小学写字教育和学生写字状况令人担忧。虽然教育部2002年就出台了《关于在中小学加强写字教学的若干意见》，但是这个意见并没有得到落实。很多学校不开设书法课，学生的写字水平越来越差，字迹潦草难认、错字屡出、提笔忘字的情况十分普遍。令人欣慰的是，写字教育现已引起社会的普遍关注，今年两会期间，多名人大代表呼吁加强中小学书法教育，全国人大代表、台盟中央原常委陈正统指出："写字应该从娃娃抓起。"私塾教育创造的写字教育经验，值得我们继承、发扬。

教师要做学生心灵的守望者

最近读塞林格的名作《麦田里的守望者》，感触颇深。小说的主人公是一个被学校开除的中学生，他貌似玩世不恭，厌倦现存的平庸的一切，但他并非没有理想。他想象悬崖边有一大块麦田，一大群孩子在麦田里玩，而他的理想就是站在悬崖边做一个守望者，专门捕捉朝悬崖边上乱跑的孩子，防止他们掉下悬崖。由此我联想到，教师不也是学生心灵的守望者吗？

在一个班集体中，每一名学生都有自己的个性，他们天真率直、无拘无束，在教师爱的庇护下，自由放飞理想，彰显个体蓬勃的生命力。班集体就是学生健康成长的"麦田"，教师就是学生心灵的"守望者"。

做学生心灵的守望者，要求教师具有献身事业的理想和信念。当今社会，有人腰缠万贯，富甲一方；有人权势赫赫，威名远扬。教师要不为名所困，不为利所动，守住自己的精神家园和对事业的那份忠诚，以"咬定青山不放松"的执着精神追求自己的教育理想。

做学生心灵的守望者，需要教师对学生有一颗无私的爱心。教师要有大爱、真爱，要像《麦田的守望者》的主人公一样，站在悬崖边，精心呵护每一个孩子的健康成长。爱还意味着责任，爱每一个学生，就意味着教师要对每一个学生的未来负责，走进学生的精神世界，与每一个鲜活的生命对话，倾听他们的心声，宽容他们的过失，用科学的教育方法阻止他们走向悬崖，引导他们走向成功。

做学生心灵的守望者，还需要教师尊重每一个学生的个性差异，平等地对待每一个学生。尊重是爱的具体表现，平等是教育追求的基本理念，要像《麦田的守望者》的主人公那样，对孩子只有欣赏，没有过多的干预。子曰："有教无类。"教师要对所有学生一视同仁，既欣赏他们的成功，又欣赏他们的失败，因为失败也是一笔宝贵的精神财富。同时，教师要善于挖掘每一位学生的潜力，发现他们身上的闪光点，让他们实现自己的人生价值。

日本频获诺贝尔奖，对我国中小学教育有何启示？

近日，2016年诺贝尔生理学或医学奖揭晓，日本学者大隅良典因"发现了细胞自噬机制"而独享这一殊荣。

有关资料显示，从1949年汤川秀树成为首位日本获奖者以来，共有25位日本科学家获诺贝尔奖（含两位美籍日裔科学家）。进入21世纪，日本获诺贝尔奖的科学家人数快速增长。21世纪以来的获奖者包括物理奖8位、化学奖6位、生理学或医学奖3位，共计17位。

日本人为何能频频获得诺贝尔奖？除了优越的科研环境、宽松的科研机制以及充足的经费保障等外部因素外，日本中小学对科学教育的高度重视也功不可没。

日本与许多东亚国家一样，中小学也有考试，学生也有升学和就业竞争，教师的工作负担也很重。但日本中小学教育在追求升学率的同时，还特别重视学生科学素质的培养以及阅读能力的提升，并为教师和学生提供了自由发展的空间。日本的中小学教育十分重视开展丰富多彩的课外活动，很多学校动员近乎全校的教师都参加到课外俱乐部活动的指导之中，甚至有些学生活动，如全国高中棒球赛、全国学生与儿童发明展等，成为全体国民关心的盛事，这与我们全民高度紧张地关注中考和高考，关注学生考试排名，形成了鲜明对比。

此外，日本中小学教育很重视让儿童亲近自然，很多幼儿园和中小学结合当地地理条件，因地制宜地保留了许多自然特色，让学生在对自然的观察中培养对科学的浓厚兴趣。

从多位日本诺贝尔奖获得者身上，我们能看到他们亲近自然、观察自然的经历。从小体弱多病的大隅良典非常喜欢自然，采集昆虫是他的一大爱好。在他看来，让小孩子们爱上自然、爱上科学，对世界抱有宝贵的好奇心，是一切的起点。2008年诺贝尔化学奖获得者下村修谈及自己为何走上科学之路时说："我做研究不是为了应用或其他任何利益，只是想弄明白水母为什么会发光。"1973年诺贝尔物理奖获得者江崎玲于奈有此感悟：一个人在幼年时通过接触大自然，萌生出最初的、天真的探究兴趣和欲望，这是非常重要的科学启蒙教育，是通往产生一代科学巨匠的道路，理应无比珍视、精心培育、不断激励和呵护。

我国地大物博，无论是壮丽的山川河流，还是各地的风土人情，都是引导学生亲近自然，培养学生好奇心和探究欲望的宝贵资源。可惜，近年很多中小学因噎废食，以学生安全为由，不但取消传统的春游、秋游等活动，甚至还要求学生双休日、节假日也不准外出，待在家里温习功课。"朝菌不知晦朔，蟪蛄不知春秋"，学生每日重复"学校—家庭"两点一线的单调生活，好奇心和科学素养从哪里来？

　　丰富的课外阅读培养学生的科学兴趣。从几位获奖者的言谈和著述中，我们还可以感觉到阅读对于他们成长的重要意义。小柴昌俊在《我不是好学生》一书中坦称，上小学时班主任金子英夫送他一本书——爱因斯坦的著作《物理学是怎样产生的》，使他对物理产生极大兴趣，并最终走上物理研究之路。1981年诺贝尔化学奖获得者福井谦一在《直言教育》一书中写道："在我的整个初中、高中时代，给我影响最大的是法布尔，他于我可以称为心灵之师，对我的人生起到了极为重要的作用。"

　　在我国，有几个中小学生了解爱因斯坦的"相对论"，又有多少学生知道法布尔？尽管图书室、阅览室是每所学校的标配，图书、报刊的数量和种类也都达到国家规定的标准，但在许多学校，图书馆、阅览室成了摆设，根本不对学生开放。学生每天来到学校，除了听课、做题之外，手头上的读物就是几本枯燥的教材和教辅，如果某一个学生在课外读了一些自己喜欢的文学作品或者感兴趣的科普书籍，往往会被老师和家长斥之为不务正业，更不用说教师主动给学生推荐课外书了。课外阅读量小，造成学生视野狭窄，让学生几乎对学习失去兴趣，更谈不上通过阅读确定自己的人生方向了。

　　日本还设立了一些校外教育机构（如青少年之家等），旨在扩大青少年的视野，企业也热衷于举办各种科技方面比赛等活动，激发儿童的创造热情。这一切制度或措施都有助于学生形成广泛的兴趣爱好，为日本未来科学事业发展打下坚实的基础。（此文发表于《中国民族教育》2016年11期）

教师受学生欢迎与否，和是否会讲段子关系不大

　　如今的大学校园里，越来越多的"95后"开始青睐会讲段子的老师，这些老师在传统授课的基础上，用讲段子、故事等互动形式赢得了"抬头率"。在他们看来，要想长时间集中"95后"的听课注意力，就要对知识进行包装，"就需要穿插段子和故事"。

大学课堂难道真到了没有"段子"就难以维持的地步？是否只有侃侃明星的花边新闻，聊聊名人的边角猛料，说说稀奇古怪的趣事，骂骂贪官污吏的不法行径，才能吸引学生的眼球？难道教师要像相声演员一样拥有说学逗唱、嬉笑怒骂的本领，才能集中学生的注意力？

不可否认，无论是大学教师还是中小学教师，讲课语言丰富、生动形象，都会博得学生的喜爱。一些教师在课堂教学中，结合教学内容，穿插一些幽默风趣的"段子"或故事，不仅有助于学生对所学内容的理解，而且能集中学生的注意力，活跃课堂气氛。然而，无论什么事情都要有一个"度"，教师的主要职责是传道、授业、解惑，课堂教学如果仅靠"讲段子"迎合学生，不仅会淡化教学内容，降低课堂效率，而且会影响教学的育人功能，尤其是一些黄色、低俗的段子，虽然能博得学生哈哈一笑，却可能导致学生价值观扭曲。

几年前，华中师范大学汉口分校一名男教师因为在课堂上讲"黄段子"，被校方解聘。此事经媒体报道后，在全国引起强烈反响，有人认为，课堂是一个神圣的地方，容不得他这样去玷污，这名男教师的做法严重损害了教师的形象。还有大学老师说："老师就应该有个老师的样子，老师和学生的关系就像父母和孩子的关系一样，难道父母会在孩子面前讲'黄段子'吗？"

其实，教师讲课吸引学生的方法很多。梁启超当年给清华学生上课时，据说讲到紧要处，便手舞足蹈，情不自禁，时而掩面，时而顿足，时而狂笑，时而叹息；讲到欢乐处，则大笑不止，声震屋梁；讲到悲伤处，则痛哭流泪，涕泗滂沱，听课的学生也深受感染。更为重要的是，梁启超记忆力超群，四书五经、历史典籍、诗词歌赋，往往张口即诵，讲课时旁征博引，运用自如。有时偶尔顿住，用手敲一敲光光的脑门，便能立即想起，大段大段继续往下背，令学生欲罢不能、叹为观止。

梁启超讲课之所以能吸引学生，靠的是他渊博的学识和声情并茂的体态语言。与梁启超的"表演"相比，陈寅恪先生讲课则平实多了。在授课过程中，先生尽管总是平铺直叙，但听者并不感到枯燥。大家都觉得机会难得，不应该轻易放过；每当下课铃响，大家都有依依不舍、时光流逝太快之感，因为他讲课的内容，都是他的心得和卓见，所以同一门课常有人听上好几遍，仍会有新鲜感。陈寅恪先生上课第一天就对学生说："前人讲过的，我不讲；近人讲过的，我不讲；外国人讲过的，我不讲；我自己过去讲过的，我不讲。现在只讲未曾有人讲过的。"陈寅恪的课，旁征博引，指点中西，内容涉及历史、宗教、语言等多方面，能完全听懂的学生凤毛麟角，但却吸引了冯友兰、吴宓等教授去旁听。

　　由大师们讲课的例子可以看出，老师能否受学生接纳乃至欢迎，与是否会讲"段子"关系不大，关键在于是否讲出真东西，能否使学生信服。苏霍姆林斯基曾说："人的心灵深处都有一种根深蒂固的需要，就是希望感到自己是一个发现者、研究者、探索者。"学生来到学校，就是来探索和发现知识、提升能力的，教师如若将艰涩难懂的专业知识尽可能化解得简单平易，把枯燥乏味的内容讲解得深入浅出、层层推进、环环相扣，就能紧紧吸引学生的注意力，并被教师撩拨得兴致盎然。